Freymeyer/Otzelberger
In der Ferne so nah

Karin Freymeyer
Manfred Otzelberger

In der Ferne so nah

Lust und Last
der Wochenendbeziehungen

Ch. Links Verlag, Berlin

Die Geschichten in diesem Buch basieren auf Gesprächen mit Betroffenen. Namen und biographische Details wurden auf Wunsch einiger Interviewpartner geändert.

Die Deutsche Bibliothek – CIP-Einheitsaufnahme

Freymeyer, Karin:
In der Ferne so nah: Lust und Last der Wochenendbeziehungen /
Karin Freymeyer; Manfred Otzelberger. – 3. Aufl. – Berlin: Links, 2001
ISBN 3–86 153–222–0

3. Auflage, Mai 2001

Schönhauser Allee 36, 10435 Berlin, Tel. (030) 44 02 32-0
www.linksverlag.de, mail@linksverlag.de
Umschlaggestaltung: KahaneDesign, Berlin,
unter Verwendung eines Fotos von Ute Mahler/Ostkreuz
Lektorat: Ulrike Weidner
Satz: Medienhaus Froitzheim AG, Berlin
Druck- und Bindearbeiten: Friedrich Pustet, Regensburg
ISBN: 3-86153-222-0

Inhalt

Vorworte

Die Fernliebe ist eine Herausforderung

Bangemachen gilt nicht, dachte ich mir, als ich im Sommer 1999 die schrecklich schöne Nachricht erhielt: Meine Freundin, die am Bamberger Theater als Dramaturgin gearbeitet hatte, wollte sich verändern: Unter 100 Bewerberinnen und Bewerbern wurde sie ausgesucht, die Studiobühne im Musischen Zentrum der Universität Bochum zu leiten. Ein attraktiver Job, den sie nicht ausschlagen durfte, wenn ihr die weitere berufliche Entwicklung wichtig war – ich gönnte ihr die Chance von Herzen und freute mich erst einmal mir ihr. Mächtig stolz war ich auf sie und merkte erst später, daß meine Reaktion sie irritierte, ja, daß sie ein bißchen beleidigt war: weil ich mir die Gefahren der Trennung nicht sofort in düstersten Farben ausmalte, weil ich sie nicht zurückhalten wollte, weil ich sie scheinbar leichtfertig gehen ließ.

Schon vorher hatten wir beileibe nicht jede Nacht nebeneinander gelegen. Wir führten eine Fernbeziehung, deren Entbehrungen aber erträglich waren: Sie inszenierte Theaterstücke in Bamberg, während ich in Bayreuth als Redakteur arbeitete. 70 Kilometer Distanz waren das, 45 Minuten trennten uns, wenn wir Gas gaben. Ein Katzensprung gegenüber den 600 Kilometern zwischen Bayreuth und Bochum.

Mein Chefredakteur hatte sofort einen passenden Spruch des asiatischen Weisheitslehrers Lao-Tse parat: »Die Entfernung ist für die Liebe wie der Wind für das Feuer. Das starke facht er an, das schwache bläst er aus.« Tröstlich, sehr tröstlich. Zudem war ich aus früheren Beziehungen fernliebenerprobt und glaube an die Macht der Liebe, die Berge versetzen kann. Na ja, zumindest Hügel, aber es waren auch nicht die Alpen zwischen uns. »Wenn wir wirklich füreinander geschaffen sind, halten wir das aus«, sagte ich zu meiner skeptischen Liebsten. »Dann ist es eine sinnvolle Prüfung, die uns noch viel stärker zusammenbringt. Lieben wir nicht beide die Freiheit, arbeiten wir nicht sehr intensiv an unseren Projekten und Geschichten, für die wir dann viel mehr Zeit haben werden, lehnen wir nicht das bürgerliche Aufeinanderhocken ab, gehen nicht viele Lieben an zuviel Nähe zugrunde?« Ich verbreitete in meiner Hilflosigkeit einen robusten Zweckoptimismus: Was andere Paare schaffen, kriegen wir doch auch hin – Durchhalteparolen, die von Herzen kamen. Auch wenn ich manchmal selbst nicht meiner Meinung war: Mir ist es grundsätzlich wesensfremd, von vornherein die Flinte ins Korn zu werfen. Da halte ich es mit Konfuzius: »Es ist besser, eine Kerze anzuzünden, als auf die Dunkelheit zu schimpfen.« Die Kerze war die Bahn-Card.

Die Zeit auf dem Weg zu ihr verging zügig, ich lernte im Speisewagen viele Menschen kennen, denen es ähnlich ging: In der Ferne fühlten sie sich ihrem Herzblatt so nah. In den Buchhandlungen war zu diesem Thema nichts zu finden. Dann kam mir die Idee: Warum nicht aus der Not eine Tugend machen? Es geht doch nicht nur uns so, daß wir von einem Tag auf den anderen aus guten Gründen auseinandergerissen werden. Es gibt Millionen Paare, die ähnlich leben. Laß uns doch mal sehen, wie die das machen. Recherchieren wir für ein Buch über die moderne Völkerwanderung, von der sich Deutsche Bahn, Lufthansa und Mitfahrzentralen nähren. Lassen wir uns Liebesgeschichten erzählen, die alle hochindividuell sind, hören wir leuchtende und warnende Beispiele über das richtige Maß von Nähe und Distanz – das Grundthema jeder Liebesbeziehung.

Wir sprachen mit etwa 100 Menschen, die alle beruflich oder privat mit der Fernliebe zu tun haben. Angenähert hat sich das Autorenpaar in seiner Sicht auf die Wochenendliebe ein bißchen. Doch sind die Auffassungen trotzdem noch so verschieden, daß wir beim besten Willen kein gemeinsames Vorwort schreiben können. Lesen Sie, was Karin Freymeyer zur Fernliebe im allgemeinen und zu ihrem Co-Autor im speziellen meint.

Manfred Otzelberger — Bayreuth, im Juli 2000

Die Fernliebe ist eine Gefahr

»Nur wer die Sehnsucht kennt, weiß, was ich leide!«
Was wäre aus Goethe geworden, hätte er nicht große Lieben in der Ferne gehabt? Hätte er auf immer wieder neue und tiefgründige Weise vom Glück und Leid der Liebe schreiben können? Ist nicht die Muse und der Musenkuß an einem anderen Ort der Ansporn für viele, sich auf das Wesentlichste zu besinnen?

Die Sehnsucht, das Gefühl der Entbehrung läßt uns in die Tiefen unseres Seins vordringen. Das ist meist mit Schmerz verbunden, aber wir werden dafür mit vielen neuen Erkenntnissen belohnt. Die romantischen oder wehmütigen Gedanken an den geliebten Menschen beflügeln uns mitunter zu ungeahnter Kreativität.

Die Liebe: das spannendste Thema in Literatur, Theater, Film und Fernsehen. Welche paßt zu mir? Will ich überhaupt die kompromißlose Nähe zu einem anderen Menschen? Kann ich so viel Vertrauen zu ihm aufbringen? Oder ist mir eine unkonventionelle Liebe auf Distanz lieber? Heißt Lieben nicht auch Nähe und Teilen? Macht nicht die Vertrautheit mit einem Menschen das Glück aus?

Vor neun Monaten bin ich nach Bochum gezogen, sieben Bahnstunden entfernt von meinem Freund. In meinem Job – Regisseurin und Dramaturgin – ist Flexibilität Voraussetzung. Im Theater wie in der Universität treffe ich dauernd Menschen, die ihre Partner in einer anderen Stadt haben, sie sind ständig auf Wanderschaft. Das hat Gutes, aber auch genausoviel Schlechtes. Neidisch war ich immer nur auf die, die nach der Arbeit zu einem vertrauten Menschen heimgehen konnten.

Eigentlich bin ich eine Radikale in Sachen Liebe. Und muß doch Realistin sein. Ich stelle mich darauf ein, daß ich den Traum, mit meinem Freund Tisch und Bett zu teilen und ihn täglich im wahrsten Sinn des Wortes begreifen zu können, bis auf die Rente verschieben muß. Unsere jeweilige Arbeit gefällt uns zu gut. Keiner von uns könnte lange ohne sie auskommen, die Beziehungskrise wäre programmiert.

Wenn nur die Abschiede nicht wären. Vor denen graut es mir, darin bin ich wirklich keine Meisterin. Lange vor dem Winken bange ich schon. »Abschied ist immer auch ein kleiner Tod«, sagen die Franzosen in einem Sprichwort. Ich bin viele Tode gestorben, jedesmal wenn ich meinen Freund verabschiedet habe. Wie oft habe ich dieses Scheusal verflucht, weil dieser flüchtige Mann scheinbar so lässig damit umgehen kann.

Bei mir sind die Entzugserscheinungen grausam. Auch wenn es mir von außen keiner anmerkt: Die Fernliebe ist eine Höllenqual für mich, ich bin dafür nicht geschaffen. Den mutmaßlichen Lebenspartner gefunden zu haben und ihn nicht greifbar neben mir zu haben, ist ein Grundwiderspruch, den ich nicht auflösen kann. Das, wovor andere Leute Angst haben, den Alltag, genau den möchte ich mit meinem Liebsten erleben: das abendliche Gespräch über den Tag, Kuscheln und gemeinsames Essen, gemütliches Fernsehen und Kneipenbesuche, beim Sex nach Lust und Laune und nicht nach Terminplan verschmelzen – sind solche bescheidenen Wünsche zu anspruchsvoll?

Das Schreiben an dem Buch hat mir geholfen, mit der Situation besser zurechtzukommen. Allein die vielen Interviews haben mir eine Gewißheit gegeben: Hinter dem Horizont geht's weiter. Aber die Grundeinstellung, daß durch die vermaledeite Fernbeziehung in der Liebe vieles verlorengeht, hat sich nicht geändert.

Immerhin habe ich die Möglichkeit, auch die dunklen Seiten der Fernbeziehung angemessen darzustellen, es soll nichts beschönigt werden. Es geht ans Eingemachte: Neid, Eifersucht, Entfremdung, Verwünschung, Schwäche. Wer fern liebt, taumelt immer am Abgrund entlang – das ist zumindest meine Erfahrung.

Aber Liebe ist niemals nur bierernst und tonnenschwer. Über die letzte Ironie unseres Schicksals kann ich nur lachen: Im Frühjahr und Sommer 2000 haben wir uns noch weniger gesehen, weil wir aus Gründen der Arbeitsökonomie getrennt an dem Buch schreiben mußten: berufliche Unabkömmlichkeit! Und erhöhte Ablenkungsgefahr in einem Raum!

Was bleibt? Der immer wiederkehrende Traum von Frau Nimmersatt, nach den bestiegenen Bergen der Fernliebe die Mühen der Ebenen in der Nahliebe zu genießen, irgendwann eine gemeinsame Wohnung mit einer großen Bibliothek zu haben und meinem geliebten Flüchtling den befreienden Satz sagen zu können: »Heute habe ich genug von dir.«

Karin Freymeyer Bochum, im Juli 2000

Der Boom der Fernbeziehungen

Mindestens jede achte Liebe – so lauten seriöse Schätzungen – ist inzwischen eine gewollte oder ungewollte Fernliebe: Millionen Paare in Deutschland sind von dem paradoxen Zustand betroffen, räumlich getrennt, aber seelisch vereint zu sein.

Durch den Jahrhundert-Umzug eines Heeres von Beamten, Abgeordneten und Bürokraten von Bonn nach Berlin hat sich das Problem noch einmal verschärft. Die Fernbeziehung ist zwar noch nicht mehrheitsfähig, aber klammheimlich normal geworden. Sie ist das häufigste Indiz für das ganz normale Chaos der Liebe in postmodernen Zeiten: Wir sind mobil und bewegen uns von unserem Liebsten weg. Und hin. Hin und weg. Weg und hin. Liebe in Bewegung.

Wer liebt fern? Hauptsächlich unverheiratete Paare, nur vier Prozent der Ehepaare leben in getrennten Haushalten. Es sind in erster Linie Berufstätige der gutverdienenden Mittelschicht, die am Anfang oder im Zenit ihrer Karriere stehen. Dennoch kann man darauf das Phänomen nicht reduzieren. Monteure und Managerinnen sind darunter, Studenten und Stewardessen, Beamte und Bankerinnen.

Exakte Zahlen gibt es nicht. Beim Statistischen Bundesamt sind Fernliebende keine zählbare Kategorie, aber eines steht fest: Es werden immer mehr. Grund genug für das Bundesfamilienministerium, eine Untersuchung in Auftrag zu geben. Der Mainzer Soziologieprofessor Norbert F. Schneider wird Ende 2000 die Ergebnisse der ersten Analyse über »Berufliche Mobilität und Lebensform« präsentieren. Schon vor der Untersuchung war für ihn klar: »Berufliche Mobilität prägt die Partnerschaft bzw. das Familienleben einer immer größer werdenden Zahl von Personen. Ortsmobilität wird heute nicht mehr nur von bestimmten Berufsgruppen und der Chefetage gefordert. Es zeichnet sich der Trend ab, daß sich im Verlauf des Berufslebens nahezu jeder einmal direkt oder weil der Partner davon betroffen ist, mit beruflichen Mobilitätserfordernissen auseinandersetzen muß.«

1985 gab es nur sechs bis sieben Prozent Fernlieben-Paare, innerhalb eines Jahrzehnts hat sich der Anteil der Shuttle-Paare auf 13 Prozent verdoppelt, das war die letzte Untersuchung. Die meisten pendeln halb freiwillig zwischen ihrem liebsten Menschen und dem Broterwerb, der auch Lustgewinn verspricht: Sie suchen berufliche Selbstverwirklichung, müssen dafür aber umziehen. Die Amerikaner sprechen von »Commuter-Love« (Pendel-Liebe) oder »living apart together« (LAT). Im Deutschen gibt es keinen pointierten Begriff dafür außer der guten alten Wochenendbeziehung. Wir verwenden den Begriff »Fernliebe«, weil er die beiden Pole dieser Lebensform benennt.

Experten sind wir alle. Fast jeder hat schon einmal, und sei es nur für eine kurze Episode, eine Fernliebe gelebt und ganz unterschiedlich darauf reagiert: Für die einen ist sie eine pure Qual, weil sie es nicht aushalten ohne den geliebten Menschen in Reichweite, für die anderen eine Erleichterung, weil sie zuviel Nähe auf Dauer nicht ertragen und nur die Schokoladenseite der Liebe ohne den lästigen, gefürchteten Alltag genießen wollen. Wenn Glück aus kostbaren Momenten besteht, kann man in einer Fernliebe viele davon erleben. Die Liebe auf Distanz erzeugt das Gefühl, begehrt zu sein, ganz persönlich gemeint zu sein. Würde der- oder diejenige denn sonst die Mühen der beschwerlichen und oft teuren Anreise auf sich nehmen? Andererseits: Die Chance, überdurchschnittlich viele unglückliche Momente zu erleben, ist bei dieser Lebensform groß. Fernlieben sind selten lau, sondern leidenschaftlich. In dem Wort steckt Leiden.

Überall begegneten wir den Akteuren dieser Beziehungsdramen, die sich manchmal wie Regisseure, aber auch wie Marionetten ihres hektischen Lebens vorkamen. Etliche der Interviews in diesem Buch wurden durch eine Zufallsauswahl im Intercity spontan gemacht. Zügig versteht sich – so wie es dem Lebensgefühl vieler Fernliebenpaare entspricht. »Liebe im Zeitraffer« betitelte das Berliner Stadtmagazin *Zitty* im Sommer 1999 eine Titelgeschichte über die »Hauptstadt der Wochenendbeziehungen«. Auf der täglichen In- und Out-Liste von *Bild* tauchte am 15. Januar 2000 eine spezielle Form der Liebe unter

»in« auf: »Wochenend-Lieben – fünf Tage Sehnsucht, dann abheben.« Wenn die Welt so einfach wäre.

Die Wirklichkeit ist ein bißchen komplizierter. »Liebe in vollen Zügen« betitelte das Nachrichtenmagazin *Der Spiegel* 1999 eine Reportage über mobile Liebesbeziehungen und kam damit der zwiespältigen Wahrheit schon näher: Die Lust, zueinander zu kommen und sich in die Arme zu schließen, wird durch eine intime Kenntnis von Bahnhöfen, Flughäfen und Autobahnen erkauft. Die Fernliebenden sind die Nomaden der Neuzeit, die Sendboten der mobilen Gesellschaft, die Wunschmenschen der »new economy« – frisch, frei, flexibel, flott – immer auf Achse.

Die Fernliebe gilt vielen nicht ganz zu Unrecht eher als Quelle des Unsteten denn als Hort der Geborgenheit. Die Defizite lassen sich nicht schönreden, sie sind offensichtlich. Die Frauenzeitschrift *Elle* veröffentlichte im September 1995 eine Untersuchung der Gesellschaft für rationelle Psychologie unter dem Titel »Geliebt wird nur am Wochenende«: 93 Prozent aller Liebes-Pendler (immerhin 2 096 Männer und 2 123 Frauen wurden befragt!) beklagen den Mangel an Zärtlichkeit, 91 Prozent ist der doppelte Lebensunterhalt zu teuer, 69 Prozent leiden an dem Gefühl, sich wegen der häufigen Abwesenheiten auseinander zu entwickeln, 47 Prozent bedauern, daß sie viel von der Entwicklung des Partners versäumen, 42 Prozent vermissen Hilfe und Unterstützung im Alltag bei kritischen Situationen.

Die Durchschnitts-Fernliebe dauert zwei bis drei Jahre – danach stehen die Paare meistens vor einem Wendepunkt. Trennen wir uns oder ziehen wir zusammen und bauen ein gemeinsames Nest an einem Ort?

»Der Crash-Kurs im Zusammenleben«, wie der Psychologe Werner Gross die Fernliebe nennt, weil man alles viel schneller in der begrenzten Zeit von Angesicht zu Angesicht entscheiden muß, überfordert viele. Die Distanz zwischen Liebenden birgt ein enormes Risiko. Wer etwas anderes sagt, lügt. Jedes zweite Paar trennt sich. Gleichzeitig ist die Fernliebe eine riesige Entwicklungschance: Die andere Hälfte der befragten Paare meint, ihre Beziehung habe von der räumlichen Trennung profitiert und sei gefestigter und intensiver geworden. Immerhin ein Drittel der befragten Paare kann sich eine dauerhafte Liebe auf Distanz vorstellen, während die übrigen diese Form der Beziehung als Übergangserscheinung betrachten.

Weitere Ergebnisse der Studie:

- 79 Prozent der Shuttle-Paare sind zwischen 18 und 39 Jahre alt.
- 23 Prozent haben keinen Studien- oder Ausbildungsplatz in der gleichen Stadt wie ihr Liebster gefunden, 17 Prozent wurden beruflich versetzt, 18 Prozent fanden keinen Job im gemeinsamen Wohnort.
- 85 Prozent planen, die Liebe höchstens zwei Jahre auf Distanz zu führen, 50 Prozent müssen sich aber zwischen drei und fünf Jahren gedulden.
- 78 Prozent geben an, daß sie es genießen, sich voll auf die Karriere konzentrieren zu können, 62 Prozent haben unter der Woche viel mehr Zeit für sich.
- 54 Prozent haben weniger Beziehungszoff: Sie vermeiden von vornherein Probleme, die durch zu enges Zusammenleben zwangsläufig auftreten.
- 42 Prozent schätzen es, sich ungehemmt ausleben zu können: Sie unternehmen Sachen, die der Partner nicht mag.
- 37 Prozent finden, daß Sex mit dem Partner spannend bleibt oder erregender wird.
- 52 Prozent sind regelmäßig eifersüchtig, in herkömmlichen Beziehungen sind es nur 37 Prozent.
- 48 Prozent lassen sich zu mindestens einem Seitensprung hinreißen.
- 34 Prozent sind Anhänger der Prüfungs-Theorie: Sie testen durch eine Distanzphase die Belastbarkeit und Ernsthaftigkeit der Partnerschaft.
- 17 Prozent glauben fest daran, daß man fern von einem Partner als Persönlichkeit wachsen kann.

Ist die Fernliebe also eine »emotionale Zugewinngemeinschaft« (*Elle*), weil die Wiedersehensfreude nach fünf Tagen naturgemäß größer ist als nach fünf Stunden, ist sie eine Luxusliebe für Egozentriker, ist sie so sauber, bequem und lecker wie Essen ohne Abwasch?

»Die Königskinder auf Achse« sind auf jeden Fall hypermodern und ein Produkt der »Anything-goes-Gesellschaft«, die immer weniger Wert auf verbindliche Beziehungen legt, meinte das *Deutsche Allgemeine Sonntagsblatt* am 7. Februar 1997: »Fernliebende sind die Avantgarde einer stillen Kulturrevolution, die das Innerste der Menschen nachhaltig verändert. Der

Erfolgsmensch ist nicht nur jung und flexibel, er ist auch alleinstehend – zumindest an den Werktagen.«

»Das Hohelied von der Flexibilität der Arbeit könnte zum Klagelied vom Ende der Familie werden«, warnte Andreas Molitor im Magazin *ZEIT-Punkte* in der Ausgabe 3/2000. Im modernen Kapitalismus ergebe sich das gemeinsame, sinnstiftende Familienleben nicht mehr von allein, es müsse erarbeitet, erstritten, erlitten werden, kurz, es sei zu einem Stück Arbeit verkommen.

Ein Shuttle ist ein pendelnder Flugkörper, und ein Astronaut ist derjenige, der seinen Liebsten räumlich am fernsten ist. Die Amerikaner haben den plastischen Begriff »Shuttle-Beziehung« für die Fernliebe erfunden und sind die Pioniere dieser Lebensform. In den USA ist die Überwindung großer Distanzen zwischen Lebenspartner und Arbeitgeber längst zur Gewohnheit geworden. Doch die Deutschen holen mächtig auf.

Berufliches Fortkommen bedeutet heute oft Fortgehen, das haben die Fernliebenpaare geschluckt, aber die Lust auf Nähe kämpft mit der Vernunft, Liebespein kennen sie alle. Wie drückte es eine der Betroffenen aus: »Einerseits bin ich froh darüber, daß ich seine Barthaare nach dem Rasieren nicht aus dem Waschbecken putzen muß, andererseits hätte ich ihn gerne abends frisch rasiert in meinem Bett.«

Die Psychotherapeutin Berit Brockhausen kennt diesen Zwiespalt, sie hat in ihrer Berliner Praxis viel mit Fernbeziehungen zu tun: »Heute sehen immer weniger Frauen ihren Weg der Selbstverwirklichung in Haushalt und Kindererziehung. Ein bewußt gewählter Lebensstil ist die Wochenendbeziehung vor allem für Menschen, die sich ein hohes Maß an Eigenständigkeit und Unabhängigkeit in einer verbindlichen Partnerschaft wünschen. Es ist eines von vielen alternativen Lebensmodellen. Aber das Paar bleibt das Modell der Zukunft.«

Wie sah das frühere Bilderbuch der deutschen Kernfamilie aus? Es gab einen verbindlichen Zyklus von Familienleben: Man verließ das Elternhaus und lebte als alleinstehender junger Erwachsener, dann heiratete man, bekam Kinder, das Ehepaar blieb in der Regel zusammen, bis einer von beiden sterben mußte.

Heute heißen die Stichwörter »Pluralisierung der Lebensformen, Modernisierung, Individualisierung der Biographien,

Amerikanisierung des Arbeitsmarktes, Emanzipation der Frau, Deklassierung der Hausarbeit, Distanzierung«. Was früher als Beweis deutlicher Ehezerrüttung gesehen wurde, nämlich zwei getrennte Haushalte, wird zunehmend akzeptiert.

Der Soziologe Rüdiger Peuckert glaubt nach seiner Untersuchung über verheiratete Pendler-Paare nicht mehr, daß Geldgier und Konsumwünsche im Vordergrund stehen: »Ursache für den Entschluß zur Commuter-Liebe sind nicht primär finanzielle Interessen, sondern die persönliche Befriedigung, die beide Partner aus ihrer Berufstätigkeit ziehen. Es handelt sich nicht um Individuen, die außerstande sind, eine intensive Beziehung aufrechtzuerhalten oder deren Ehe an Attraktivität eingebüßt hat, sondern um Individuen, die aufgrund struktureller Zwänge des Arbeitsmarktes diese Lebensform bewußt gewählt haben. Da die Partner beides – Ehe und Karriere – hoch bewerten, sind sie gezwungen, getrennte Haushalte zu gründen.«[1]

Der Soziologe entwirft nicht das Bild von materialistischen Gefühlskrüppeln, im Gegenteil: »In gewisser Weise wird die romantische Liebe wiederentdeckt, während für die traditionelle Ehe eher die kameradschaftliche Beziehung charakteristisch ist. Die Partner in einer Commuter-Ehe befinden sich in einem Dilemma. Sie sehnen sich nach der Sicherheit der Kameradschaftsbeziehung, obwohl diese mit nachlassender Attraktivität, Langeweile und erhöhtem Spannungspotential verbunden ist. Indem sie nun getrennt leben, gewinnt das Ideal der romantischen Liebe wieder Bedeutung, aber auf Kosten der täglichen Begegnungen, was sie nur schwer verkraften.«[2]

In früheren Jahrhunderten hatte man solche Probleme nicht. Da waren 99 Prozent der Menschen seßhaft, nur Händler, Soldaten, Missionare, Gelehrte, Wallfahrer oder Adlige reisten herum. Für breite Schichten der Bevölkerung galt Mobilität als unseriös. Schauspielern und Schaustellern wurde bis in das 19. Jahrhundert das kirchliche Begräbnis verweigert. Heute ist Mobilität ein Zeichen für hohes gesellschaftliches Ansehen, sagt Franz Steinkohl, Referent für Kommunikation bei BMW: »Das Wort Mobilität ist heute mehr als das, was es beschreibt, es ist ein Imperativ: Sei mobil! Denn nur wer mobil ist, kann die Chancen aufgreifen, die nicht in seiner unmittelbaren Umgebung zu finden sind. Es zeigt sich, daß heute eher die Minderqualifizierten und Unterprivilegierten ortsfest sind. Dabei ist es fast eine Ironie, daß die mobilen Wohlhabenden, die über mehr Wohnraum verfügen, im Durchschnitt weniger zu Hause sind als diejenigen, die in bescheidenen Verhältnissen leben.«[3]

Helmut Holzapfel, Professor für Verkehrswissenschaft an der Universität Kassel, hält Mobilität nicht für ein menschliches Grundbedürfnis und verweist auf den Philosophen Immanuel Kant, der Königsberg nie verließ: »Es ist kein Naturtrieb, sich ständig fremdgetrieben zu bewegen, es ist Teil eines Lebensstils, aus dem Ausbrechen manchmal schwer ist, vor allem, wenn sich die Gesellschaft nach ihm organisiert. Ja, es ist nicht nur ein Lebensstil, sondern eine ganze Kulturform, die auch mit Prestige und Herrschaft zu tun hat.«

Arbeit und Liebe: Die neuen Religionen der Leistungs- und Spaßgesellschaft?

»Liebe wird wichtiger denn je. Liebe wird schwieriger denn je. Liebe wird nötig wie nie zuvor und unmöglich gleichermaßen. Die Köstlichkeit, die Symbolkraft, das Verführerische, Erlösende der Liebe wächst mit ihrer Unmöglichkeit.« Drei zentrale Sätze aus dem Buch des Soziologen-Fernliebenpaares Ulrich Beck und Elisabeth Beck-Gernsheim »Das ganz normale Chaos der Liebe.«[4] Darin wird die These aufgestellt, daß nach der Abwertung der Religion weltliche Phänomene quasi religiös aufgeladen wurden: die perfekte Liebe, bei der man nichts versäumt, bei der immer noch ein neuer Kick drin sein muß. Dazu der tolle Job, der tägliches Selbstwertgefühl einflößt und abhängig macht, weil man sich ohne ihn wertlos fühlt. Schwer zu vereinbaren, zumal wenn die Partner getrennt leben.

Die Bochumer Paartherapeutin Maria Theresia Schneiders kennt viele solcher perfektionistischen Paare, die sich verloren haben, an nichts mehr glauben, nicht einmal mehr an sich selbst. Weil sie unter enormem Druck stehen. Weil ihre Liebe zu einer Leerformel geworden ist. Weil sie der Geister der Individualisierung nicht mehr Herr werden. An die These der neuen Religionen Arbeit und Liebe glaubt die Psychologin nur bedingt: »Wenn Arbeit und Liebe die beiden neuen Religionen wären, dann wäre vielleicht manches mehr im Lot. Dann wäre die Arbeit nicht wertvoller als die Liebe. Liebe, im umfassend verstandenen Sinne, lebt neben der Lust, Freude und Trauer auch die Tugenden der Rücksichtnahme, Zuwendung, Verzicht, Versorgung gegenüber eines mir nahestehenden beziehungsweise sogar von mir abhängigen Menschen. Liebe, reduziert auf ein ›kribbelndes Gefühl im Bauch‹ oder gar rein nur auf Sex, entspricht einem eingeschränkten Menschenbild.«

Die 44jährige Familien- und Sexualtherapeutin ist Vorsitzende des Bundesverbandes Katholischer Ehe-, Familien- und Lebensberaterinnen und -berater. Ein Lebenshilfe-Verband, der sich längst von verknöcherten Dogmen gelöst hat, mit denen die sexualfeindliche katholische Kirche identifiziert wird. Schneiders und ihre Kollegen kümmern sich nicht nur um ganz normale Ehen, an denen wegen zuviel Nähe oder zuviel Ferne der Zahn der Zeit nagt, sie stellen sich ebenso den modernen Zeitfragen. »Liegt nicht in allem eine Sehnsucht ...? Beratung in der Erlebnisgesellschaft« war das Motto der Jahrestagung 2000 im thüringischen Suhl, bei der auch über Fernlieben diskutiert wurde. Ein Auszug aus dem Programmheft: »Die 90er Jahre erlauben eine nie gekannte individuelle Lebensführung. Der Vielfalt der Lebensarten in Beziehungs-, Arbeits- und Freizeitwelt der Gesellschaft sind im momentanen Zeitfenster zum Übergang zum 3. Jahrtausend scheinbar keine Grenzen gesetzt. Haben wir es endlich geschafft, eine ›Erlebnisgesellschaft‹ im rein positiven schöpferischen Sinne zu werden? (...) Der wachsende Beratungs- und Therapiebedarf in unserer Zeit bestätigt dies nicht. Er steht für eine tiefe Sehnsucht nach sinnerfüllendem Leben, in dem sich der Mensch ganzheitlich erleben will, versehen mit Platz und Bestimmung in dieser Welt. Bei aller Freiheit und Individualität erlebt sich der Mensch nicht nur als fähiges, schöpferisches Wesen seiner Lebenskonzepte, sondern häufig als eine Beute, die von Erlebnis versprechenden Angeboten gejagt wird.«

Die Sehnsucht nach erfülltem Leben wird oft enttäuscht: »Die Menschen machen sich zuviel Druck, sowohl in der Arbeit als auch in der Liebe, sie übernehmen Normen, die eigentlich nicht ihrem Tempo entsprechen«, weiß Erhard Scholl, Eheberater in Schweinfurt. Er hat den Boom der Distanzbeziehungen beobachtet und muß sich mit den Folgen auseinandersetzen. Über die Zunahme von Fernbeziehungen wird viel zu wenig diskutiert, kritisiert Scholl: »Es ist kurzfristig gedacht, wenn man die Globalisierung nur wirtschaftlich sieht und die Familie nicht mitbedenkt. Die Familie fordert Stabilität, die Wirtschaft Flexibilität, beide Bereiche müßten viel stärker miteinander verzahnt werden. Bei vielen Menschen kommt es zu Krisen, oft bringen sie dann auch die Leistung nicht mehr, die von ihnen erwartet wird. Die Familie bezahlt Rechnungen für die Gesellschaft, psychosomatische Krankheiten nehmen zu, es gibt immer mehr hyperaktive Kinder. Ich glaube, das hängt mit dem ins Wanken geratenen Mikrokosmos Familie zusammen.«

In der DDR gab es den Orden »Held der Arbeit«, in der Bundesrepublik den »Mitarbeiter der Woche«. Arbeit hat für viele Menschen mehr als bloß existentiellen Wert, sie sichert nicht nur den Lebensunterhalt, sondern stillt das Bedürfnis nach Anerkennung und Bestätigung. Deshalb betrügen viele Männer ihre Frauen eher mit dem Büro als mit einer Geliebten, Karrierefrauen leben lieber allein oder trösten sich mit einer Katze. Das Tier braucht weniger Betreuung als ein Mann. Sie sind Workaholics – süchtig nach der Wichtigkeit, die sie sich selbst immer wieder beweisen müssen.

Die modernsten und extremsten Auswüchse der gesellschaftlichen Veränderung zeigen sich im Bereich der Informationstechnik. 1,7 Millionen Menschen arbeiten derzeit in der IT-Branche, 2005 werden es mindestens zwei Millionen »Yetties« (young, entrepreneurial, tech-based, also jung, unternehmerisch, technologieorientiert) sein, schätzt der Bundesverband der Deutschen Industrie. Yetties sind die Nachfolger der Yuppies (young urban professionals). Zehn Arbeitsjahre bei ihnen gelten als so strapaziös wie 30 in einem Job, der um neun beginnt und um fünf zu Ende ist.[5] Günter Voß, Soziologieprofessor an der TU Dresden: »Die IT-Branche formt eine Spezies Mensch heran, die das ökonomische Denken zum Ausgangspunkt all ihres Handelns macht, dieser neue Mensch ist hoch flexibel, risikofreudig und vor allem auf sich selbst bezogen. Wir befinden uns in einem fundamentalen Wandel, es zeichnet sich eine Hyperarbeitsgesellschaft ab.«

Der Sozialwissenschaftler Andreas Boes von der Technischen Universität Darmstadt pflichtet ihm bei: »Die Verbetrieblichung des Lebens, dieses Arbeiten ohne Ende wird nicht mehr als pathologisch wahrgenommen, sondern zur erstrebenswerten Norm erhoben. Diese High Performers meiden jegliche soziale

Bindungen und Verpflichtungen, die Konkurrenz für ihr Engagement im Job bedeuten.«

Die »Generation @« will zupacken, vertraut auf technische Lösungen, will Veränderung statt Fortschreibung. Dazu passen die neuen Formen der Liebe. »Lebensmodelle wie Living apart together werden gängig. Der Arbeitsmarkt verlangt Mobilität«, sagt der Soziologe Claus J. Tully vom Deutschen Jugendinstitut der *Süddeutschen Zeitung* im Mai 2000.

Mobilität und Flexibilität: Was die Wirtschaft von uns will und selbst verweigert

»Beam mich hoch, Scotty.« Es wäre ein Traum für viele Fernliebenpaare, wenn die Technik, die in der Fernsehserie *Raumschiff Enterprise* prima funktioniert, anwendungsbereit wäre: Tausende von Kilometern entfernt sein und doch in Sekundenschnelle zusammen. Sich in Echtzeit materialisieren. Der Gipfel der Mobilität.

Vier Millionen Menschen sind 1998 in Deutschland umgezogen, drei Jahre zuvor waren es 500 000 weniger. Mobilität ist nicht alles, aber ohne Mobilität ist alles nichts, muß man feststellen, wenn man das Szenario wirtschaftlich betrachtet.

Ein Marketingmanager eines Mineralölkonzerns versucht positiv zu denken, aber es gelingt ihm nicht immer: »Mobilität ist für mich die Freiheit zu machen, was ich will. Grundsätzlich ist Mobilität ein positiver Begriff, aber auch immer eine leere Zeitgeistfloskel. Heutzutage muß man mobil sein, sonst ist man nicht so richtig ›in‹, früher war das Leben gemütlicher. Aber auch ärmer an Erfahrungen. Die Zukunft, so in 300 bis 400 Jahren, stelle ich mir ganz schrecklich vor. Wahrscheinlich sausen wir dann in automatischen Flugmaschinen herum und reden gar nicht mehr miteinander. Ich bin froh, daß ich dann nicht mehr lebe. Der Zwang, unterwegs zu sein, wird zunehmen. Das ist vor allem geschäftlich bedingt. Aber ein Grundbedürfnis ist Mobilität nicht. Vor allem privat sind wir doch lieber alle zu Hause und erholen uns, oder?«[6]

Natürlich ist Mobilität nicht gleich Mobilität. Zwangsmobilität wird anders empfunden als Wunschmobilität. Bischof Karl Lehmann, der Vorsitzende der Deutschen Bischofskonferenz, fordert mehr geistige Mobilität: »Es gibt Mobilität um der Mobilität willen. Es ist immer alles in Bewegung. Irgendwie scheinen Umherschwirren und Ziellosigkeit im Ganzen zu diesem Phänomen zu gehören. Die moderne Mobilität ist so extrem schnell und ruhelos, weil sie keine Heimat mehr kennt: Mit Heimat meine ich emotionale Geborgenheit und menschliche Verläßlichkeit, die auch Halt gibt in Glück und Unglück, Leid und Krankheit, Not und Tod. Wir müßten, um Menschen bleiben zu können – langsamer werden, wie dies etwa beim Wandern der Fall ist. Aber auch alles, was man auf dem Fahrrad kennengelernt hat, vergißt man nicht so schnell. Mobilität hat hier eine hohe Qualität, weil sie mit Stetigkeit verbunden ist.«

Digitale Nomaden, die ihr mobiles Büro bei sich haben, können über die Sorgen des Bischofs nur lachen, das stabile Siedlerleben können sie sich gar nicht vorstellen.

»Aus ökonomischer Sicht ist Flexibilität die Grundvoraussetzung, um die richtigen Leute an die richtigen Arbeitsplätze zu bekommen, je qualifizierter die Menschen sind, desto mobiler müssen sie sein. Aber für die große Masse ist nicht die räumliche Mobilität entscheidend, sondern die geistige Flexibilität – sich immer wieder neu ausbilden, weiterlernen und umschulen«, meint der Arbeitsmarktexperte Kurt Vogler-Ludwig vom Münchener Wirtschaftsforschungsinstitut IFO.

Mit der Unsicherheit werden immer mehr Menschen leben müssen. Zeitarbeit hat sich zur am schnellsten expandierenden Beschäftigungsform entwickelt, meint das Institut der Deutschen Wirtschaft in Köln, vor allem Handwerks- und Büroberufe werden dadurch angesprochen. Junge Menschen finden diese Jobform immer noch interessanter, als arbeitslos zu sein. Die dauerhafte Vollzeitbeschäftigung, die auch privat stabile Verhältnisse ermöglicht, wird immer mehr zur Ausnahme. Die langfristige Festanstellung bei einer Firma und an einem ganz bestimmten Arbeitsplatz betrifft bereits heute nur noch zwei Drittel der sozialversicherungspflichtigen Beschäftigten. Die Betriebe werden in zunehmendem Maße flexible Arbeitnehmer brauchen.

Der Kulturkritiker Richard Sennett hat in seinem Buch »Der flexible Mensch« die Risiken und Nebenwirkungen dieser Lebensweise so klar wie kein anderer analysiert, zwar in den USA, aber die Ergebnisse sind auf Deutschland übertragbar: Die Anpassung an den Markt könne den Charakter und die Substanz eines Menschen zersetzen, die Menschen fühlen sich wie Klumpen, warnt Sennett. Auf der Rückseite seines Buches skizziert er ein Horrorszenario: »Wo nur das immer Neue gefragt ist und keine Routine entstehen darf, werden langfristige Bindungen unmöglich. Beruf, Wohnort, soziale Stellung, Familie, alles ist den zufälligen Anforderungen des Wirtschaftslebens unterworfen, das eigene Leben wird zum ziellosen und undurchschaubaren Stückwerk. Nicht Freiheit ist also das Ergebnis, sondern ein tiefes Gefühl der Ohnmacht, der Isolation und der Sinnlosigkeit. Eine Gesellschaftsordnung, die den Menschen keinen tiefen Grund gibt, sich umeinander zu kümmern, kann nicht von Bestand sein.«[7]

Kassandra Sennett wird kaum gehört. Die Trends der neuen Arbeitsgesellschaft sind wohl nicht aufzuhalten: Prophezeit werden immer mehr Jobhopper, die projektbezogen arbeiten, aber nicht mehr fest angestellt sind. Die Zahl der Freiberufler nimmt von Jahr zu Jahr zu, derzeit ist es schon jeder fünfte.

Dabei kommt es zur Auflösung der klassischen Berufsbiographien, wie Matthias Horx vom Institut für Zukunftsforschung in seinem Buch »Das Zukunfts-Manifest« schreibt: »Wer gut verdienen will, muß in der Lage sein, Wechsel zu verkraften, zu managen. Er benötigt, egal, ob er in einem festen oder freien Arbeitsverhältnis arbeitet, eine ›entrepeneur‹-Mentalität. Er muß seine Fähigkeiten chamäleonhaft den wechselnden Bedingungen anpassen können. Das führt zwangsläufig zu biographischen Brücken, zu Bäumchen-wechsel-dich-Spielen, die es zunehmend schwerer machen, die ›Konstanzen des Lebens‹ verläßlich zu planen. (...) Der ›New Worker‹ wird es schwer haben, sein Privatleben zu organisieren. Er ist eher ein Nomade als ein Seßhafter, eher ein Künstler als ein Familienvater. Familien benötigen Rhythmus, Berechenbarkeit. Neue Jobs erfordern Aufbruch, Lust an durchgearbeiteten Nächten.«[8] Die Gefahr bestehe, so Horx, daß der »New Worker« seine Familien wie Campingmöbel mit sich herumschleppe. Oder eben verliere beziehungsweise zurücklasse. Oder sie gar nicht erst aufbaue.

Wibke Bruhns, 61, Pressesprecherin der Expo und die erste Frau im deutschen Fernsehen, die Nachrichten sprechen durfte, fügt hinzu: »Mobilität und Flexibilität werden immer wichtiger. Mit 18 ausgelernt und bis zum 65. Lebensjahr in der gleichen Firma, im selben Job arbeiten, solche Berufsbiographien wird es künftig nicht mehr geben. Mich schreckt das nicht, im Gegenteil. Ich habe schon immer so gearbeitet: keine langfristigen Arbeitsverhältnisse, immer wieder neue Projekte. Trotz gelegentlicher finanzieller Ängste habe ich die große Freiheit, die Abwechslung genossen. Mein ganzes Leben die gleiche Arbeit zu machen, das war für mich schon mit 18 unvorstellbar. Wer aber ein starkes Sicherheitsbedürfnis hat, für den wird die Arbeitswelt der Zukunft sehr, sehr schwierig werden.«[9]

Die meisten Arbeitgeber interessieren sich erstaunlich wenig für das Privatleben ihrer Angestellten. Auf die Idee, sich auch für den Partner eines Mitarbeiters ein wenig zuständig zu fühlen, sind bisher nur wenige gekommen. Die geistige und organisatorische Mobilität, die Firmen von ihren Angestellten erwarten, verweigern sie selbst, wenn es um die gesellschaftlich sinnvolle Synchronisierung von Berufsbiographien eines Paares geht.

»Nimm zwei und Naschen ist gesund« heißt der Werbespruch für ein angeblich besonders gesundes Bonbon. »Nimm zwei und Arbeiten ist gesund«, hat sich bisher noch kaum in der deutschen Wirtschaft herumgesprochen. Die Chemieingenieurin Deborah ist eine Ausnahme: Als sie für die Firma Hoechst von Amerika nach Frankfurt wechselte, wurde für ihren Ehemann, der Bibliothekar war, eigens eine Stelle in der wissenschaftlichen Dokumentation geschaffen. Ein Teilzeitjob, der es ihm erlaubte, die beiden Töchter nachmittags zu betreuen. Auch die Hamburgische Landesbank denkt ähnlich modern bei der Versetzung von Mitarbeitern in ausländische Niederlassungen. Wenn der Personalleiter einen hochspezialisierten Wertpapierexperten auf eine Stelle in Hongkong hieven will, bemüht er sich zugleich, dessen Lebensgefährtin ebenfalls einzustellen. Vereinzelt gibt es vorbildliche Initiativen. Beim Mammendorfer Institut für Medizin und Physik wurde die Ehefrau eines niederbayerischen Mitarbeiters eingestellt, um eine Wochenendehe zu verhindern. Begründung des Arbeitgebers: »Wir verlieren lieber einen Kunden als einen Mitarbeiter.«

Für die meisten Firmen gilt aber das, was der Arbeitswissenschaftler Erich Ott kritisiert: »Wer sich für die von Staat und Arbeitgeber-Verbänden geforderte Mobilität entscheidet, darf auf keine besondere Unterstützung, allenfalls auf ein minimales Verständnis des Chefs rechnen. (...) Die Menschen leiden darunter, daß sie einerseits ihr gewohntes Umfeld vermissen, andererseits am Arbeitsort keine festen Sozialbeziehungen aufbauen können, weil sie viel zu gestreßt von der Arbeit sind. Da wird das abendliche Telefonat mit der Familie der Hauptfixpunkt im Leben, die Menschen werden eigenbrötlerisch, wenn sie gezwungen sind, beziehungslos zu leben.«

Ott fordert von den Arbeitgebern mehr Flexibilität, um die Folgen abzufedern: »Das Problem wird privatisiert, auch der öffentliche Dienst stellt sich da ziemlich an. Ich bin beruflich quer durch die ganze Republik (Marburg, Bielefeld, Kiel, Fulda) gekommen. Es war ein großer Aufwand, daß meine Frau in verschiedenen Bundesländern als Lehrerin arbeiten konnte.«

»Dual-Career Couples«: Frauen gehen eigene Wege

Manchmal forschen Wissenschaftler über Phänomene, mit denen sie selbst nie in Berührung kommen. Bei Ariane Ladwig ist das anders. Die 30jährige Assistentin am Institut für Personalwirtschaft und Internationales Management an der Hamburger Bundeswehr-Uni schreibt ihre Doktorarbeit über »DCCs – Dual-Career Couples« (Doppel-Karrieren-Paare), in Amerika hat sich der Begriff fest eingebürgert. Sie hat selbst eine Fernbeziehung, allerdings mit optimalen Bedingungen, wie sie es nennt: »Mein Freund wohnt in Bremen, wir haben eine gemeinsame Wohnung. Weil ich, wie für Doktoranden üblich, nur eine halbe Stelle habe, sehe ich ihn von Donnerstag abend bis Dienstag früh. Das ist ziemlich viel und fällt fast schon nicht mehr unter die Kategorie Fernbeziehung. Wir sind nur bedingt und überlegt mobil«, faßt Ariane Ladwig ihre Einstellung zusammen und spricht damit für sich und ihren Partner. Beide lassen sich von den heutigen Mobilitätsforderungen nicht mehr fangen. Unternehmen, die Mobilität um jeden Preis verlangen, unabhängig von der Sinnhaftigkeit dieser Forderung, werden nicht in ihre Bewerbungsstrategien einbezogen. »Mobilität ist sicherlich im Kontext sinnvoll, aber kein Selbstzweck!« meint Ariane Ladwig.

»Ein Unternehmen, daß sein Mobilitätskonzept nicht hinterfragt und gleichzeitig die soziologischen Konsequenzen von uneingeschränkter Mobilität nicht erkennt, ist nicht nur für mich kein wünschenswerter Arbeitgeber. Viele meiner Freunde denken genauso.« Ariane Ladwig beschäftigt sich mit eben dieser Schnittstelle zwischen DCCs und Unternehmen. Und sie hat ihre Einstellung aus der Kenntnis gewonnen, daß es auch anders geht. »Es gibt intelligente, adäquate und erfolgversprechende Möglichkeiten für ein Unternehmen, um den Einstellungen, Wünschen und Belangen von DCCs entgegenzukommen und gleichzeitig Unternehmensziele zu vereinbaren.«

DCC – das ist das prägnante Kürzel, mit dem sich Ariane Ladwig beschäftigt. Die Definition ist klar: DCCs sind zwei Personen, die beide eine Karriere verfolgen und eine partnerschaftliche Beziehung oder ein Familienleben führen. Karriere wird dabei oft definiert als Streben nach mehr Macht, mehr Verantwortung, mehr Geld, Aufstieg. Die DCCs unterscheiden sich damit von Doppelverdienern, die ihre Arbeit zur puren Existenzsicherung oder immateriellen Selbstverwirklichung begreifen.

Ariane Ladwig glaubt, daß DCCs ein Zukunftsthema sind: »In immer mehr Partnerschaften wollen sich beide Partner beruflich verwirklichen, sind beide karriereorientiert. Frauen verstehen sich nicht mehr als Steigbügelhalter für den Mann, dem sie im trauten Heim behilflich sind. Und diese Tendenz ist anhaltend.«

Die DCCs gelten als hoch belastbar, ihnen wird überdurchschnittlich viel Tüchtigkeit und Verantwortungsbewußtsein attestiert, aber viele klagen über Arbeitsüberlastung und über zu wenig Zeit für die Partnerschaft. Ladwigs Folgerung: »Diese Probleme dürfen nicht als Privatsache der Betroffenen abgewertet werden. Qualifiziertes Personal ist eine umkämpfte Ressource geworden. Aus der Ignoranz gegenüber persönlichen Belangen der Mitarbeiter können Motivationsabfall, Unzufriedenheit, Streß und unerwartete Kündigungen entstehen. Betriebswirtschaftlich ist das ein Verlust von Humankapital und Personalinvestition in den Mitarbeiter. Firmen, die flexible Arbeitszeiten anbieten und sich um den Partner ihres Mitarbeiters kümmern, werden dagegen häufig belohnt: niedrige Fluktuation, bessere Leistungen, mehr Produktivität. Letztlich steht auch der gute Ruf des Unternehmens auf dem Spiel: Es geht um ein fortschrittliches Image und eine menschliche Unternehmenskultur.«

Genau darum kämpft Michel E. Domsch, Professor für Betriebswirtschaft an der Hamburger Bundeswehr-Uni, seit Jahren. Er steht dem Institut für Personalwissenschaft und internationales Management vor und ist Gründer des europäischen Netzwerks »Familie und Arbeit«. Als erstes Hochschulinstitut der Welt hat das Hamburger Institut eine Auszeichnung für seine vorbildliche Lehre, Forschung und Beratung im Bereich Chancengleichheit und Vereinbarkeit von Arbeit und Privatleben erhalten. Seit Jahren arbeitet Domsch daran, wie man Familie und Arbeit besser auf einen Nenner bringen kann. Seine Grundüberzeugung: Auf der Grundlage zerrütteter Familien und Beziehungen kann kein erfolgreiches Unternehmen gedeihen. »Der totale Anspruch auf jeden bringt zu viel Probleme mit sich. Man operiert nicht nur einen Menschen aus einem Umfeld heraus, sondern auch seinen Partner. Blinde Auslandsentsendungen sind eine Katastrophe, der Mensch knickt dabei ein. Nicht umsonst gibt es viele Alkoholiker in Berufsgruppen, die Fernbeziehungen haben.«

Unternehmensberaterinnen und -berater zum Beispiel seien besonders häufig unterwegs, sagt Domsch. »Die großen Firmen sind voll von Fernbeziehungen. Der Standort ist in Hamburg oder München, aber das Projekt irgendwo in Europa. Sie kommen heim und haben im Rucksack noch irgendwelche Dinge, die am Montag präsentiert werden müssen. Meistens ist der Freitag letzter Arbeitstag, die Aktentasche voll, sie sind eineinhalb Tage zu Hause, haben aber noch Arbeit für zwölf Stunden. Die Faszination, die für viele Männer und Frauen entsteht, wenn sie interessante Aufgaben, Reisen und Aufstiegsmöglichkeiten haben, zwingt sie, ein ›Eigentlich-Leben‹ zu leben: ›Eigentlich würde ich gerne mehr Zeit für mich und meine wichtigsten Menschen haben, aber es geht nicht.‹«

Eine Personalpolitik, die Menschen nicht trennt, wäre nach Domschs Erfahrung durchaus machbar: »Der Schweizer Konzern Ciba-Geigy kaufte zum Beispiel früh gezielt Paare aus dem Arbeitsmarkt. Solche Maßnahmen sind manchmal teurer, aber sie reduzieren Probleme. Leider ist aber eine solche sozialverträgliche Personalpolitik unterentwickelt. Ich jedenfalls würde nicht wie eine Billardkugel hin- und hergeschubst werden wollen.«

Dazu hätten sich auch die Werte inzwischen zu sehr verschoben, meint der Betriebswirtschaftler: »Früher war es eine Ehre, wenn der Chef kam und sagte: ›Du wirst versetzt nach Kapstadt.‹ Da wurden die Koffer gepackt. Heute ist das nicht mehr so einfach. Frauen und Männer in guten Positionen wissen, daß sie woanders auch gefragt sind und familienfreundlichere Bedingungen aushandeln können.«

Frauenidentität hat sich dramatisch verändert. Wie war es früher in Europa?

»Er bestimmt den gemeinsamen Wohnort nach den Erfordernissen seiner Arbeit. Sie folgt ihm aus der Provinz nach Paris, von Paris in die Provinz, in die Kolonien, ins Ausland.« Simone de Beauvoir, die große Säulenheilige des Feminismus, schrieb das 1951 in ihrem feministischen Frühwerk »Das andere Geschlecht«. Beauvoir und Sartre gelten als die Vorreiter des »living apart together«, die meiste Zeit ihres Lebens wohnten sie bewußt nicht zusammen.

Innerhalb von nur einer Generation haben sich Frauen aus ihrer Unmündigkeit gelöst. Selbstbewußter, individueller, pragmatischer fühlen sich die »Töchter von Papa SPD und Mama Emma«, wie *Der Spiegel* im Juni 1999 schrieb.

Für den Schriftsteller Max Frisch war der Aufbruch der Frauen »die einzige Revolution dieses Jahrhunderts«. Im Bildungsbereich ist er besonders offensichtlich: Seit 1992 machen mehr Mädchen als Jungen das Abitur, und zwar mit besseren Noten. An den Universitäten stellen sie seit einigen Jahren die Mehrheit. Heute stehen Frauen nahezu alle Berufe offen, es ist eine Frage der Zeit, bis sie auch zahlenmäßig stärker in Führungspositionen kommen.

Berufssonderhefte von Frauenzeitschriften laufen gut, Mädchen verschlingen Reportagen über Frauen, die ihren eigenen Weg gegangen sind. »Für junge Frauen gibt es heute keine allgemein gültige biographische Leitlinie mehr«, stellte die Konrad-Adenauer-Stiftung in einer Studie über weibliche Lebensstile fest. Mädchen wollen sich entdecken, anstatt sich früh zu binden.

Während 1992 nur jede fünfte Pendel-Liebe von Frauen begonnen wurde, galt das 1997 schon für jede dritte, fand die Gesellschaft für rationelle Psychologie heraus. Immer mehr Frauen sind bereit, eine Auszeit vom Partner zu nehmen, um eine gute Stelle in einer anderen Stadt anzutreten.

Viele Personalchefs und Headhunter hätten zwar am liebsten immer noch gern den dienenden Frauentyp an der Seite ihrer

Angestellten. Doch die Zeiten ändern sich. Sehr häufig legen die Frauen nämlich ein Veto ein, wenn ihr Mann im Ausland Karriere machen könnte. Drei Viertel der Ablehnungen von Auslandsentsendungen werden mit dem Einspruch der Ehefrau begründet. Sie hat oft selbst eine Stelle und will sie nicht aufgeben. Verständlich, findet Hendrik Jürges, wissenschaftlicher Mitarbeiter an der Uni Dortmund: »Meist führt der Wechsel des Arbeitsplatzes dazu, daß sich die Einkommensschere zwischen Frauen und Männern auf fast dramatische Weise öffnet. Erwerbstätige Frauen sind die klassischen Migrationsverliererinnen.«

Vor der Entsendung ihrer Männer waren zwei Drittel der Managerfrauen berufstätig, nach der Entsendung nur noch zehn Prozent, wenn sie mitziehen, hat die Ökonomin Petra Gross festgestellt. »In manchen Ländern bekommen sie nicht einmal eine Arbeitserlaubnis und bleiben im Getto der Ehefrauen von anderen Managern. Eine wenig reizvolle Perspektive für aktive Frauen.«[10]

Forschungsbedarf gibt es genug: Interviews mit Elisabeth Beck-Gernsheim und Norbert F. Schneider

Hans W. Jürgens ist ein Bevölkerungswissenschaftler mit ungewöhnlichen Ideen: Der Kieler Professor untersucht zum Beispiel Teddys, ohne die manche Fernliebenfrau und mancher Fernliebenmann nicht ins Bett gehen, und kann genau sagen, welche Modelle vorwiegend von Frauen und welche von Männern gekauft werden. Er schlägt Eheschließungen auf Zeit vor und das Drei-Phasen-Modell der Ehe: »Die erste sollte bis zum Berufsabschluß gehen, die zweite könnte die Familienbildung umfassen, die dritte den goldenen Herbst. Nach jeder Phase könnte man sich neu für den Partner entscheiden.«

Jürgens plädiert auch für einen »Ehe-Führerschein«, in den USA als »couples communication program« bekannt. »Es ist doch ein Unding, daß man nachweisen muß, Auto fahren zu können, aber nicht so etwas Elementares wie Zusammenleben in der Ehe, Konfliktfähigkeit, Kommunikationsfähigkeit, Haushaltsführung«, sagt Jürgens. »Man muß zwar die Menschen nehmen, wie sie sind, und aus einem Redemuffel wird man keine

Plaudertasche machen, aber man kann sich Strategien überlegen. Fernbeziehungen sind untrainierbar, im Grunde gelten dafür oft die gleichen Regeln wie für Beziehungen, wo beide am gleichen Ort leben. Ein Mann sollte beispielsweise wissen, daß für Frauen die persönliche Kommunikation einen hohen Wert darstellt, sie sind deutlich mitteilungsbedürftiger. Männer können über Gefühle schwer reden.«

Die Wahrscheinlichkeit, ob eine Fernliebe klappt, hängt laut Jürgens entscheidend vom Zeitpunkt ab. Er unterscheidet zwischen Liebe a und Liebe b: Liebe a ist die erste Attraktivität, Romantik, Hormonrummel, da wird wenig rational gedacht, sondern nur gefühlt. Liebe b fußt nicht nur auf den ersten berauschenden Eindrücken, sondern auf Beweisen. Man wisse, daß man sich auch in schlechten Zeiten aufeinander verlassen könne und sich etwas zu sagen habe. Ehe auf Distanz, so der Professor, könne ein sehr attraktives Modell sein, wenn man sich im zweiten Stadium befinde.

Man braucht ein Stück Naivität, aber nicht zuviel
Interview mit der Soziologie-Professorin Elisabeth Beck-Gernsheim

Elisabeth Beck-Gernsheim und ihr Mann Ulrich Beck arbeiten beide als Soziologieprofessoren. Sie in Erlangen, er in München. »Das ganz normale Chaos der Liebe« – so ihr richtungsweisender Klassiker – haben sie ausgiebig erforscht. Als Fernliebenpaar kommt bei dem Thema »getrennt zusammen leben« reichlich persönliche Erfahrung hinzu.

Sind die Menschen ausreichend auf die Fernliebe vorbereitet, oder gehen sie zu naiv dran?
Man braucht ein Stück Naivität, sonst würde einem der Optimismus fehlen, um die Situation zu bewältigen. Umgekehrt: Optimismus alleine reicht auch nicht. Ich kann das aus eigener Erfahrung sagen, weil ich mit meinem Mann schon lange eine Fernbeziehung pflege. Als der Mann einer Freundin versetzt wurde, haben wir die beiden zum Abendessen eingeladen, und wir kamen auf das Thema zu sprechen. Wir rieten ihnen, sich gut auf die neue Situation einzustellen und sie nicht zu unter-

schätzen. Ein Jahr später waren sie geschieden. Vielleicht hätten sie sich auch sonst getrennt, aber sie hatten sich offensichtlich nicht ausreichend auf die Distanzbeziehung vorbereitet.

Sie verkünden in ihren Büchern die Krise der Ehe, die unaufhaltsamen Trends zu mehr Distanzierung und Individualisierung. Kommen vielen Paaren die beruflichen Sachzwänge im Grunde ganz recht, um die von ihnen zumindest heimlich bevorzugte Lebensform zu leben?
Das glaube ich nicht, aber es hat schon miteinander zu tun. Beide haben einen eigenen Lebensplan. Individualisierung in den Beziehungen heißt eben auch, daß die Frau sich nicht nur als Anhängsel des Mannes begreift, sondern einen eigenen, gleichwertigen Lebensplan entwickelt.

Sehen Sie den großen Vorteil der Fernliebe auch darin, daß man sich nicht um Geschirrspülen und schmutzige Wäsche streitet, für die jeder selbst zuständig ist?
Nicht unbedingt. Ich kenne Paare, die sich in den verbleibenden Tagen, wo sie zusammen sind, auch darüber fetzen. Da räumt der Mann aus seiner Sicht schon auf, aber für sie ist das immer noch ein Tohuwabohu. Aber die Fernbeziehung kann in Einzelfällen eine Lösung aus dem Haushaltsdilemma sein. Daß die Beziehung wegen Haushaltsfragen kracht und dies der Hauptauslöser ist, wäre kleinkariert. Manche Leute entwickeln Toleranz und schaffen es auch ohne Fernbeziehung, über unterschiedliche Wertvorstellungen hinwegzukommen. Mit Ironie und gewissen Grundregeln kann man das hinkriegen.

In Ihrem Buch schreiben Sie, daß Arbeit die neue Religion nach der Religion ist. Wird die Karriere überhöht?
Es sind ja nicht immer nur Karrieren, es geht oft schlicht um Existenzsicherung, um Broterwerb. Wir haben im Grunde immer noch zwei Bundesrepubliken, eine Ost, eine West. Die Aktiveren aus dem Osten gehen und werden in unterschiedliche Ecken Deutschlands verschlagen. Die können nicht sagen, ich bleibe in Greifswald. Da geht es um ganz normale Ausbildungsberufe, nicht nur die Akademiker, auch die Friseuse und der KFZ-Mechaniker sind davon betroffen. Auf europäischer Ebene ist es ähnlich. Wir haben viele legale und illegale Grenzgän-

gerinnen. Denken sie an die polnischen Putzfrauen, die in Westberliner Haushalten arbeiten. Serviererinnen, Kellnerinnen, die tun das doch nicht, weil sie Karriere machen wollen.

Entspricht die Fernliebe nicht dem Beziehungsideal optimaler Persönlichkeitsentfaltung, ohne daß einen der andere hindert?
Das kann so sein. Ich habe es auch genossen, viel mit meinen Freunden wegzugehen oder Filme zu sehen, die meinen Mann nicht interessieren. Das erste Jahr war das prima, aber nach dem zwölften Jahr sieht das anders aus, da gibt es eine gewisse Sättigung an einer Selbstverwirklichung als Solist, da würde ich gern mehr gemeinsam machen. Die Paare, die ich kenne – und ich kenne sehr viele –, empfinden ihre Distanzbeziehung vor allem als anstrengend, ermüdend. Reisen kann nicht mehr so genossen werden. Die Leute wollen nicht mehr jede Woche diese schöne neue Landschaft betrachten, sie ist ja auch nicht mehr neu. Außerdem geht es natürlich ins Geld. Ich habe es ja selbst erlebt, wie Flüge in der Business-Class das Gehalt auffressen. Wenn unvorhergesehen eine Sitzung im Fachbereich anberaumt wird, nutzt die beste Planung nichts, da muß das teure Flugzeug genommen werden.

Sind die Fernbeziehungen ein reines Mittelschichtphänomen?
Nein, in der Gastronomie fällt mir das besonders auf. Es gibt ja kaum noch deutsche Kellner, sondern zunehmend junge Frauen aus Osteuropa, die ein Jahr arbeiten, um sich ein Auto leisten zu können. Da kann man nicht mehr sagen, das ist Mittelschicht, das sind ganz einfach miese materielle Bedingungen, die manche Menschen zur Mobilität zwingen. Das Zerrbild von Fernliebenden – Wochenende in Berlin, London, Paris, oh wie schick – ist nicht die Regel.

Sind Fernliebende Beziehungsaristokraten?
Immer nur die Schokoladenseite voneinander zu sehen, heißt, die Probleme, die zwei Menschen immer miteinander haben, unter den Tisch zu kehren. Das rächt sich früher oder später. Statt von Beziehungsaristokraten sollte man von Beziehungs-Nomaden sprechen.

Wie stellen Sie sich ihre persönliche Zukunft nach Ihrer Uni-Laufbahn vor?

Ganz bestimmt nicht als Fernbeziehung. Ich freue mich auf ein Leben mit meinem Mann an einem Ort. Es war nur nie machbar für ein Soziologenpaar. Wenn eine Fee käme und fragen würde, ob wir lieber an einem oder an zwei Orten arbeiten wollten, würde ich laut schreien: an einem. Aber die Fee kommt nicht.

Die Fernbeziehung ist nicht so schlecht wie ihr Ruf
Interview mit dem Soziologie-Professor Norbert F. Schneider

Wenn der Mainzer Soziologieprofessor Norbert F. Schneider über Wochenendehen und andere Fernlieben doziert, weiß er, wovon er spricht. Schneider hat es selbst erlebt: »Als ich die Professur in Mainz übernahm, blieben meine Frau und mein Sohn erst einmal in Bamberg. Ich fand das durchaus nicht unangenehm. Es war wunderbar, frei von privaten Verpflichtungen zu arbeiten und am Wochenende dann völlig entspannt bei meiner Familie zu sein.«

Schneider ist sich sicher: Die Fernbeziehung ist nicht so schlecht wie ihr Ruf, sie birgt enorme Entwicklungschancen, jeder kann selbstbewußter und eigenverantwortlicher leben.

Forschungsbedarf zu Mobilität und Liebe gibt es genug, meint Schneider: »Wir haben kaum konkrete Daten, sondern Vermutungen, Einschätzungen, vage Indikatoren. Was man sagen kann: Das ›living apart together‹ ist weiter verbreitet als die nichteheliche Lebensgemeinschaft.« Leider, so Schneider, würden Fernbeziehungen oft noch als individuelles und nicht als gesellschaftliches Problem beachtet. Durch den Umzug der Bundesregierung von Bonn nach Berlin wuchs im Familienministerium das Problembewußtsein, Gelder wurden zur Verfügung gestellt.

Sowohl von der Politik als auch von der Öffentlichkeit würden Fernbeziehungen viel zu wenig beachtet, meint Schneider, das Problem beginne schon bei der sprachlichen Benennung. »Wir haben kaum Begriffe dafür. Was man aber nicht begrifflich erfassen kann, entzieht sich der Wahrnehmung, das ist ein wechselseitiger Prozeß.«

Schneider und sein Team führten über 1 000 Interviews. Dabei verglichen sie mobile und nichtmobile Paare, wobei auffiel, daß die nichtmobilen deutlich weniger Lust hatten, über ihre Beziehung zu sprechen. Vielleicht lag das daran, vermutet er, daß sie sich selbst als anachronistisch einschätzten. Die mobilen Paare lassen sich grob in folgende Gruppen einteilen: Die einen begrüßen die Fernliebe durchaus, nicht alle sind darüber traurig. Eine weitere Gruppe wünscht sich nichts sehnlicher, als die Distanzliebe in eine Nahbeziehung zu verwandeln, und die dritte bilden die Pragmatiker, die sich arrangiert haben.

Ein vielversprechender Untersuchungsansatz der Fernliebenpaare an der Universität Mainz also, den wir mit dem Wissenschaftler diskutierten.

Was ist das Neue an den heutigen Fernbeziehungen?
Historisch sind Fernbeziehungen nichts Neues, Seefahrer und Kreuzritter und Soldaten waren die krassesten Beispiele. Neu ist das Ausmaß, allmählich sind alle Schichten und Berufsgruppen betroffen. Es entkoppelt sich auch auf der Ebene der beruflichen Hierarchie. Vor zehn bis 15 Jahren waren nur die obersten Hierarchien betroffen, jetzt wird auch die untere Ebene erfaßt. Es ist ein ganz neues Phänomen mit Gestaltungschancen und Belastungen, das von der Amtstatistik und sonstigen Sozialbeobachtungen systematisch ausgeblendet wird. Und es tangiert Bereiche wie Politik, Wirtschaft, Unternehmenskultur. Wir versuchen das übliche Denken, daß der Angestellte für die Firma uninteressant ist, wenn er das Firmengelände verläßt, aufzubrechen. Beruf und Privatleben waren früher viel stärker getrennt, heute sind sie untrennbar miteinander verknüpft.

Fordern die betroffenen Paare, daß für sie mehr getan werden muß?
Vielen fiel bei der Frage zum Handlungsbedarf erst einmal nichts ein. Den beruflichen Sachzwängen wird eine hohe Offenheit entgegengebracht, das Lebensgefühl vieler Fernliebenpaare lautet: »Selbst schuld«, sie bewerten ihre eigenen privaten Interessen unter. Grundsätzlich gilt: Je reicher die Leute sind, desto weniger fordern sie staatliche Unterstützung. Leute auf der Managerebene haben ja einen Gärtner, eine Bügelkraft und die Putzfrau, quasi ein kleines Unternehmen im Privathaushalt. Diejenigen, die nicht so viel Geld haben, beklagen dagegen enge, unwirtliche Züge, in denen man noch nicht mal Zeitung le-

sen kann. Oder sie beschweren sich darüber, daß der getrennte Wohnsitz nur noch zwei Jahre lang beim Finanzamt von der Steuer abgesetzt werden kann.

Sind Fernbeziehungen ein Ausdruck der »multioptionalen Gesellschaft«, die potentiell jeden glücklich macht, wenn er in die berufliche Wundertüte greift?
Gar nicht so sehr. Früher konnte man aus wenig Weniges auswählen, heute aus vielem Weniges. Viele Fernliebenpaare fühlen sich nicht als Avantgarde des Fortschritts, sie wollen ganz normal sein wie alle anderen auch. Es gibt ganz konventionelle Menschen darunter.

Wird die Arbeit in unserer Gesellschaft überbewertet?
Ja, eine Frau, die drei Kinder bekommt und deswegen auf Karriere verzichtet, fühlt und stellt sich oft schlechter als diejenige, die kinderlos bleibt und sich für die Karriere entscheidet. Viele Männer sind privat Amateure und beruflich Profis, deshalb kommt es ja zum Rentenschock, dem Gefühl, daß man ohne Erwerbsarbeit nichts wert ist.

Werden wir eine Gesellschaft von Singles, die wie Nomaden durch die Welt ziehen?
Es wird sich nicht alles auflösen, viele feste Strukturen bleiben. Der Finanzbeamte, der Schreiner, der Bauer, der Bäcker können am Ort bleiben, in dem sie verwurzelt sind. Aber grundsätzlich gilt: Früher war die Gesellschaft homogen, jetzt entfernt sich unter einem äußeren Ring immer weiter alles voneinander.

Der Steuerzahler bezahlt derzeit noch einige Vergünstigungen für Beamte, die im Rahmen des Umzugs von Bonn nach Berlin versetzt wurden, die Heimfahrt ist zum Beispiel für zwei Jahre frei. Ein vorbildliches Modell?
Wenn man von einigen Übertreibungen absieht und die typisch deutsche Neiddiskussion abzieht, meine ich, daß diese Fürsorge-Maßnahmen in die richtige Richtung gehen und durchaus Vorbildcharakter haben, weil man den Menschen entgegenkommt. Diejenigen, die sich darüber erregen, sind häufig diejenigen, die nicht mitziehen wollten.

Ist der Feminismus daran schuld, daß es immer mehr Fernbeziehungen gibt, weil die Frauen, ironisch gesagt, die Frechheit haben, eigene Karrieren zu machen?
Nein, wichtiger als der Feminismus waren zwei große Veränderungen: die Bildungsrevolution, die Frauen Chancengleichheit gab, und die darauf folgende ökonomische Unabhängigkeit. Schauen Sie, früher haben Handwerkerwitwen den Gesellen ihres Mannes geheiratet. Es war ja immerhin bis 1977 noch so, daß Männer den Job ihrer Frau kündigen konnten, wenn sie den Eindruck hatten, die Frau kümmere sich nicht genug um den Haushalt. Man sprach von der Eineinhalb-Stellen-Stelle und meinte damit, daß die Frau ihrem Mann den Rücken freihält und er nur deshalb so befreit im Beruf agieren kann. Umgekehrt gilt das nicht: Frauen, die Karriere machen, sind häufig kinder- und partnerlos, oder sie haben wechselnde Beziehungen. Ein Mann hat typischerweise die herkömmliche Familie. Trotz aller Emanzipation ist eines geblieben: Die Frau ist nach wie vor im öffentlichen Bewußtsein für Haushalt und Kinder zuständig, der Beruf ist optional, beim Mann ist der Beruf Pflicht, Haushalt und Kinder sind optional. Dennoch gibt es viel Verunsicherung bei vielen Männern. Die Rollenbilder lösen sich auf, die Frauen haben das früher hinter sich gebracht.

Tragen die zunehmenden Fernbeziehungen zur Zerrüttung der Gesellschaft bei?
Nein, die Fernbeziehung ist nicht an und für sich etwas Schlimmes, Schädliches. Sie ist riskant, aber auch chancenreich. Man sollte sich vor einer Vergötterung der Nahbeziehung hüten: Wer sagt denn, daß es für die Entwicklung eines Menschen am besten ist, 40 Jahre immer dieselbe Frau zu haben? Umgekehrt gilt das selbstverständlich genauso. Es wird natürlich Gegenbewegungen geben, die der Dynamik und Unsicherheit eine Idylle und Beständigkeit entgegensetzen wollen.

Hat die niedrige Geburtenrate etwas mit der hohen Zahl von Fernbeziehungen zu tun?
Auf keinen Fall kausal, vielleicht verstärkend. Wir müssen uns von der Vorstellung verabschieden, daß alles im Leben planbar ist. Bis zu 50 Prozent aller Schwangerschaften sind ungeplant. Dazu kommen noch zehn Prozent von Paaren, die gerne zu ei-

nem bestimmten Zeitpunkt ein Kind hätten, es aber nicht hinbekommen. Es ist eine biologische Tatsache: Je älter die Frau ist, desto unwahrscheinlicher wird ihre Schwangerschaft. Das kann bei Fernliebenpaaren, die lange ihrer Karriere zuliebe getrennt gelebt haben und jetzt doch noch Nachwuchs wollen, ein Problem sein. Das Erstgeburtsalter von Akademikerinnen und Hauptschülerinnen hat sich enorm auseinanderdividiert: Die einen gebären mit 30 Jahren, die anderen mit 24. Intelligent ist das von beiden: Wenn die Frau an der Hochschule ein Kind bekommt, wird ihre akademische Karriere wahrscheinlich entscheidend gebremst, die Hauptschülerin dagegen kann durch ein Kind ihren unbefriedigenden, entfremdeten Arbeitsplatz in der Fabrik verlassen und hofft auf ein besseres Leben als Mutter.

Ist die Fernbeziehung für manche das beste, weil sie sich wohldosiert das Beste aus dem Singleleben und der Geborgenheit in der Paarbeziehung herauspicken können?
Ich glaube nicht, daß das die meisten so bewußt praktizieren. Fernbeziehungen werden in der öffentlichen Diskussion gar nicht als bedeutende Lebensform wahrgenommen. Andererseits kann ich mir vorstellen, daß viele Singles ihre Lebensform gern gegen eine Fernbeziehung eintauschen würden. Nur vier Prozent der Menschen sind freiwillig Singles, die anderen hätten gerne zumindest ab und zu einen Partner.

Ist die Fernbeziehung die aufregendere Liebe mit einem höheren Lustgewinn?
Das kann man nicht pauschal sagen. Der Druck ist sehr hoch: Wochenendpaare sollen sich in limitierter Zeit sehr nah kommen, sexuell soll es klappen. Dann kommt irgendein Störfaktor und es gibt Frustration und Konflikte. Die Fernbeziehung ist anspruchsvoll, sie braucht wie keine andere Liebesform Gestaltung, Einsatz, Geduld und Phantasie.

Die klassischen Fernbeziehungen

20 Jahre hatte die spartanische Königstochter Penelope auf Odysseus gewartet, den König von Ithaka und Helden des Trojanischen Krieges. Als der Held nach vielen Irrungen und Wirrungen zerschunden heimkam, übersah seine Frau ihn erst einmal. Erst als Odysseus als einziger seinen zurückgelassenen Bogen spannen konnte und sein Hund ihn wiedererkannte, wußte sie, daß er es war.

»Fernbeziehungen waren immer schon eine Lebensform, die Menschheiten durchstehen mußten, um zu überleben. Die Zeiten der Jäger und Sammler sind, global betrachtet, nicht vorbei. Um Nahrung zu haben, mußten die Menschen sich von ihrem Zuhause entfernen. Das Leben in der Wildnis (Ferne) war nur zu überstehen in der Hoffnung, den ›heimischen Herd‹ wieder anzutreffen«, meint die Paartherapeutin Maria Schneiders.

Seemänner: Die Braut des Matrosen ist die See

Odysseus war ein Seefahrer. Seemannsfrauen müssen heute keine 20 Jahre auf ihren Mann warten, aber gefährlich ist das Meer geblieben. Für die Besatzung und für die Liebe. Und da sind die Flauten vielleicht noch schlimmer als die Stürme.

An Bord wird nicht so viel gequatscht, da gibt es Order
Antje Poelmann (44), Hausfrau
Bei TV-Serien wie *Traumschiff* oder rührseliger Shanty-Musik wird Antje Poelmann ärgerlich. »Das ist alles verlogen, die Seefahrt war noch nie romantisch und ist es auch heute noch nicht, sie ist eine irrsinnige Arbeit mit einem ungeheuer intensiven Naturerlebnis. Die 44jährige weiß, wovon sie redet. Ihr Uropa war Seemann, ihr Opa, der bei einer Kesselexplosion

ums Leben kam, war ebenfalls auf dem Schiff, auch ihr erster Mann und ihr zweiter, mit dem sie inzwischen 18 Jahre verheiratet ist. Mehrfach war sie selbst auf hoher See dabei: »Ich wollte die Faszination dieses Berufes erleben, danach konnte ich meinen Mann viel besser verstehen.«

Antje engagiert sich im Verband der Seemannsfrauen, der alles andere als ein Häkel- und Strickverein ist – ein Vorurteil, mit dem sie ständig konfrontiert wird. Bei Politikern und Reedern will sie bessere Arbeitsbedingungen für ihre Männer durchsetzen. Die haben sich in den letzten zehn Jahren ständig verschlechtert: »Seit 25 Jahren wird die Globalisierung der Märkte als Argument bemüht, um menschenverachtende Arbeitsbedingungen durchzusetzen: untertarifliche Heuerzahlungen, unzählige unbezahlte Überstunden, kaum Landgang, Rausfall aus der Arbeitslosenversicherung und der Gesetzlichen Unfallversicherung, Kurzzeitverträge, und das ist noch längst nicht alles. Deutsche Seeleute sind gezwungen, auf ausgeflaggten Schiffen zu fahren, da fast alle deutschen Reeder ihre Schiffe unter fremder Flagge fahren lassen.«

7500 Deutsche arbeiten noch auf den Weltmeeren, in den siebziger Jahren waren es 65000. Antje Poelmanns Mann, der 45 Jahre lang zur See gefahren ist, zuletzt als leitender Ingenieur, hat vorerst resigniert. Die Liebe zu diesem Beruf, der einmal wahre Berufung war, ist durch die mörderischen Arbeitsbedingungen verlorengegangen. Ein Jahr ist er jetzt zu Hause, nur mühsam hat er sich wieder an ein Leben an Land gewöhnt.

Seefahrer tun sich oft schwer damit, weiß Antje Poelmann. »Viele sind weltfremd geworden, weil sie auf einem Schiff wie in einer kleinen Stadt leben. Sie haben kaum Freunde, weil sie Freundschaften nicht pflegen können. Dann sitzen sie zu Hause, die Bestätigung im Beruf ist weg, Staubsaugen und Rasenmähen können das nicht ersetzen.« Auch das Reden mit der eigenen Frau muß erst wieder gelernt werden: »An Bord wird nicht so viel gequatscht, da gibt es Order statt Diskussionen, weil es manchmal ja wirklich um Sekunden geht.«

Seemannsfrauen sind »zwangsautonom«, wie sie es nennt, da sie das Familienleben in der Abwesenheit ihrer Männer allein organisieren müssen. Antje war nie sehr eifersüchtig, wenn ihr Mann auf See war, sie wehrt sich gegen ein weiteres Klischee: »Unsere Männer sind keine größeren Fremdgänger als Landratten. Im übrigen habe ich gelernt, einen Bordellbesuch nach langer Fahrt richtig einzuordnen: Als junge Frau hätte mich das noch beleidigt, heute weiß ich, daß es ziemlich unwichtig ist, mit einem Affront oder einem Betrug der Frau zu Hause hat das für mich nichts zu tun.«

Seemannsehen seien nicht gefährdeter als andere, meint Antje Poelmann: »Wenn man zusammenpaßt, kann man es zusammen tragen. Sicher gehen Ehen kaputt, aber nicht häufiger als an Land. Manche sind vielleicht gerade wegen der Entfernung stabil. Und wegen des Gefühls, daß man viel mehr auf sich nimmt als in einer Beziehung, die nur noch so dahinplätschert. Das schweißt zusammen.«

Gut möglich, daß es ihr bald selbst wieder so geht, ihr Mann wieder mal »zur Aushilfe« mitfährt. Aber nur auf einem Schiff mit Fax: »Gut, daß wir diese Technik haben, eine tolle Erfindung. Da kann man richtige Schnulzen reinhauen und sich austoben. Und sich auf das Wiedersehen freuen: Das ist so ein umwerfendes Gefühl, das alle Mühen überscheint.«

Hallo Schatzi, wann rufst Du wieder an?

Helga (37), Hausfrau, und Claus (52), Seemann

Die meisten Seeleute sind süchtig nach dem Meer. »Die Braut des Matrosen ist die See«, das kommt der Wahrheit schon nah, meint Helga. Ihr Mann ist ein fanatischer Seefahrer. Acht Monate am Stück ist er unterwegs, danach sechs bis acht Wochen zu Hause. Der Lohn der langen Entbehrung: ein Herzen und Tollen, Knuddeln und Küssen beim Wiedersehen mit seiner Frau, das Zuschauer neidisch werden läßt, freudig erregte Kinder und eine Ehe jenseits der Alltagsroutine.

In einem Film des Bayerischen Rundfunks, der im Mai 2000 ausgestrahlt wurde, hat Helga das wahre Lebensgefühl einer Seemannsfrau vorgeführt: »Es ist immer was Tolles, ihn zu sehen, wenn er an der Reling steht. Darauf lebe ich hin. Wenn sein Schiff irgendwo in Europa anlegt, bin ich vor Ort und habe Schmetterlinge im Bauch, auch wenn er nur für zwei Stunden da ist.«

Kennengelernt haben sich die beiden in Paris auf dem Flughafen – es war so etwas wie Liebe auf den ersten Blick. Aus seiner damals zwölfjährigen Seemannsexistenz machte er kein Geheimnis.

Helga wußte, worauf sie sich einließ: Sie ist in Namibia aufgewachsen, ihr Vater war als Klempner selbst oft unterwegs, sie wurde von ihrer Mutter allein großgezogen. Das gab ihr die Zuversicht, Ähnliches auch zu schaffen. »Ich verstehe, daß es nichts Schöneres für ihn gibt. Aber früher fuhr er wenigstens nur drei Monate am Stück weg und war dann ebensolange zu Hause. Danach ist es ständig länger geworden. Wenn er da ist, ist es eine ganz besondere Zeit für uns. Claus ist kein Mann, der sich verkriecht und rundum betüteln läßt. Wir sind uns nie gleichgültig, unser Gespräch verstummt nie.«

Claus ist ein Mensch, der für das Leben an Land nicht geschaffen ist, das weiß Helga: »Im Stau zu stehen und das ganze Jahr in einem Büro von 8 bis 16 Uhr immer die gleichen Menschen zu sehen, würde ihn unendlich frustrieren, er käme sich eingesperrt vor. Er muß weg, einmal Seemann, immer Seemann. Ich bin ja ein paarmal mitgefahren und weiß, wie schön das sein kann: zwei Wochen lang kein Schiff, das einem begegnet, nur Meer und Himmel.«

Als Single fühlt sich Helga auch während der acht Monate Wartezeit nicht: Sie ist ja eine verheiratete Frau, die einerseits sehr selbständig ist – und das auch sein muß –, andererseits aber gebunden. In der kleinen Stadt, in der sie wohnt, steht sie unter einer starken sozialen Kontrolle, da würden Treffen mit einem anderen Mann nicht geheim blieben: »Ich kann nicht einfach in die Kneipe gehen, ich muß zu Hause bleiben. Außerdem möchte ich mich auch nicht in die Verlegenheit bringen, jemanden kennenzulernen. Das könnte passieren und mich in arge Gewissenskonflikte stürzen.«

Stattdessen gibt es Dialoge am Telefon wie folgenden: »Hallo Schatzi, wann rufst du wieder an?« – »In zwei Wochen, aber schick' mir vorher ein Fax.« Bis zu 800 Mark haben sie in manchen Monaten vertelefoniert, E-Mail-Anschluß hat nicht jedes Schiff. Und Briefe schreiben bringt nichts mehr, die stapeln sich beim Agenten und werden oft nicht zugestellt. Helga faxt stattdessen jede Woche einen detaillierten Familienbericht – damit Claus weiß, was sich ereignet hat. Selbst über Politik diskutieren die beiden schriftlich.

Eifersüchtig ist die gelernte Einzelhandelskauffrau nicht, sie ist sich sicher, daß ihr Mann kein Interesse an anderen Frauen hat: »Er liest lieber in seinen freien Stunden, nicht alle Seemänner sind notgeil. Den Gedanken möchte ich gar nicht haben, um mich selbst zu schützen. Da hätte ich es viel leichter, fremdzugehen, er hat ja manchmal nur ein paar Stunden Liegezeit in den Häfen, früher dauerte das Wochen oder Monate.«

Schlimmer als Eifersucht ist die räumliche Distanz bei dramatischen Ereignissen: »Als mein Schwiegervater starb, war mein Mann auf dem Weg nach Venezuela. Ständig steht die Seefahrt zwischen uns, das Leben ist darum herum aufgebaut, ich stecke zurück, sonst würde die Beziehung nicht funktionieren. Als wir in Südafrika wohnten, hat Claus kurzzeitig mit der großen Seefahrt aufgehört, fuhr nur noch an der Küste herum. Aber das Fernweh siegte über ein geregeltes Familienleben.«

Den Kindern schickt er Botschaften: »Grüße sendet dir dein mal wieder abwesender Vater. Gestern habe ich dich noch im Schubkarren gefahren, heute hast du ein Moped.« Helga zeigt ihnen oft Bilder: »Dann sage ich, ›das haben wir mit Papa erlebt!‹, ich habe ihn ständig dabei, er ist präsent. Er soll das Gefühl haben, daß er gebraucht wird.«

Schwierig wird es, wenn er drei Tage nach seiner Rückkehr mit der Erziehung anfängt, weiß Helga: »Da kann es Probleme geben, wenn ich den Kindern etwas erlaubt habe, er das aber ganz anders sieht.«

Claus sieht vor allem die Vorzüge. »Die anderen haben doch die Freude auf das Wiedersehen gar nicht.« Ob er seine Frau besonders verwöhne, wird er häufig gefragt: »Verwöhnen? Soll ich einen Mercedes kaufen? Wir lieben uns, und das ist es.«

Das ist es – das denkt auch Helga. »Es ist immer wieder, als ob wir uns gerade kennengelernt hätten, immer wieder schön und wahnsinnig spannend. Das möchte ich nicht missen.«

LKW-Fahrer: Welche Frau macht das mit?

Fernfahrer tanken nicht nur Benzin, sondern auch Kraft – wenn möglich in der Familie oder bei der Partnerin. Die Branche weist eine extrem hohe Trennungsrate im Privatleben auf, schreibt das Magazin *Fernfahrer*. In einem Fahrerforum hat es das Thema Familie im Juni 2000 debattieren lassen. Die Zeitschriftenmacher wissen um das Problem: »Die Fahrer stehen ständig unter Strom, hetzen von einem Termin zum andern.

Und das für einen schlechten Lohn. Eine intakte Familie kann da Ausgleich schaffen, Geborgenheit liefern. Doch zugleich leidet sie mindestens genauso unter den Konditionen und muß am Wochenende vielleicht sogar noch einen entnervten Vater oder gestreßten Ehemann wieder aufbauen. Ein Teufelskreis! Aber für die meisten gehört die Familie einfach zum Leben, nicht als Statussymbol oder Beigabe. Die Kollegen wissen ganz genau, was sie an ihrer Familie haben. Vielleicht schätzen sie sie sogar mehr als andere. Zwar ist die Scheidungsrate extrem hoch, doch schaffen es viele, später einiges besser zu machen.«

Im anderen Fernfahrer-Fachblatt *Trucker* hingegen sucht man vergeblich Reportagen über die enormen familiären Belastungen. »Die Leute kennen das und wollen es nicht auch noch lesen«, sagt ein Redakteur.

Fernfahrer ist ein familienfeindlicher Beruf

Werner (52), Fernfahrer

Die Lust am Aufbruch begann für Werner in der Dorfbibliothek in Niederbayern: »Ich habe die Bücher von Jack London verschlungen, Abenteuerromane, die um Goldrausch kreisten. So wollte ich auch werden.«

Werner hat es geschafft, ständig unterwegs zu sein. Seit 18 Jahren fährt er Brummis, mittlerweile hat er fünf LKWs und beschäftigt ebensoviele Fahrer. Ihm macht keiner etwas vor. Er sich selbst auch nicht: »Fernfahrer ist ein familienfeindlicher Beruf, den nur wenige Frauen tolerieren. Ich habe Gott sei Dank so eine. Meine Frau leitet mit mir den Betrieb und hat auch den Zweier-Führerschein.«

Die Ehe der beiden wurde schon vor der Fernfahrer-Karriere auf eine harte Probe gestellt: Werner arbeitete für eineinhalb Jahre im Irak, um den Bau eines Wasserwerks zu betreuen. »Es gab gutes Geld, aber ich sah meine Frau nur alle sechs Monate. Dann kamen wir tagelang nicht mehr aus dem Bett raus. Ich dachte mir, wenn wir das nicht aushalten, gehören wir auch nicht zusammen. Viele Ehen scheitern bei solchen Distanzen, ein halbes Jahr auf Sex zu verzichten fällt auch Frauen schwer. Unter uns Arbeitern gab es den Witz: Wenn du nach Hause kommst, ist ein anderer da. Leider wurde das nur allzu oft Realität bei Kollegen. Viele waren Singles oder gar zum dritten Mal verheiratet. Aber meine Frau hat mich nie aufgehalten. Das habe ich immer an ihr geschätzt.«

Danach war Werner in Saudi-Arabien als Servicemanager für Baumaschinen zuständig. Von dem gesparten Geld kaufte er sich seinen ersten LKW, seitdem ist er unterwegs. Selbstmitleid ist ihm dabei fremd: »Es reicht mir, wenn ich am Wochenende oder mal unter der Woche zu Hause bin. Ich könnte nicht ständig daheim herumsitzen. Wenn ich da bin, unternehme ich viel mit meiner Frau oder besuche ihre Familie. Wir haben ja allein schon durch den Job immer viel Gesprächsstoff.«

Werner führt eine harmonische Beziehung – ganz im Gegensatz zu etlichen seiner Fahrer: »Viele sind bindungsunfähig, manche haben mit Frauen abgeschlossen und resigniert. Der Job ist nicht romantisch, es geht hier um Schnelligkeit und Geldverdienen. Dreieinhalb bis viereinhalbtausend Mark netto pro Monat können sie verdienen, das reizt viele, die zum Teil verschuldet sind. In Truckerkreisen ist das Thema Familie tabu, hier wird über Technik, Fracht und darüber geredet, wie man die Polizei oder den Zoll überlistet hat. Anstatt über ihre Probleme zu reden, brüsten sich manche damit, wie sie mit drei Stunden Schlaf die Tour hinbekommen haben und bis zum Umfallen gefahren sind.«

In Werners Firma wird das Thema nicht verdrängt. »Bei der Einstellung lautet die erste Frage, ob die Frau das Fernfahren unterstützt. Wenn er herumdruckst und sagt, ›sie muß‹, bedeutet das meist nichts Gutes. Die Auswirkungen auf das Familienleben sind enorm: Viele müssen schon am Sonntagabend um 22 Uhr starten und schlafen am Nachmittag bereits vor. Andere putzen oder reparieren am Wochenende ihr Auto. Klar, daß da manche Beziehungen auf der Strecke bleiben.« Manche versuchen, das karge Familienleben wenigstens in der Ferienzeit zu intensivieren, indem sie ihre Frauen und die Kinder mit auf die Tour nehmen.

Für Prostituierte seien Fernfahrer eine dankbare Klientel, meinen die meisten, aber Werner warnt vor Mythen: »Die Männer sind doch meistens viel zu müde. Nicht jeder ist ein Bordellgänger oder hat in jeder Stadt eine Freundin. Das ist absoluter Quatsch.«

Werner sieht eine Realitätsflucht bei vielen der 80 000 deutschen Fernfahrer, wenn sie ihren Beruf romantisch verklären.

»Man kann eigentlich nur Fehler machen, die Erfolgserlebnisse sind dünn gesät. Als LKW-Fahrer geht man am Leben vorbei. Von den Städten sieht man meist nur die Industriegebiete.«

Soldaten: Die Liebe leidet

Es war nur eine kleine Meldung in der *Bild*-Zeitung vom 6. Mai 2000: »Die Liebe leidet« war sie überschrieben. »Die Auslands-Einsätze unserer Bundeswehr-Soldaten und die Frauen zu Hause in Deutschland. In 21 Prozent aller Partnerschaften gibt's deshalb eine Krise, neun Prozent scheitern ganz.«

Neun Prozent, das sind für Oberstleutnant Fett, Pressesprecher des Verteidigungsministeriums für den Kosovo-Einsatz, gar nicht so viel. »Schauen Sie sich doch mal die Trennungszahlen in dieser Altersgruppe an, in der sich die Soldaten befinden. Die sind auch ohne Kriegseinsatz höher als bei älteren Paaren.«

Wir haben uns täglich einen Brief geschrieben

Anette (36), Hausfrau, und Jochen (39), Oberstleutnant

Anette hat sich nie Illusionen gemacht: »Schon als ich meinen Mann in den achtziger Jahren kennenlernte, hat er mir seine berufliche Zukunft in den schwärzesten Farben geschildert: Ständige Umzüge, ein Zigeunerleben. Er war damals in der Offiziersausbildung, aber ich ließ mich nicht abschrecken. Inzwischen sind wir siebenmal umgezogen und möchten das Wandervogel-Leben gar nicht mehr missen. Wenn man mich früher gefragt hätte, wäre ich gern an einem Ort geblieben. Heute werde ich nach zwei Jahren unruhig und beginne, die Möbel zu verrücken.«

Jochen, Oberstleutnant bei der Bundeswehr, sieht das ähnlich: »Flexibilität haben wir immer als Herausforderung und nicht als Belastung empfunden, Umzüge sind für uns so normal wie für andere der Urlaub. Dienstlich machen sie ja Sinn, weil sie Verwendungsbreite sicherstellen. Ich lerne die Armee in allen Facetten kennen.«

Jochen hat sich bewußt gegen eine Wochenendehe entschieden: »Wir hätten in Westfalen ein Haus kaufen können, und ich wäre ein Leben lang hin- und hergefahren, aber das wäre ein unnatürliches Familienleben geworden.« 14 Jahre sind sie nun verheiratet, drei Kinder haben sie, die Ehe sei stabiler denn je, meinen beide übereinstimmend. Das liegt auch daran, daß Anette mit der Abwesenheit ihres Mannes leben gelernt hat, seine Auslandseinsätze klaglos akzeptiert.

Sechs Monate war Jochen in Bosnien, dazu kam ein halbes Jahr bei den Krisenreaktionskräften im Kosovo. »Das hat uns noch mehr zusammengeschweißt, es war so einschneidend wie die komplizierte Geburt unserer Kinder«, erzählt Jochen. »Unsere Beziehung ist aufgrund des Trennungsschmerzes und des Heimwehs viel bewußter geworden. Wir haben uns täglich einen Brief geschrieben, am Handy war ja nur immer ein kurzes Lebenszeichen möglich, brieflich war es ein echter Gedankenaustausch. Das ist insofern bemerkenswert, als wir vorher und nachher nicht die Schreibfreudigsten waren. Aber meine Frau ist nun mal meine engste Vertraute.«

Daß Jochen den lebensgefährlichen Einsatz auf sich nimmt, war für ihn nie eine Frage: »Sonst hätte ich die Armee verlassen und mich fragen lassen müssen, ob ich den richtigen Beruf gewählt habe. Natürlich bin ich mit gemischten Gefühlen auf den Balkan gefahren, ich hatte auch Angst, als wir in Mazedonien stationiert waren und serbische Gegenschläge fürchteten.«

Daß Anette um ihren Mann bangte, hat sie ihm nie gesagt, sie wollte ihn nicht zusätzlich belasten. »Ich wußte, daß er perfekt ausgebildet ist und kein unnötiges Risiko eingeht. Dennoch blieb natürlich ein mulmiges Gefühl. Wenig tröstlich waren Sprüche von Bekannten wie: ›Mein Mann war auch schon auf Kur oder auf Geschäftsreise, ich kenne das.‹«

Um so wichtiger war der regelmäßige Treff mit den Frauen anderer verschickter Soldaten: »Eine Art Selbsterfahrungsgruppe, die einen wieder auf den Boden der Tatsachen brachte, wenn man sich in Ängste reingesteigert hatte«, erinnert sich Anette.

Unterschiedlich war es für die Kinder. »Die Jüngsten erlebten es fast gleich, ob ich zwei Wochen oder vier Monate weg bin«, tröstet sich der Berufssoldat. Aber ein Sohn litt sehr darunter, daß der Vater nicht wie versprochen zu seinem Geburtstag kommen konnte, weil der erste Einsatz plötzlich um zwei Monate verlängert wurde. »Wenn du sechs Jahre alt bist, ist Papa wieder da« – darauf hatte er vertraut. Für ihn brach erst einmal eine Welt zusammen, er haderte mit sich: »Warum habe ich im September Geburtstag?«

Die Mutter konnte ihn wieder beruhigen: »Er sagte dann tatsächlich, der Vater soll noch ein bißchen bleiben, als wir ihm die Situation der Kinder im Kosovo erklärten, die nicht einmal ein Zelt hatten.«

Als Jochen vom ersten Auslandseinsatz wiederkam und seine Familie ihn vom Flughafen abholte, war es so, als wäre er nie weggewesen. »Das Gefühl war unbeschreiblich, ich habe jede Minute in Erinnerung. Ich hatte keine Eingewöhnungsprobleme, ich habe mich nur gefragt: ›Wo ist der Schnee? Warum fallen jetzt schon Blätter?‹«

Anette bereut die Erfahrung nicht, auch wenn sie so etwas nicht jedes Jahr haben muß: »Ich bin dadurch noch selbständiger geworden. Und unsere Ehe wird garantiert nie langweilig.«

Das Thema Liebe und Verlustangst ist tabuisiert

Claire Marienfeld (60), Ex-Wehrbeauftragte

Wenn Claire Marienfeld das Wort »Fernliebe« hört, fällt der ehemaligen Wehrbeauftragten des Deutschen Bundestages sofort ihr erster Mann ein: »Wir waren 34 Jahre verheiratet, bis er starb. Mein Mann war als Elektroingenieur in leitender Stellung oft unterwegs.« Im westfälischen Detmold bauten sich die beiden ein Haus: »Da wollte ich nicht mehr weg, und die Kinder ebensowenig. Deshalb pendelte er in den Frankfurter Raum. Jeden Freitag und Montag fuhr er 300 Kilometer auf einer stark befahrenen Autobahn. Damals gab es ja noch kein Handy und kein Autotelefon, und wenn er mal von einer Raststätte anrief, war bei mir vielleicht gerade das Telefon besetzt. Rational hatte ich keine Probleme damit, emotional schon. Meine Kinder habe ich fast alleine großgezogen.« Claire Marienfeld akzeptierte die Entscheidung ihres Mannes, daß ihm der Beruf immer wichtiger war als die Familie: »Wir waren glücklich so.« Und sie bereut es bis heute nicht, obwohl sie dafür den Preis zahlen mußte, daß ihr Mann durch die enorme Arbeitsbelastung früh an einem Herzinfarkt starb.

Eine positive Auswirkung hatte das Alleinsein in der Woche auf Claire Marienfeld: »Ich suchte mir eine neue Aufgabe und ging in die Politik, kandidierte für den Gemeinderat. Wenn mein Mann ständig da gewesen wäre, hätte ich mich kaum so stark politisch engagiert. Ich war auf ihn fixiert, er litt darunter.

So habe ich mich von ihm freigeschwommen und emanzipiert.«

1990 wurde Claire Marienfeld in den Bundestag gewählt und rückte gleich in den Verteidigungsausschuß vor, ein Bonbon für Parlamentsneulinge. »Ich interessierte mich weniger für Waffensysteme als für die menschlichen Belange der Soldaten, weil ich gut erfassen kann, was Menschen bedrückt. Das hat mich wahrscheinlich auch dazu motiviert, als erste Frau Wehrbeauftragte zu werden. Daß ich nicht gedient hatte, störte mich nicht, das ging ja auch vielen männlichen Kollegen so.«

Beim Bund begegnete sie dem Problem »Fernbeziehung« täglich: »Soldaten sind durch Manöver und vor allem Auslandseinsätze häufig von ihren Familien getrennt, viele verkraften das nicht, auch wenn sie vorher theoretisch gewußt hatten, auf was sie sich einließen. Die Familien sind innerlich zerrissen. Die Erwartungen der heutigen Paare aneinander sind ja viel größer als früher. Hinzu kommt, daß Frauen selbständiger sind. Sie gehen allein in die Disco, das macht den jungen Männern Angst, weil sie nicht eingreifen können, wenn sich etwas mit einem anderen ergibt. Ich versuchte ihnen dann begreiflich zu machen, daß es diese Liebe wohl auch nicht wert war. Dieses schnelle Auseinanderlaufen beim geringsten Problem schockierte mich immer wieder. Durch Krisen kann man doch auch reifen.«

Weil Claire Marienfeld ein mütterlicher Typ ist, öffneten viele Soldaten ihre Herzen. Sie erzählten ihr das, was sie untereinander kaum zugaben. »Das Thema Liebe und Verlustangst ist in dieser Männergesellschaft tabuisiert, übrigens auch im Bundestag, wo ich sehr selten einmal mit einem Kollegen oder einer Kollegin darüber gesprochen habe.«

Bei der Bundeswehr gebe es den Mythos der Kameradschaft, aber auch der habe seine Grenzen, weiß Marienfeld. Über kaputte Ehen und familiäre Belastungen werde nicht gesprochen. Früher wurden Offiziere alle drei Jahre versetzt, damit sie in der Hierarchie aufsteigen konnten. »Heute müssen schon die Unteroffiziere wesentlich mobiler sein, weil es immer weniger Standorte gibt. Wenn die Soldaten sich ein Haus gebaut haben, ist das oft tragisch.«

Ist der Soldatenberuf extrem familienfeindlich? Claire Marienfeld winkt ab: Auch in der freien Wirtschaft werde Mobilität verlangt, zudem gebe es dort keine Kameradschaft, sondern spitze Ellenbogen. Gegen eine Verdrängung des Themas wendet sie sich allerdings genauso vehement: »Die Bundeswehr hatte eigene Familienbetreuungsstellen eingerichtet, viele Soldaten hielten das für überflüssig. ›Augen zu und durch‹, das war ihre Devise. Sie hatten Angst, Weicheier zu werden.«

Piloten und Stewardessen: Wer fliegt zu wem?

Seemänner gibt es immer weniger, die Zahl der Soldaten geht zurück, das fliegende Personal hingegen wird in unserer mobilen Gesellschaft zunehmen.

Seit 30 Jahren arbeitet Renate bei der Lufthansa, zuerst als Stewardeß, inzwischen bildet sie die Führungskräfte des Kabinen-Personals aus. Sie wohnt in Graz, arbeitet in Frankfurt, ihr Freund lebt in Düsseldorf. Renate glaubt nicht, daß das fliegende Personal grundsätzlich ein unüberwindbares Handicap in der Liebe hat: »Man muß einfach damit umgehen lernen, daß man viel unterwegs ist. Manche versuchen ihre persönlichen Probleme damit zu kaschieren, indem sie dem Beruf die Schuld für das Scheitern einer Beziehung geben, anstatt die Gründe bei sich zu suchen. Aber das ist wohl Selbstbetrug.« Renate kennt Flugbegleiter, die wunderbare Ehen führen, genauso wie Singles, für die die Crew Familienersatz ist, obwohl sie bei jedem Flug neu gemischt wird. Sie ist der Ansicht, die meisten in der Branche hätten sogar einen entscheidenden Vorteil, der Beziehungen eher gelingen denn scheitern ließe: »Wir sind kommunikativ. Wir haben gelernt, Konflikte rasch anzusprechen und vor dem Abflug zu Ende zu bringen oder, wenn nötig, auch stehen zu lassen. Das Flugpersonal ist meiner Erfahrung nach sprachlich sehr gewandt, wir können rasch auf den Punkt kommen und schnell Beziehungen eingehen.«

Eine ärgerliche Erfahrung hat Renate aber bei ihrer jahrzehntelangen Fernlieben-Beobachtung gemacht: »Meist fliegen die Frauen zu den Männern, selten ist es umgekehrt. Die Beziehungen halten oft nur so lange, wie die Frauen den Männern entgegenkommen. Auch meine Tochter hat eine Fernbeziehung, die vor allem sie aufrechterhält: Ihr italienischer Freund ist beruflich sehr eingespannt, ihr ist Karriere nicht so wichtig. Von mir hat sie das nicht.«

Wenn ich weg bin, bin ich weg

Ralph (42), Pilot

Ralph hat einen klangvollen Titel: »Senior First Officer« ist er bei den Langstreckenflügen der Lufthansa, also der Co-Pilot und Stellvertreter des Kapitäns.

Der 42jährige Bayer fliegt gern Langstrecke: »Ich genieße es, unterwegs zu sein und fremde Gerüche in der Nase zu haben, wenn ich nach 14 Stunden Flug aussteige.« San Francisco, Los Angeles, Bangkok, Singapur fliegt er immer wieder an – und natürlich Buenos Aires. Dort wohnt seine Frau Martha, eine 37jährige Argentinierin. Seit acht Jahren sind die beiden verheiratet, die ganze Zeit führen sie eine Intervall-Fernliebe: ein halbes Jahr ist Martha in Deutschland, dann ist es eine Wochenendbeziehung. Den Winter verbringt sie in Argentinien, und Ralph kommt einmal im Monat für drei Tage vorbei.

Kennengelernt haben sie sich bei einem Gleitschirmfliegertreffen in der Wüste. Es funkte rasch, erzählt Ralph: »Wir flirteten heftig auf spanisch und tauschten Adressen aus. Als wir uns gerade mal drei Wochen kannten, beschlossen wir zu heiraten – standesamtlich in Argentinien, kirchlich in Deutschland.« Es war eine richtige Entscheidung, denn Ralph und Martha sind auch heute noch glücklich zusammen. »Es läuft gigantisch«, schwärmt Ralph. »Das liegt auch daran, daß wir von Anfang an in zwei Kulturen verankert waren. Wir haben gleich eine Wohnung in Buenos Aires als Nest gekauft. Deutschland wäre nicht so leicht die Wahlheimat von Martha geworden, wenn sie das Gefühl gehabt hätte, daß ich sie mit aller Macht hier haben will. Aber jetzt ist sie gern hier, am Starnberger See ist es ja auch schön.«

Was ist das Geheimnis ihrer Liebe? »Einerseits haben wir eine tierische Sehnsucht, andererseits akzeptieren wir es, daß wir immer wieder gehen müssen. Es ist eine kostbare erzwungene Freiheit, die wir uns immer wieder geben müssen und dann auch geben wollen. Und wenn wir uns trennen, wissen wir eines: Wir sind nicht völlig aufeinander fixiert, wir haben noch andere Lebensinhalte und Leidenschaften: ich die Fliegerei, sie den Tanz. Denen können wir uns dann voll widmen.«

Eine sogenannte normale Beziehung möchte Ralph gar nicht haben, damit wäre er wahrscheinlich unglücklich. Die Ehe mit Martha sei für ihn immer unruhig, er könne sich nie zurücklehnen, erzählt er. »Das provoziert und ist super interessant. Oft wird ja Beziehung mit Besitztum verwechselt, ich bin gegen dieses ›Ich-habs-jetzt-Gefühl‹. Viele Kollegen sehnen sich nach Sicherheit und Stetigkeit, ich nicht.«

Wenn Ralph unterwegs ist, telefoniert er nicht mit Martha: »Wenn ich weg bin, bin ich weg. Ich will gar nicht hören, mit wem sie getanzt hat. Und ich will nicht erzählen, mit welchen Stewardessen ich essen gegangen bin. Wir zweifeln nicht an unserer Treue, auch wenn immer eine kleine Angst da ist. Wir wissen allerdings genau, daß wir zusammengehören.«

Den Beweis dafür haben sie ab und zu an der Hand: die beiden Kinder, die sie während acht Jahren Fernliebe in die Welt gesetzt haben. »Sie sind eine echte Bereicherung, keine Belastung. Ein Au-pair-Mädchen paßt zusätzlich auf sie auf, das haben wir uns geleistet.« Wenn die Kinder in die Schule kommen, wird Martha wahrscheinlich nach Deutschland umziehen, sagt Ralph: »Dann müssen wir einen anderen Rhythmus als den bisherigen finden, aber ich bin zuversichtlich. Wir haben schon viele Krisen hinter uns gebracht und nie den Zugang zueinander verloren.«

Ralph ist ein Romantiker, das gibt er zu: »Eigentlich ist unsere Liebe zu idealistisch für diese Zeit, nach einer strengen Kosten-Nutzen-Rechung dürften wir nicht zusammensein. Aber wir betrachten es nicht als Opfer, das wir füreinander bringen. Es ist einfach wichtig, es geht nicht anders. Ich weiß nur einen Grund, warum wir zusammen sind: Wir lieben uns.«

Politiker in Berlin: Noch nicht einmal eine Wochenendehe

Am 6. Juli 1999 traf um 5.25 Uhr der erste Güterzug mit 32 Containern voller Akten der Bundestagsverwaltung in Berlin ein. Die »Mutter aller Umzüge« von Bonn in die Bundeshauptstadt Berlin hatte begonnen. Über 20 000 Arbeitsplätze wurden von der rheinischen Provinz in die Großstadt verlagert, 2 000 von Berlin nach Bonn »disloziert«. Damit nicht genug der kleinen Völkerwanderung: 36 Bundesbehörden wurden von Berlin und dem Westen in den Osten verlegt, das Umweltbundesamt zum Beispiel nach Dessau. Von und nach Berlin setzten sich Beamtenshuttles, Luftbrücken und Sprinterzüge in Bewegung. Eine Armada von Referenten, Abteilungsleitern und Saaldienern pendelte. Tauschbörsen zwischen einzelnen Behörden, die nach Berlin oder Bonn umzogen, wurden rege in Anspruch genommen, aber das Ziel »die Jobs ziehen um, die Menschen bleiben« konnte selten verwirklicht werden.

Das dienstrechtliche Begleitgesetz zum Umzug sicherte den »Bonnern« materielle Bedingungen, von denen andere Arbeitnehmer beim Jobwechsel nur träumen können. Der Staat nahm seine Fürsorgepflicht sehr ernst: zwei Jahre lang kostenlose Heimflüge, die auch auf Familienmitglieder übertragbar waren, Trennungsgeld, langjährige Mietzuschüsse, günstige Baukredite, Überführung von Reitpferden und Yachten, Nachhilfeunterricht für Schulkinder – bis zu 200 000 Mark pro Mann war dem Staat das Wohlergehen seiner Beamten wert.

Aber gewisse Probleme kann man nicht mit materiellen Wohltaten lösen: Welche Schulen können die Kinder in Berlin besuchen, kann man sie aus ihrem Umfeld herausreißen? Hat die Ehefrau oder der mitziehende Lebensgefährte eine realistische Chance, den alten Beruf auszuüben oder einen neuen Job zu finden?

Die Berliner wollten es den Bonnern erklären und luden im Vorfeld des Umzugs mehrfach Beamtenabordnungen ein, um ihnen die Reize ihrer Stadt zu zeigen. Die Botschaft war klar: Berlin ist eine Wucht, da muß man einen Koffer haben. Da steppt der Bär, da spielt die Musik, da wird Geschichte gemacht. So wurde die glänzende Fassade bemalt. Im Sommer 2000 kann man eine erste Zwischenbilanz ziehen. Etliche Beziehungen sind am Umzug zerbrochen, andere Lieben mußten neu definiert werden. Es war kein Zufall, daß es viele »Di-Mi-Do-Beamte« gab, für die montags und freitags viel Arbeit in Wohnortnähe anlag. Da streifte Innenminister Otto Schily schon mal persönlich durch die Flure, um die Anwesenheit seiner Untergebenen zu kontrollieren. Ihm ging es um Effizienz, den Mitarbeitern um ihr Familienglück.

»Die psychologischen Probleme beim Wechsel nach Berlin haben viele Partner so lange verdrängt, bis sie unausweichlich wurden, jede Ehe wurde durch den Umzugsstreß zentrifugalen Kräften ausgesetzt. Manche fanden auch durch das Pendeln ein Arrangement, das die innerlich längst vollzogene Trennung verschleierte. Vor allem jüngere Paare werden gezwungen, genau hinzuschauen: Wie ist das nun mit unserer Partnerschaft? Knirscht es, anstatt zu knistern? Statt 600 Ratsuchenden im Jahr kamen 800. Amerikanische Ehepsychologen unterscheiden zwischen ›Stayern‹ und ›Movern‹. Und ›Mover‹ sind die Bonner Staatsdiener bestimmt nicht,«[11] sagt der Bonner Eheberater Elmar Struck, der bei der Caritas arbeitet.

Ausnahmen bestätigen die Regel. Silke Neuhaus, wissenschaftliche Mitarbeiterin im Büro des CDU/CSU-Fraktionsvorsitzenden Friedrich Merz, hat die Herausforderung Berlin gern angenommen, obwohl ihr Freund in seiner Anwaltskanzlei im Rheinland blieb. »Es ist beruflich für mich wichtig, weil es mein erster Job nach dem Jurastudium war. Ich wußte, daß ich flexibel sein muß. Und ich habe mich in Berlin nie alleine gefühlt. Es geht ja vielen in meinem Büro so, zum Teil sind richtige Freundschaften entstanden.«

So viel hat sich gar nicht verändert im Verhältnis zu ihrem Freund, sagt die 31jährige: »Wir haben schon früher beide viel gearbeitet und nicht geklammert. Das Wochenende halten wir uns jetzt komplett für uns frei, da müssen auch unsere Familien zurückstehen.« Daß sie Freiflüge und Mietzuschüsse bekommt und sogar Tagestrennungsgeld (rund 100 Mark netto im Monat), muß Silke Neuhaus häufig vor Bekannten rechtfertigen: »Ich mache dann darauf aufmerksam, daß dieses Programm erstens auch von meinen Steuergeldern gezahlt wird und zweitens nur bis 2001 läuft. Wenn es mir um Geld gehen würde, hätte ich meinen Freund längst geheiratet, als nichtehelicher Lebensgefährte bekommt er vom Bund keine Freiflüge.«

Der Meinung, daß keine Beziehung auf Dauer über Distanz gut gehen kann, widerspricht Silke Neuhaus energisch: »Man kann das schon eine Weile machen, es gibt ja auch Vorteile. Mein Freund und ich freuen uns jetzt noch stärker aufeinander, unsere Beziehung bleibt auch im achten Jahr frisch, es ist fast wie am Anfang.«

Die wenigsten Politiker können so etwas von sich sagen. Als Personen, die oft im Rampenlicht der Öffentlichkeit stehen, halten sie sich gern bedeckt, wenn es um ihr Privatleben geht. Manches wird aber doch öffentlich.

Heide Simonis, Ministerpräsidentin in Schleswig-Holstein, und ihr Mann Udo, Professor für Umweltpolitik in Berlin, leben seit 20 Jahren eine offenbar perfekte Liebe auf Distanz vor. Das kann nur funktionieren, weil beide äußerst selbständig sind und Udo Simonis sich nicht als Anhängsel seiner Frau begreift: »Ich habe nie unter ihrem Erfolg gelitten, weil ich meine Bestätigung woanders fand«, erzählt er in einer Frauenzeitschrift. Auch die Politikerin sieht Vorteile in der Distanz-Beziehung: »Wenn ich meinem Mann den ganzen Tag auf der Pelle hocken würde, würde er wahnsinnig werden, der arme Kerl.« Zu offiziellen Terminen begleitet er sie selten: »Mir fehlt oft die Zeit, obwohl ich gern das Damenprogramm auflockern würde. Unter der Woche wird am Abend telefoniert, nur dann können wir miteinander quatschen. Wenn etwas nicht stimmt, merke ich es sofort an der Stimme. Wir sind nicht immer einer Meinung und können dann sehr laut werden, meine Frau ist ja für ihr loses Mundwerk bekannt.«

Udo Simonis ist zurückhaltend, aber er ist viel bekannter als Joachim Sauer, Ehemann von Angela Merkel. Der Chemieprofessor ist öffentlichkeitsscheu, auf Fragen zur Ehe antwortet vorwiegend sie, nicht er: »Wir haben uns geeinigt, daß ich meinen Mann aus dem Politikrummel heraushalte. Jeder macht seinen Job, ich bin keine Hausfrau, und er ist kein Hausmann. Daß ich überall erkannt werde, ist schon eine Beschneidung unserer Freiheit. Mein Mann trägt unsere Situation zwar mit, aber einfach ist es nicht für ihn. Richtig Ruhe haben wir nur noch in unserer Berliner Wohnung.«

Auch sie weiß: Politikerehen leiden an Zeitmangel und Aufzehrung. Ex-Familienministerin Claudia Nolte, neben Merkel im Kabinett Kohl Ministerin und für viele die Verkörperung der heilen konservativen Welt, mußte das leidvoll erfahren: Ihre Ehe zerbrach sechs Monate nach der letzten Bundestagswahl. Nolte war mit 28 Jahren die jüngste deutsche Ministerin in einem Kabinett, sie galt als konservativ und bürgerlich, aber sie lebte emanzipierter als viele andere. Noch als einfache Abgeordnete hatte sie ihren Sohn Christoph bekommen, der vorwiegend zu Hause vom Ehemann betreut wurde. Immer wieder äußerte Nolte, daß sie kein schlechtes Gewissen habe und bei männlichen Politikern doch auch nicht gefragt werde, ob sie sich ausreichend um ihre Kinder kümmern würden. Der Sohn sah die Mutter zeitweise häufiger im Fernsehen als leibhaftig. An den Wänden in ihrem Politikerinnen-Büro hingen Bilder von der

Familie, aber das reichte nicht aus, sah Claudia Nolte nach der Trennung ein: »Wir haben uns wenig gesehen, aber viel telefoniert. Doch das reichte nicht, das muß ich heute einsehen, die aktive Beziehungsarbeit ist viel zu kurz gekommen.«

Nolte ist kein Einzelfall. Auch Irmgard Schwaetzer, Ex-Bundesbauministerin, trennte sich von ihrem Ehemann, dem ehemaligen TV-Journalisten Udo Philipp. »Wir haben uns auseinandergelebt«, sagte die FDP-Politikerin. Problematisch seien vor allem die oft wochenlangen Trennungen gewesen – das typische Problem aller Fernbeziehungen. Schwaetzer gegenüber der Deutschen Presse-Agentur: »Für Politiker ist es oft schwierig, genug Zeit für den Partner aufzubringen.«

Edelgard Bulmahn, aus Niedersachsen stammende Forschungsministerin im Kabinett Schröder, scheint damit nicht so viele Probleme zu haben. Die Politikerin strebte schon früh in die Ferne. Ihr Berufswunsch: Matrose statt Prinzessin oder Friseurin wie die Mama. Ihr Mann machte ihr einmal ein sinniges Geschenk, das zu einer Fernliebe paßt: eine Eisenbahn. Die beiden, die sich am Wochenende in einer großen Altbauwohnung in Hannover treffen, haben eine Abmachung getroffen: Wenn er sie sehen will, braucht er einen Termin. Sie muß ihm 50 Mark zahlen, wenn sie einen geplanten freien Tag der Arbeit opfert. Von dem Geld gehen sie dann zusammen essen. Mit Schnoddrigkeit überspielt Edelgard Bulmahn die privaten Einbußen, die der Ministerjob mit sich bringt: »Ich bin eben eine Frau, für die man wenig Zeit aufwenden muß. Weil ich nie da bin«, war in der *B.Z.* im Mai 2000 zu lesen.

Friedrich Merz würde sich so nie ausdrücken, allein weil er im Gegensatz zu Bulmahn Kinder hat. Im Mai 2000 trug er einen kleinen Terminkonflikt mit dem CSU-Vorsitzenden Edmund Stoiber aus, weil der für einen Gipfel der Schwesterparteien ausschließlich Sonn- und Feiertage vorschlug. Merz hielt erfolglos dagegen: »An dem vorgesehenen Wochenende kommt meine Frau nach Berlin. Ich habe ihr versprochen, es freizuhalten, meine Kinder beginnen mich bereits zu siezen.« Das Nachrichtenmagazin *Focus* kommentierte den Vorgang ironisch: »Am Sonntag gehört Papa der Partei.«

Spitzenpolitiker haben fast alle kaputte Ehen

Carsten Schneider (24), SPD

Carsten Schneider ist in die Geschichte des Deutschen Bundestags eingegangen. Mit 22 Jahren wurde der gelernte Bankkaufmann 1998 ins Parlament gewählt, so jung war noch keiner ins Hohe Hause gelangt. Illusionen über die Arbeitsbelastung, die plötzlich auf ihn zukam, hat er sich nicht gemacht: »Ich hatte es nicht anders erwartet, der Job ist natürlich sehr arbeitsintensiv, und das Privatleben leidet.«

Schneider sieht seine Freundin, mit der er seit acht Jahren zusammen ist, nur am Wochenende und da nur am Sonntag intensiv. »Am Samstag bin ich oft noch mit Parteikram beschäftigt – Repräsentationstermine, Urkunden vergeben. Die Leute wollen was von mir. Der Einfluß in Berlin ist zwar gering, aber im Wahlkreis groß. Das geht alles von der Zeit mit meiner Freundin ab, das ist das Problem. Oft gibt es Ärger, wir führen keine spannungsfreie Beziehung. Wenn ich am Freitagabend komme, will sie vielleicht weggehen, ich bin erschöpft und möchte zu Hause bleiben. Sie ist ja kein Muttchen, die mit dem warmen Essen wartet, sondern eine emanzipierte Frau mit vielen eigenen Bedürfnissen.«

Seine Freundin studiert Medienwissenschaft, sie will in den Journalismus oder in die PR-Branche. Carsten Schneider hat sich darauf eingestellt, daß die Fernbeziehung mit ihr auch nach der Politkarriere anhält: »Sie weiß nicht, wo sie hinkommt, ich weiß nicht, was ich machen werde, wenn ich mit der Politik aufhöre. Einmal würde ich gern noch kandidieren, aber dann sollte Schluß sein, ich finde es spannend, dann was anderes zu machen.« Berufspolitiker will Carsten Schneider nicht werden, obwohl er schon an sich selbst merkt, daß Politik zur Droge werden kann. »Ich kenne viele süchtige Kollegen. Spitzenpolitiker haben fast alle kaputte Ehen. Der Druck auf die Liebe ist zu groß. Zeit ist längst das Wichtigste und Teuerste geworden, früher habe ich sie im Überfluß gehabt.«

Carsten Schneider ist nicht blauäugig, er weiß, daß seine Beziehung die momentane Arbeitsbelastung auf Dauer nicht aushalten würde. Aber er hofft, sich mit seiner Freundin über die Zeit hinwegretten zu können. Am liebsten wäre ihm eine stinknormale Liebe am selben Ort, doch die ist in weiter Ferne. Schneider rechnet fest damit, daß auch von ihm später einmal enorme Flexibilität verlangt wird. Er sieht, wie sich die Gesellschaft beim Thema Mobilität und Arbeitsmarkt in Anbieter und Verweigerer spaltet: »Die Leistungsbereiten gehen weg, die schlecht Qualifizierten bleiben in Thüringen, auch wenn sie in Stuttgart einen Job haben könnten. Sie haben zuviel zu verlieren, gewachsene soziale Bindungen, Sportverein, ich verstehe das. Der Rückzug im Kleinen ist die Reaktion von vielen auf die Globalisierung.«

Arbeit wird bei uns maßlos überschätzt, meint Schneider: »Da könnten wir mehr von anderen Völkern lernen. Bei den Deutschen hängt der soziale Status davon ab, wieviel jemand geschuftet hat.«

Die Losung »Frauen zurück an den Herd«, um Fernlieben zu vermeiden, wäre in Schneiders Augen dumm: »Wir brauchen eine hohe Erwerbsquote bei den Frauen, weil wir in wenigen Jahren einen Arbeitskräftemangel haben werden.«

Auch andere Partner sind getrennt

Sabine Leutheusser-Schnarrenberger (49), FDP

Der Anruf aus dem Büro Leutheusser-Schnarrenberger kommt plötzlich: Sie könne mit uns über Fernliebe sprechen, aber nur morgen, und zwar um 7.30 Uhr. Sonst hat sie keinen Termin in den nächsten Wochen frei.

Die ehemalige Justizministerin hat immer noch einen prallen Terminkalender. Arbeitsfrühstücke mit Lobbyisten, Berichterstattung in den Ausschüssen, Gespräche mit Verbänden.

Die Politikerin hat sich während ihrer ganzen Karriere immer auf eines verlassen können: Ihr Mann steht hinter ihr. »Wir reden oft über Politik, er ist als FDP-Mitglied weitgehend meiner Meinung. Privat haben wir ähnliche Werte. Wir waren nie die Aufeinanderhocker, jeder hatte sein eigenes Feld. Er akzeptiert es, daß ich so häufig weg bin und einen Großteil des Jahres 650 Kilometer entfernt von ihm lebe. Er arbeitet als Journalist und wartet nicht ständig auf mich. Auf die Rolle des Mannes an meiner Seite verzichtet er. Es ist nicht sein Verständnis von Liebe, an meinem Leben körperlich teilzunehmen.«

Die wenige Zeit intensiv zu nutzen, diese Kunst beherrscht Sabine Leutheusser-Schnarrenberger. »Wir wohnen am Starnberger See und haben eine Hütte in den Bergen. Da können wir ausspannen.«

Früher waren sie nie ganz allein, als Ministerin hatte die Politikerin stets mehrere Bodyguards um sich. »Ich war Sicherheitsstufe 1, man verliert dabei die Unbefangenheit, es sei denn, man nimmt sich Freiheiten auf eigene Verantwortung. Für meinen Mann und mich war es ein enormer Verlust an Intimität zu wissen, daß man auch in der raren Zweisamkeit ständig beobachtet wurde.«

Als Ministerin fühlte sich Leutheusser-Schnarrenberger getrieben und fremdbestimmt, als Abgeordnete kann sie ihre Termine selbst bestimmen. »Ein Großteil der Termine macht ja Spaß, und ich bin sehr belastbar und ausgeglichen. Man braucht immer die nötige Distanz zu seinem Tun.«

Daß Politikerehen gefährdeter seien als andere, glaubt Leutheusser-Schnarrenberger nicht: »Auch andere Paare sind getrennt, in zehn Jahren wird es ganz normal sein, Jobs im EU-Ausland zu haben. Die Arbeitswelt verändert sich rasant. Die Politik sollte nur die Bedingungen dafür erleichtern, mehr kann sie kaum tun.«

Mein Mann, meine Frau, das gibt's bei uns nicht

Heidemarie Lüth (54), PDS

Heidemarie Lüth ist ein ausgesprochener Familienmensch: Seit 32 Jahren ist sie mit ihrem Mann verheiratet, sie haben drei Kinder und neun Enkel, die sie regelmäßig besuchen – wenn es auch im Moment weniger geworden ist. Beklagen will sie sich nicht, denn sie wußte, daß sie die Familie unterordnen muß, wenn sie ins Parlament gewählt wird. Das Verhältnis zu ihrem Mann hat sich natürlich auch geändert, aber nicht verschlechtert: »Man muß die Beziehung anders gestalten, dann leidet sie auch nicht. Wir nutzen die wenige kostbare Zeit jetzt einfach intensiver, ich streite mich nicht mit meinem Mann, der mich ironisch ›Heimschläfer‹ nennt. Alle paar Wochen kommt er nach Berlin und wir machen uns ein langes Kulturwochenende.«

Eine Putzfrau lehnt Heidi Lüth, die in der Nähe von Leipzig in einem kleinen Dorf wohnt, ab. Nicht einmal der Haushalt entzweit das Ehepaar: »In der Woche tut mein Mann so, als würde er den Haushalt machen. Am Wochenende bringe ich alles auf Vordermann, damit ich die Wohnung wiedererkenne.«

Hans Lüth ist ebenfalls PDS-Mitglied, die beiden sprechen viel über Politik, das verbindet. »Er kann sich nicht beschweren, weil wir gemeinsam beschlossen haben, daß ich in die Politik gehe. Als ich noch in der Kommunalpolitik war, war es für ihn schlimmer, da kam ich oft sehr spät heim.« Das Erfolgsgeheimnis des Paares liegt darin, daß beide einen Beruf haben, der sie ausfüllt: Der Mann der Politikerin hat als Eisenbahnkonstrukteur seine Befriedigung gefunden. »Wir haben keine Besitzansprüche, mein Mann, meine Frau, das gibt's bei uns nicht. Jeder hat seinen eigenständigen Bereich.« Treue jedoch halten die beiden sehr hoch, sagt Heidi Lüth: »Ich will mich auf eine Person konzentrieren, da bin ich sehr konservativ. Ein Seitensprung wäre für mich wohl ein Scheidungsgrund. Ich würde meine Tasche packen und gehen.«

Im Gegensatz zu heute gab es in der DDR wenig Mobilität auf dem Arbeitsmarkt, abgesehen von den Bauarbeitern, die nach Berlin abgeordnet wurden, oder denjenigen, die in Rußland an der Erdgastrasse bauten. Heidi Lüths Mann war als Reservist ein halbes Jahr zur Armee eingezogen gewesen, in der Zeit hatten sie sich überhaupt nicht sehen können. Aus dieser Erfahrung heraus weiß Lüth, daß sie so nicht mehr leben wollte, »das wäre mir auch die derzeitige Arbeit nicht wert.«

Im ehemaligen Braunkohlengebiet, in dem Heidi Lüth wohnt, sind viele Auspendler, die teilweise über eine Stunde zur Arbeit fahren müssen oder werktags ganz von zu Hause wegbleiben. »Das ist nicht gerade familienförderlich, wenn die Wirtschaftslage so eine brutale Mobilität erzwingt. Gerade Frauen mit Kindern müssen das ausbaden. Sie haben die alleinige Belastung unter der Woche, und am Wochenende kommt der Mann und stellt seine Forderungen. Distanzbeziehungen beeinflussen Struktur und Bindungen der Menschen, das Leben fleddert auseinander. Natürlich ist es in Ordnung, daß man nicht mehr in der Klitsche stirbt, wo man geboren ist, aber pausenlos der Arbeit hinterherziehen zu müssen, das überfordert viele Menschen.«

Papa, hier ist Mama der Bestimmer

Hartmut (41), CSU, und Gudrun Koschyk (50), Hausfrau

Nein, heimatvertrieben fühlt sich Hartmut Koschyk nicht, wenn er ständig aus dem Koffer lebt. Der 41jährige CSU-Abgeordnete, früher Generalsekretär des Bundes der Vertriebenen, weiß, daß Streß, Unstetigkeit, Abrufbarkeit und Auf-dem-Sprung-Sein zu den Grundregeln seines Berufs gehören.

Koschyk hat den Vorteil, daß ihn seine Frau voll unterstützt. Die Tochter von Sudetendeutschen war Bildungsreferentin beim Dachverband der Vertriebenen-Jugendverbände, Politik ist für sie keine exotische Welt. Auch wenn sie bei der Heirat 1986 nie gedacht hätte, daß sie einmal mit einem Berufspolitiker zusammenleben würde.

Gudrun Koschyk führt eine Wochenendehe, die nicht einmal eine ist: »Das war nicht immer spannungsfrei und oft sehr hart, ich fühlte mich wie eine Alleinerziehende mit gesichertem Einkommen. Das zu akzeptieren geht nur mit geistiger Flexibiliät, da kracht es mitunter, und es bleiben Narben, aber die erinnern einen daran, wie man mit gefährlichen Situationen umgeht.« Auch am Samstag und Sonntag nimmt Hartmut Koschyk Termine im Wahlkreis wahr. Zusätzlich muß er den Berg von Briefen auf seinem Schreibtisch abarbeiten, eigentlich hat Gudrun Koschyk ihren Mann nur stundenweise für sich, erzählt sie. »Er braucht auch ein bißchen Zeit für sich, um wirklich anzukommen und sich zu erholen. Schlafen, faulenzen, sich in den Garten hauen. Es muß uns erlaubt sein zu signalisieren: ›Auch wenn du jetzt da bist, möchte ich eine Stunde allein sein‹«, erzählt Gudrun Koschyk.

Sie hat Erfahrung mit Distanzbeziehungen: »Ich war mal fünf Jahre mit einem Amerikaner aus Los Angeles zusammen und habe es damals genossen, daß ich mich in Deutschland voll auf den Beruf konzentrieren konnte. Ich kann gut für mich allein sein, ohne das Gefühl zu haben, viel zu versäumen.« Gudrun Koschyk hat in Flüchtlingscamps in Thailand und Kambodscha gearbeitet und viel von der Welt gesehen. Hartmut geht es ähnlich. »Wir haben uns beide vor unserer Ehe ausprobiert und die Hörner abgestoßen. Wir wissen, was wir an uns haben, das unterscheidet uns von unerfahrenen Paaren«, sagt er.

Eifersucht lehnt Gudrun Koschyk ab: »Ich durchsuche nicht seine Jacketts. Wenn Politiker fremdgehen, kann ich das einigermaßen nachvollziehen: Da ist eine verständnisvolle Sekretärin im Büro, die alle Termine im Kopf und keine quengelnden Kinder hat, und zu Hause werden sie mit Erwartungen konfrontiert, denen sie nicht genügen können.«

Drei Kinder von 10 bis 13 Jahren haben die beiden, mittlerweile ist Gudrun Koschyk Vollzeitmutter. Es befriedige sie durchaus, als Familienmanagerin zu arbeiten. Unfrei oder beschränkt fühle sie sich deshalb nicht, sagt sie. »Die Freiheit gebe ich nicht auf, die habe ich in mir selbst.«

Koschyk ist froh, daß die Rollenteilung so gut funktioniert: »Die Familie ist für einen Politiker die Grundlage seines Schaffens, hier kann er auftanken. Allerdings nur unter der Voraussetzung, daß die Frau ihn nicht widerwillig unterstützt und ihm nicht immer wieder vorwirft, er sei zu viel weg. Als Junggeselle, der seine Arbeitskraft voll ausbeuten kann und auf keinen Rücksicht nehmen muß, ist man kein besserer Politiker: Ich kenne etliche darunter, die Alkoholprobleme haben oder wochenlang nicht erscheinen, weil sie zusammengebrochen sind. Die Familie relativiert vieles, sie bringt einen in das normale Leben zurück, sie verhindert, daß man von der Politik mit Haut und Haaren aufgefressen wird. Mir wird klar, daß ich nicht der Nabel der Welt bin, daß Leben mehr ist als Politik.« Seit er 1990 in den Bundestag kam, hat er seinen Weg immer mit seiner Frau besprochen. Beide empfinden sich als Team, das patriarchalische Beziehungsmodell lehnt Koschyk ab. »Am Anfang hatte ich ein pausenlos schlechtes Gewissen, weil ich für die Kinder wenig Zeit hatte, aber wir haben ihnen geduldig erklärt, warum das so sein muß: Wir können uns einen Lebensstandard leisten, den wir sonst nicht hätten, das haben sie verstanden.«

Autoritäre Erziehungsversuche in der raren Zeit zu Hause hat Hartmut Koschyk rasch abgebrochen. »Papa, hier ist Mama der Bestimmer«, hat sein Sohn gekontert. Politiker will er nicht werden, weiß der Vater: »›Du mit deinen blöden Terminen‹, sagt er, wenn ich mal mufflig bin. Kinder sagen unerbittlich die Wahrheit.«

Richtig intensiv und ungestört zusammenkommen können Gudrun und Hartmut nur im Urlaub. »Das Gefühl, für andere nicht erreichbar zu sein, ist herrlich. Ansonsten haben wir die Kunst entwickelt, den Augenblick zu genießen.«

Koschyk will nicht ewig Berufspolitiker sein, das Arbeiten in der Opposition ist viel zäher und mühsamer als in der Regierung. Zeitweise war er als CSU-Generalsekretär im Gespräch, daß er es nicht geworden ist, tut zumindest der Fernliebe gut, sonst hätte seine Frau ihn kaum mehr gesehen. In einigen Jahren, das wünschen sich die beiden, wollen sie noch mal etwas ganz anderes machen. »Vielleicht gehen wir ins Ausland, das wäre noch was. Wir haben beide noch genug Fernweh.«

Es gab Wochen, in denen ich nicht mal zum Anrufen kam

Rita Grießhaber (50), Bündnis 90/Die Grünen

»Feministin« ist für Rita Grießhaber kein Schimpfwort. Die grüne Bundestagsabgeordnete kommt aus der Frauenbewegung, auch wenn sie nicht immer so gelebt hat, wie das Ideologinnen von ihrer »Schwester« wünschten. Denn Rita Grießhaber, die vor ihrer parlamentarischen Zeit keine Demo und keine Walpurgisnacht ausgelassen hat, ist verheiratet und macht keinen Hehl daraus, daß sie versucht, so viel wie möglich bürgerliches Familienideal zu leben. Aber das ist selbst für eine Politikerin, die nicht zu den grünen Super-Promis gehört, schwer: »Die Gefahr, daß man zu einem asozialen Menschen wird, ist groß.«

Rita Grießhaber ist in einer CDU-Familie groß geworden, bei der Jungen Union in Bad Dürrheim war sie Schriftführerin. »Ich bin mit dem Grundsatz aufgewachsen: Demokratie lebt vom Mitmachen. Ich mache nicht so gern halbe Sachen. Das ist für mich auch heute noch ein wichtiger Satz, hinter dem manchmal meine Familie zurückstehen muß.«

Die lebt in München, obwohl Grießhabers Wahlkreis in Freiburg ist, dort ist sie über die Landesliste in den Bundestag gekommen. Sie pendelt also ständig zwischen den drei Städten hin und her. Daß die bayerische Landeshauptstadt der Familienwohnsitz ist, liegt am Beruf ihres Mannes. Er ist Biologe am Max-Planck-Institut und kann in Freiburg keinen gleichwertigen Job bekommen.

Grießhaber konnte sich lange Zeit nicht vorstellen, einmal als Berufspolitikerin im Bundestag zu sitzen: »Ich hatte zwar schon früh ein ausgeprägtes Gerechtigkeitsgefühl und habe mich mit dem Pfarrer angelegt, weil er keine Ministrantinnen zulassen wollte. Später habe ich eine eigene Jugendgruppe gegründet und bin nach Berlin gegangen. Dort habe ich beim Kontakt mit chilenischen Flüchtlingen meinen Mann getroffen – er ist Spanier.«

1976 lernten sie sich kennen, 1979 heirateten sie aus familiären Rücksichten: »Meine Eltern sind sehr religiös und gläubig, für sie war es schwer zu akzeptieren, daß wir ehelos zusammenlebten. Die spanischen Schwiegereltern haben sich geweigert, mich vor der Hochzeit kennenzulernen, das war für meinen Mann ein ganz harter Konflikt. Später haben sie sich dafür entschuldigt.«

Nach der Geburt ihres Sohnes ging es der Grünen wie vielen anderen Frauen: »Ich arbeitete als Bibliothekarin und kam schwer wieder in den Beruf zurück. Die Haltung der Arbeitgeber war: ›Wer einen Ehemann hat, ist versorgt. Was will sie denn noch?‹«

Da bot sich die Möglichkeit, in die Politik zu gehen. Rita Grießhaber war froh, daß ihr Mann in München eine feste Stelle hatte, sie hatte alles mit ihm abgesprochen: »Er hat mich immer unterstützt. Unser Sohn mußte bei ihm blieben, er wurde quasi zum alleinerziehenden Vater. Ich hätte mir nie zugetraut, ihn mitzunehmen, aber da kann ich nur für mich sprechen, nicht für andere im Bundestag. Meinem Sohn fiel die Umstellung natürlich schwer. Manchmal kam ich nur jedes zweite oder dritte Wochenende heim, ich versuchte zwar immer wieder, mehrere Tage am Stück zu organisieren, aber manchmal hatte ich das Gefühl, ich bin in meiner Familie nur noch eine Besucherin und wir leben uns auseinander. Es gab Wochen, in denen ich nicht mal zum Anrufen kam. In Momenten des Innehaltens hatte ich Angst, daß ich mich verliere. Es frißt einen schon als einfache Abgeordnete auf, für die Minister gilt das um so mehr.«

Rita Grießhaber versuchte, in ihrem Wahlkreis kürzer zu treten. »Die wußten, daß ich eine Fernliebe habe und haben es akzeptiert, die Partei ist da sehr großzügig. Von einer unglücklichen Politikerin hätten sie auch nichts gehabt.«

Immer wieder wurde Rita Grießhaber vor Gewissensfragen gestellt: »Nutze ich die Chance, in den Auswärtigen Ausschuß zu kommen, oder verzichte ich darauf, weil ich sonst eine sitzungsfreie Woche mit einem Minimum an Familienleben hätte?«

Mit ihrem Mann und dem Sohn am Frühstückstisch zu sitzen, ist für Rita Grießhaber der größte Genuß: »Sie stehen voll hinter mir. Es gab nie Vorwürfe, nur traurige Blicke, ein flaues Gefühl. Wenn ich kam, stand schon immer die Frage im Raum, wann ich wieder gehen würde.«

Der Mann von Rita Grießhaber rebellierte nicht: »Für ihn war klar, er will eine selbständige Frau haben, kein Anhängsel. Er ist immer stolz gewesen, daß wir eine gleichwertige Beziehung führen. Wir diskutieren sehr viel über mein politisches Engagement, das macht es spannend.«

In der Familie Grießhaber gönnt man sich Freiheiten und Erfahrungen: »Mein Mann legte ein Sabbatjahr ein und verbrachte 1998 ein Jahr in Barcelona. Er wollte sehen, was es für ihn bedeutet, in die Heimat zurückzukehren. Es war natürlich hochkompliziert, uns in dieser Zeit zu sehen. Ich habe viel Geld verflogen. Und fühlte mich sehr verloren in Barcelona. Wenn er dort geblieben wäre, wäre es kompliziert geworden.«

Nun lebt er wieder in München. Und Rita Grießhaber kann sich an ihm freuen: »Die ersten zwölf Jahre habe wir eine stabile Beziehung aufgebaut. Wenn es von Anfang an eine Fernliebe gewesen wäre, wäre es viel schwieriger gewesen.«

Ich kann prima damit leben

Margarete Späte (42), CDU

Margarete Späte ist eine Exotin im deutschen Bundestag. Eine Abgeordnete, die ein Kind bekommen hat und es auch ins Büro mitnimmt, ist eine Rarität. Daß es ein uneheliches Kind ist, ist bei einer CDU-Abgeordneten auch nicht die Regel. Der putzmunteren Frau, die als gelernte Steinmetzin den Familienbetrieb geleitet hat, ist das egal. »Ich lebe so, wie ich möchte, auf mich ist noch keiner zugekommen und wollte, daß ich heirate. In den neuen Bundesländern ist das kein Problem, vielleicht wäre es in Bayern anders.«

Margarete Späte will weder mit dem Vater ihres Kindes zusammenziehen noch ihn der Öffentlichkeit vorstellen: »Es geht niemand etwas an, wer das ist. Er hat viel zu tun in seinem Job, und ich finde das gut so. Ich brauche keinen Mann an meiner Seite zum Repräsentieren.«

Die Fernbeziehung hat für sie viele Vorteile, die die Nachteile aufwiegen: »Ich fühle mich viel freier so, wenn ich wüßte, daß zu Hause ständig jemand auf mich wartet, würde ich verrückt werden.«

Späte hat in ihrem Wahlkreis viele Termine, dazu ist sie noch ehrenamtliche Bürgermeisterin in dem 1600-Seelen-Ort Kayna bei Leipzig. »Dort treffe ich häufig auf die Einstellung: Abgeordnete haben keine Probleme, die anderen Menschen immer. Daß das nicht so ist, kann man den Leuten schwer erklären.«

Nahbeziehungen hat Späte eher als problematisch erlebt. Die Ehe ihrer Eltern ist zerbrochen. »Es ist sehr gefährlich, wenn Arbeits- und Wohnort identisch sind und die Paare 24 Stunden am Tag zusammen sind. Man hat immer die gleichen Eindrücke und Gespräche, das kann erdrückend sein.« Mit ihrem jetzigen Lebensgefährten kann das nicht passieren. Die beiden sehen sich relativ wenig, dafür aber intensiv, erzählt sie.

Aus einer anderen Liebesbeziehung, die auch nicht in eine Ehe mündete, hat die CDU-Abgeordnete ihren Sohn Ludwig, der heute 16 Jahre alt ist und im Wahlkreisbüro mithilft: »Er schwankte zwischen Stolz und Fragezeichen, als ich in die Politik ging. Meine Mutter hat sich um ihn gekümmert, wenn ich in Bonn oder in Berlin war.« Das schlechte Gewissen hat Späte nie ganz ablegen können. »Die Kinder sitzen ja auch im Boot. Wenn man drei Sitzungswochen am Block hat, fremdelt man erst einmal, muß sich wieder herantasten und umarmen. Mein Sohn hat sich dicke Freunde gesucht, ich mußte mich erst einmal daran gewöhnen, daß er auch am Wochenende mit ihnen unterwegs ist. Ich konnte ihn nicht aufhalten.«

Mit dem Baby fühlt sich Späte nicht als Alleinerziehende, »weil mich so viele Leute unterstützen: Meine Mitarbeiterin ist eine tolle Ersatz-Mutter, eine Vizemama hoch fünf, obwohl sie selbst noch kein Kind hat.« In ihrem Heimatort bei Leipzig wohnt Späte mit ihrer Mutter zusammen, die sie entlastet. Wenigstens den Sonntag versucht sie sich freizuhalten und keine Termine aufzubürden. Doch wartet dann die Hausarbeit, eine Putzfrau ist auf dem Land nicht üblich.

In ihrer Fraktion werde über Privates kaum gesprochen: »Es gibt nur einen Umgang mit dem Thema Fernbeziehung: Schweigen. Da wird höchstens mal was von Enkelchen erzählt, aber nicht über eigene Defizite gesprochen.« Sich einen Liebhaber unter Politikerkollegen zu suchen, lehnt Späte ab: »Das klingt zwar gut, weil man viel gegenseitiges Verständnis für den Beruf voraussetzen kann, aber es wäre organisatorisch nicht machbar.« Ihr Baby Sophie scheint der Berliner Trubel nicht zu stören. Margarete Späte hatte niemandem davon erzählt, als sich das Produkt ihrer Fernbeziehung ankündigte. »In meinem Alter war das schon eine Sensation. Ich hatte nur eine kleine Wölbung am Bauch, niemand sprach mich darauf an, die Leute dachten, ich hätte zugenommen. Ich wollte alle überraschen. Aber eigentlich ist es ganz normal, daß auch Politikerinnen Kinder kriegen. Wenn wir junge Leute im Parlament haben wollen, werden wir uns daran gewöhnen müssen.« Sorgen um ihre Zukunft macht sich Späte nicht: »Ich lebe von Tag zu Tag, was in fünf Jahren ist, weiß ich nicht. Warum soll ich mir das Herz damit schwer machen? Ich habe einen tollen Job, keine Geldsorgen, zwei gesunde Kinder und einen Lebensgefährten, der nichts von mir fordert – was will ich mehr? Das ist zwar kein Modell für andere, aber ich kann prima damit leben.«

Prominente: Liebe im Rampenlicht

Wer prominent ist, wird umschwärmt, ist ständig auf Reisen und braucht einen Partner mit sehr viel Verständnis. Keine sehr guten Voraussetzungen für eine stabile Liebe. Das Showgeschäft frißt seine Kinder, die Hauptdarsteller leben auf einem Jahrmarkt der Eitelkeiten, die Arbeitsbedingungen sind hart. Viele sitzen nach ihren Auftritten allein in einem Hotelzimmer und sehnen sich nach Geborgenheit, die ihnen das Publikum nicht geben kann.

»Alles kann passieren« – unter diesem Motto ging die Schlagersängerin Juliane Werding im Januar 2000 auf Tournee. Privat mußte sie das auch erleben, wie den Zeitungen zu entnehmen war. Der Berliner Zeitung *B.Z.* gestand sie im Dezember 1999, daß die Fernliebe zu ihrem Freund, der in Berlin lebte, vorbei war. Sie wollte wegen ihrer schulpflichtigen Kinder nicht aus Bayern weg. In der gleichen Zeitung stand kurz darauf die Schlagzeile: »Das Trennungs-Gen der Hagens hat wieder zugeschlagen«. Cosma Shiva Hagen, die 18jährige Tochter von Nina Hagen, und der Rapper Darko hatten sich getrennt. Offensichtlicher Trennungsgrund: die räumliche Distanz. Cosma spielte Theater in Bayern, Darko stand in Berlin im Tonstudio. Ihr einziger Kontakt über Wochen: »Wir vertelefonierten Hunderte von Mark, schickten uns unendlich viele Liebes-Mails.«

Im Juni 2000 wurde es offiziell: Die berühmteste Pastorenehe der Republik endete öffentlich. Die Zeitungen plärrten die kleine Sensation mit etwas hämischem Unterton heraus: Pfarrer Jürgen Flieges Frau verließ den TV-Talkmaster, der mit allen über alles redete, aber offenbar mit seiner Frau zuwenig. Das sind nur einige Beispiele gescheiterter Beziehungen von Prominenten, unabhängig davon, ob sie durch das Fernsehen, den Sport oder die Musik berühmt wurden.

Sehnsucht ist ein fettes Tier

Nina Ruge (44), TV-Moderatorin

Die TV-Moderatorin gilt als Galionsfigur der Powerfrauen, die im Beruf unbeirrt ihren Weg gehen. Zweimal führte sie Wochenendehen, 1999 machte sie Schlagzeilen in der Boulevardpresse, weil sie sich mit dem Automanager Wolfgang Reitzle liierte – eine Fernliebe London – München. Selten will sie darüber reden, weil die »Liaison einer Frau aus der Gauklerszene Fernsehen mit einem Mann aus dem Nadelstreifenbusiness immer noch so betrachtet wird, als habe sich ein Elefant in eine Gazelle verliebt.« Bei BMW wurden kopierte Artikel über die beiden in den Toiletten ausgehängt und bei Sitzungen hämisch unter dem Tisch gelesen. Reitzle befürchtete einen »Genickschuß per Klatschspalte«. Das Leben mit einem TV-Star, den alle für ein Glamour-Girl hielten, war sehr ungewohnt für ihn, der bisher im Hintergrund agiert hatte, das war Nina Ruge klar.

Reitzle, der 14 Jahre Entwicklungschef bei BMW war, arbeitet heute bei Ford. Eine typische Arbeitswoche von ihm sieht nach eigenen Angaben so aus: »Zuerst in den USA, dann drei Tage in London, Freitag Volvo-Händler-Tagung in München, ab Montag wieder USA. Aber die eigentliche Routine sollte sein, daß ich eine Woche im Monat in Schweden bin, eine Woche in London, eine Woche in den USA.«

Ruge läßt sich von einem solchen Arbeitsrhythmus ihres Lebensgefährten nicht abschrecken. Dabei hilft ihr auch ihr Tagebuch: »Das ist eine Art Seelenhygiene. Wenn ich zurückblättere, kann ich Stimmungen wiederaufleben lassen, in meinem Leben spazierengehen.«[12]

Der Automanager passe zu ihr, vertraute Ruge der Zeitschrift *Bunte* im August 1999 an: »Es gibt wenige Männer, die die Stärke haben, uns Frauen unsere Geheimnisse zu lassen, die meisten wollen alles hinterfragen, alles verstehen und uns damit in Besitz nehmen. Aber sie vergessen dabei, daß die Sterne erlöschen, wenn alle Rätsel gelöst sind.«

Romantische Töne von einer enorm ehrgeizigen Frau, die sich vom Script-Girl bis zur TV-Moderatorin hochgearbeitet hat. Nina Ruge hatte nie eine blockierende Angst vor Unsicherheit. Schon als 12jährige sprühte sie sich einen Spruch an die Wand: »Wo die Angst ist, geht's lang.«

Mit 25 Jahren hatte sie einen sicheren Job als Studienrätin für Biologie, in dem sie den Schülern das Paarungsverhalten der Menschenaffen beibringen sollte. Nach drei Jahren schmiß sie hin, obwohl sie die einzige aus dem Semester war, die eine Anstellung bekommen hatte. Sie wollte sich ausprobieren, ein Stück Welt erobern. Festanstellungen lehnte die überzeugte Freiberuflerin ab, und vor Kündigungen schreckte sie auch im privaten Bereich nicht zurück: Mit dem TV-Produzenten Stefan Voss, den sie heimlich in New York auf der Plattform des Empire State-Buildings geheiratet hatte, führte sie acht Jahre lang eine Fernliebe: Sie lebte aus beruflichen Gründen in Berlin und Wiesbaden, er in Köln. Am Ende gestand Nina Ruge ein, daß sie sich nicht zuletzt aus räumlichen Gründen auseinandergelebt hatten. Auch Stefan Voss bestätigte das: »Wir sind beide beruflich stark belastet. Uns fehlte einfach die Zeit füreinander. Wir haben es über Jahre gepackt, in verschiedenen Städten zu leben und unsere Beziehung interessant und spannend zu halten. Jetzt müssen wir feststellen, daß das nicht mehr funktioniert.«

Nina Ruge erzählt, sie bekäme oft das Wort »Karrierefrau« mit einem abwertenden Unterton zu hören. Sehr zu Unrecht, wie sie meint: »Die Vokabel ›Karriere‹ existiert für mich nicht. Ich verbeiße mich nicht in eine Sache, sondern gehe mit Herz und Zielstrebigkeit an meine Idee heran, bis ich sie ausgesaugt habe und die nächste Herausforderung kommt.« Nina Ruge ist ein Beispiel dafür, wie wenig Privatleben übrigbleibt, wenn man »alles 180prozentig« machen will und nur »kleine Fluchten« möglich sind. Trotzdem versuchen sie und ihr Mann, immer wieder Auszeiten zusammen zu nehmen, »sonst geht die Beziehung den Bach runter«, sagt sie.

Aber der Ausnahmezustand Urlaub ist etwas anderes, als Alltag zu teilen. Einen Alltag, den es bei Ruges Arbeitseinsatz kaum gab und gibt. Zeitweise moderierte sie gleichzeitig das *Heute-Journal*, das um 21.45 Uhr beginnt, und im zweiwöchigen Wechsel in Berlin Frühstücksfernsehen bei Rias TV. Enorme Disziplin war dazu nötig. Später moderierte sie die Spätnachrichtensendung *heute nacht* und verabschiedete sich immer mit einem sanften »Träumen Sie gut« von den Zuschauern. Die »Nachrichten-Nachtschwester, das erotische Alibi des öffentlich-rechtlichen Fernsehens«, wie *Der Spiegel* sie einmal nannte, arbeitete acht Jahre lang fast jeden Abend – klar, daß das Auswirkungen auf eine Liebe hat. Aber sie setzte Prioritäten, weil sie ihren Beruf so ernst nahm.

»Authentisch sein und den Draht zu den elementaren Werten des Lebens löten – vor allem zur Liebe«, so lauten ihre Vorsätze. Die Tochter eines Professors für Schweißtechnik wollte immer das zusammenführen, was zusammengehört. Mit ihrem täglich im Fernsehen verkündeten Motto »Alles wird gut!« setzte sie eine Parole für Fernliebenpaare, die diese Lebensphase nur befristet ertragen wollen, in die Welt. Allerdings möchte Nina Ruge ihrem berühmten Ausstiegssatz noch einen Halbsatz anfügen: »Alles wird gut, wenn ich mein Bestes gebe.«

Aphorismen sind ihre Leidenschaft: »Sprüche vereinfachen, aber in ihnen steckt kondensierte Wahrheit.« Drei Beispiele, die ihr besonders gut gefallen und jedem Fernliebenpaar etwas sagen: »Sehnsucht ist ein fettes Tier.« – »Was du tust, ist nichtig, wie du's tust, ist wichtig.« – »Engel können fliegen, weil sie sich leicht fühlen.«

Es war unmöglich, am Wochenende allen gerecht zu werden

Klaus (43), Trainer, und Monika Augenthaler (43), Hausfrau

Klaus Augenthaler ist ein Mann wie ein Baum. Ein kerniger, stämmiger Niederbayer, der schon allein wegen seiner Schußkraft zur Fußball-Legende geworden ist: Den Frankfurter Torwart Uli Stein überwand er einmal mit einem Kunstschuß von der Mittellinie. Er war Fußballweltmeister und über ein Jahrzehnt Libero beim FC Bayern – der würdige Nachfolger von Franz Beckenbauer und der Vorgänger von Lothar Matthäus. Als Spieler war »Auge« eine Bank, er gehörte zum Inventar des FC Bayern. Da war es nur folgerichtig, daß er als Co-Trainer dort die ersten Erfahrungen als Coach sammelte.

Aber ewig konnte er nicht in München bleiben, 1997 stand die Abnabelung vom Stammverein an. Klaus Augenthaler wählte den Grazer AK. Zum ersten Mal war er damit von seiner Familie getrennt – 389 Kilometer Fahrstrecke waren es.

»Anfangs war es einigermaßen erträglich, weil ich mich in den österreichischen Fußball einarbeiten mußte, am Schluß hatte ich zunehmend meine Familie im Kopf, die Woche zog sich immer zäher dahin, drei Jahre waren eindeutig zu lang. Ich wohnte Haus an Haus mit meinem Assistenztrainer, der seine Frau mitgebracht hatte, ich beneidete ihn sehr. Während er sich nach

Niederlagen direkt austauschen konnte, mußte ich mich mit fernmündlichen Gesprächen begnügen.«

Natürlich haben Klaus Augenthaler und seine Frau Monika viel telefoniert, manchmal bis zu siebenmal am Tag, aber für ein Gespräch von Angesicht zu Angesicht war das kein Ersatz: »Ich telefoniere nicht so gern«, erzählt Klaus Augenthaler. »Es schmerzte ziemlich. Wenn sich meine Frau über tobende und streitende Kinder beklagte, sagte ich: ›Was denkst du, wie gern ich das jetzt hören würde?‹ Wenn sie erzählte, daß sie bei meterhohem Schnee mit dem Hund raus müsse, habe ich sie beneidet.«

Die Augenthalers, die sich seit 23 Jahren lieben, machten das Beste aus der Wochenendehe: Er kam nach den Spielen für zwei Tage heim, oder sie fuhr zu ihm, oft mit den beiden Töchtern und dem Hund.

Der Fußballtrainer lebte als Familienvater mit einem ständig schlechten Gewissen: »Es war unmöglich, am Wochenende allen gerecht zu werden. Meine beiden Töchter wollten ja auch etwas von mir, ich fuhr sie zum Handball und schaute zu. Ich machte das gern, auch wenn ich manchmal lieber nur im Garten gesessen wäre und meine Ruhe gehabt hätte. Freundschaften konnte ich selbst nicht mehr pflegen, das mußte meine Frau übernehmen.«

Monika Augenthaler kann das, die gelernte Bankkauffrau ist der Typ der selbständigen Familienfrau, die prima organisieren kann. Das Wochenende war ihr nun heilig, das Handy blieb aus, alle Alltagsprobleme waren weggeräumt. In die Rolle als Fußballerfrau, die lange Abwesenheiten ihres Mannes akzeptieren mußte, ist sie hineingewachsen. Sie akzeptierte den ersten Trainerjob ihres Mannes: »Ich stamme aus einer Fußballerfamilie und weiß, daß man nicht bei Real Madrid anfangen kann.«

Das Wohlergehen ihrer Kinder nahm sie mehr mit als der eigene Verzicht: »Die Kleine litt sehr darunter, wie soll man das auch einem Kind erklären, daß der Vater jetzt plötzlich kaum mehr da ist? Wir konnten die beiden nicht aus ihrer gewohnten Umgebung reißen, deshalb zog ich nicht mit nach Graz. Die große Tochter stand zwei Jahre vor dem Abitur, das in Österreich ganz anders geregelt ist. Und wer hätte uns garantiert, daß mein Mann lange in Graz bleibt? Als Fußballtrainer sitzt man immer auf einem Schleudersitz.«

»Ich bin auch keine Wandertante«, sagt Monika Augenthaler, »ich wollte in unserem Haus bleiben. Mit dem Auto bin ich oft zu ihm gedonnert, immerhin lernten wir Österreich dabei kennen. In den Sommerferien waren wir sechs Wochen am Stück dort, es war die Wiedervereinigung der Familie.«

Das Verhältnis der Mutter zur großen Tochter wurde während der Abwesenheit des Vaters immer enger: »Sie war wie eine Freundin für mich und ich für sie. Die Abwesenheit von Klaus hat uns zusammengeschweißt. Sie hat selten darüber gesprochen, weil sie mich schonen wollte, wahrscheinlich hat sie gemerkt, daß ich selbst Probleme damit hatte. Und ich spürte, daß es sie hart ankam, als ihr Vater nicht mal an ihrem 18. Geburtstag dasein konnte. Ein normaler Arbeitnehmer kann sich da freinehmen, aber der Terminplan eines Fußball-Trainers im Profigeschäft erlaubt das nicht.«

Als kleines Trostpflaster kaufte Monika Augenthaler den beiden Paul, einen Mischlingshund. »Ich dachte mir, jetzt haben die Kinder schon keinen Vater, so wie es sich gehört, dann kriegen sie wenigstens wieder einen Hund. Er wurde schnell zum Liebling der Familie.«

Das zentrale Problem – wie beenden wir unsere Wochenendehe, unter der alle leiden – war damit nicht gelöst. Klaus Augenthaler, der in Österreich sportlich enormen Erfolg hatte, hatte zwar immer wieder Angebote aus Deutschland, unter anderem von den Traditionsvereinen Bochum und Mönchengladbach. Er lehnte sie aber im Einvernehmen mit seiner Frau ab, weil das noch weiter weg gewesen wäre als Graz. Seine Frau riet ihm zu warten, bis sich in Nürnberg eine Chance ergibt.

So kam es. Der 1. FC Nürnberg, nur 150 km von Klaus Augenthalers Wohnung entfernt, entließ seinen Trainer und verpflichtete den Urbayern Augenthaler. Monika Augenthaler persönlich kämpfte wie eine Löwin für die Freigabe: »Ich sagte zum Präsidenten von Graz, daß ich meinen Mann wiederhaben möchte und die Kinder ihren Vater. Ich mußte emotional argumentieren. Wir waren einfach zermürbt, es gab schwierige Situationen, zum Beispiel als ich eine Bandscheibenoperation hatte. Ich ging Montag früh in die Klinik und war abends schon wieder daheim, weil ich zu Hause gebraucht wurde. Freundinnen richteten mich in dieser Zeit wieder auf und halfen im Haushalt. Mein Mann war zwei Nächte da, aber ich fühlte mich hilflos wie ein Säugling und hätte ihn da natürlich länger gebraucht. Das sind die Momente, wo man sich fragt, was das eigentlich soll. Und ich wußte natürlich, daß viele Ehen schon durch Distanz kaputtgegangen sind. Unsere war allerdings intakt, wenn man mehr als die Hälfte unseres Lebens zusammen ist, kann es nicht so schlecht sein.«

Klaus Augenthaler hat den Bundesligaaufstieg mit dem 1. FC Nürnberg nicht mehr ganz geschafft, aber er hat seine Ehe gerettet. »Jetzt konnte ich bis auf die Trainingslager wieder jeden Abend und Morgen bei meiner Familie sein. Ein herrliches Gefühl. Da weiß man, was man hat.«

»Es hat uns zusammengeschweißt, aber ich muß es nicht nochmal haben«, lautet das Fazit von Monika Augenthaler. Ihr Mann sieht es ähnlich: »Den nächsten Vereinswechsel weit weg mache ich nicht noch einmal alleine. Dann sollte meine Frau dabei sein.«

Auf eines freut sich Klaus Augenthaler besonders: »Ich kann wieder meinem Hobby nachgehen: Angeln, die Seele baumeln lassen. Am Wochenende wäre das während meiner Fernbeziehung unmöglich gewesen, die Zeit war zu kostbar.«

Tina, die älteste Tochter, laut eigener Einschätzung ein »Mamakind«, war besonders froh, daß ihr Vater jetzt wieder täglich am Frühstückstisch sitzen kann: »Er hatte immer versucht, in 24 Stunden die ganze Woche nachzuholen, das ging nicht. Und die Mama war ziemlich traurig, wenn er wieder fuhr. Selbst der Hund reagierte. Wenn mein Vater ins Auto stieg, verzog er sich immer erst einmal ganz beleidigt.«

Neue Liebes- und Lebensmodelle

Fernliebende sind eher gezwungen, sich mit der Form ihrer Beziehung auseinanderzusetzen als andere Paare. Durch die Distanz muß man immer wieder zueinander kommen wollen, man kann nichts vor sich hinplätschern lassen. Gleichzeitig liegt darin die große Chance, sich Lebens- und Liebesmodelle zu schaffen, die nicht konventionell sind.

Anna Schoch ist eine erfahrene Paartherapeutin, unzählige Männer und Frauen gehen in ihrer Münchner Praxis ein und aus. Auch sie sieht – neben den Gefahren – Vorteile: »Die Fernbeziehung ist eine sympathische und realistische Form der Liebe, sie führt zu mehr Eigenverantwortung. Für reifere Persönlichkeiten, die sich nicht anbinden wollen und können, ist sie durchaus geeignet. An irgendeinem Punkt erschöpfen sich Fernbeziehungen allerdings oft, weil es ein Ungleichgewicht gibt: Einer meint, mehr zu investieren und weniger zurückzubekommen. Es gibt eine psychologische Paradoxie: je mehr der eine den anderen bedrängt, desto mehr geht der andere in Deckung. Wenn ich wirklich liebe, will ich, daß der andere glücklich ist. Und es kann sein, daß er 1 000 Kilometer weiter entfernt eben glücklich ist. Die größte Liebe kann im Verzicht liegen. Und man muß eines wissen: Jeder erfüllte Wunsch ist eine Sehnsucht weniger. Alles, was erfüllt wird, ist nur noch halb so wichtig.«

Die Grundregeln der Liebe gelten auch in der Distanz, meint Schoch: »Es ist relativ simpel, ob eine Beziehung funktioniert. Erfüllen sich die Paare gegenseitig die Bedürfnisse, dann geht es.« Grundsätzlich gebe es zwei Typen von Menschen, so Schoch: zum einen die Symbiotischen, die sich nur stark fühlen, wenn der Partner nah bei ihnen ist. Sie machen den anderen für die Lösung ihrer Probleme verantwortlich, er soll der Heilsbringer sein. Die zweite Gruppe sind die Freiheitsbedürftigen. Jeder Mensch habe das Bedürfnis nach beiden Zuständen. »Die ideale

Lösung ist die Mitte – mal etwas mehr Nähe, mal etwas mehr Freiheit. Von immer mehr Nähe wird nicht immer alles gut, es kann auch alles schlecht werden.« Die Fernbeziehung ist für Schoch eine Schule der Toleranz, ein Provisorium, das erstaunlich langlebig sein kann.

Mythos Nahbeziehung: Haben sich Fernliebenpaare mehr zu sagen?

Sie sind das Traumpaar der antiken Sagenwelt: Philemon und Baucis, ein altes Ehepaar, das in Armut, aber glücklich lebte. Eine perfekte Beziehungskiste, der eine konnte nicht ohne den anderen. Ihr einziger Horror: wenn einer vor dem anderen stirbt. Zeus befreite sie von dem Trauma. Die beiden hatten ihn und Hermes, die in Gestalt von zwei Reisenden auf die Erde gekommen waren, freundlich bewirtet, während der Rest der Menschheit sich abweisend gezeigt hatte. Zeus ließ sich das nicht bieten: Er sandte eine Flut über das Land, von der nur die Hütte der beiden verschont blieb. Sie verwandelte sich in einen prächtigen Tempel, in dem das Ehepaar für den Rest seines Lebens den Göttern diente. Auf ihre Bitte hin starben sie zur selben Zeit und wurden nach ihrem Tod in zwei Bäume verwandelt, die Seite an Seite vor dem Tempel standen.

Ein wunderschöner Mythos, aber die Realität in Nahbeziehungen, nach denen sich Fernliebenpaare oft sehnen, sieht nicht selten etwas anders aus. Die Nähe führt oft zu Verdruß, Gewalt und Sprachlosigkeit, sie löst keineswegs alle Probleme, sondern schafft andere, manchmal gravierendere. Körperliche Nähe ist noch lange keine geistige oder seelische: Viele Ehepaare sprechen, je nach Untersuchung, nur sieben bis 14 Minuten täglich miteinander. Eine Zahl, die viele Fernliebenpaare locker überbieten.

Als das Institut für Demoskopie vor rund 30 Jahren die Auswirkungen des Fernsehens in Deutschland untersuchte, gehörte die Veränderung der Gesprächskultur von Ehepaaren zu den frappierenden Beobachtungen. Fast sofort, nachdem das erste Fernsehgerät in der Wohnung aufgestellt war, sprachen Ehepartner weniger miteinander.

1953, also in einer Zeit, als es kaum einen Haushalt mit Fernseher gab, hatten noch 42 Prozent der verheirateten westdeutschen Frauen davon berichtet, daß ihr Mann fast alles mit ihnen bespricht, was er während der Arbeit erlebt. 1979, nachdem das Fernsehen fast überall selbstverständlich geworden war, sagten das nur noch 31 Prozent der befragten Frauen. Im Jahr 2000 sind es nur noch 16 Prozent der Frauen im Westen, in den neuen Bundesländern 18 Prozent.

Die Antworten der Männer bestätigen den krassen Verlust an Gesprächskultur. 1953 meinten 39 Prozent, daß sie mitteilungsbedürftig wären, 1979 waren es nur noch 29 Prozent, 2000 nur noch 16 Prozent. 1953 betonte immerhin noch ein Drittel der Männer, daß es ihnen gefällt, wenn ihre Frau ihnen von ihrem Tag erzählt. Das sagen jetzt nur noch 13 Prozent.

Viele Frauen spüren diese heimliche innere Distanz ihrer Männer, die Unlust zuzuhören. Nur neun Prozent haben den Eindruck, daß sich ihr Mann wirklich für das interessiert, was sie tagsüber tun oder erleben. Die meisten ahnen, daß das Interesse des Partners nur mäßig bis ganz und gar gering ist – wenn sie nicht längst schon überzeugt sind, daß sie bei ihrem Mann auf taube Ohren stoßen. Jede zehnte Ehefrau sagt: »Mein Mann hat es überhaupt nicht gern, wenn ich ihm erzähle, was ich alles zu tun habe.«

Die Untersuchung bestätigt eines: Alltagstrott ist der Liebeskiller Nr. 1. Zuviel Nähe kann eine Beziehung genauso zerstören wie zuviel Distanz.

Unter der Woche ein Team, am Wochenende ein Paar

Horst (50), Journalist, und Marianne (52), Pflegeleiterin

In seiner Tageszeitung stieß Horst auf die Geschichte von einem Ehepaar, das schon 30 Jahre nicht mehr miteinander geredet hat. Sie habe immer wieder einmal versucht, das Schweigen zu durchbrechen, »er aber blieb stumm«, berichtete die Frau. Trotzdem kamen im Lauf der Zeit drei Kinder zur Welt. Wie, wenn die beiden nicht kommunizierten? Er habe ihr in bestimmten Momenten einen Klaps auf den Po gegeben, das habe sie als Zeichen der gewünschten Kontaktaufnahme gedeutet.

Horst hat diese Geschichte bewegt, denn er fühlte sich ertappt. Zwar redet er mit seiner Ehefrau, aber wie steht es denn um die Intensität dieser Gespräche?

Seine Frau und er sehen sich fast täglich, das heißt, nicht nur am Wochenende. Seine Arbeitszeit reicht allerdings meist bis in den späten Abend hinein. Manchmal ist sie deshalb schon im Bett, wenn er nach Hause kommt, denn sie muß morgens viel eher aufstehen als er. An eine Unterhaltung ist dann natürlich nicht mehr zu denken, erzählt Horst: »Dann kommt mitunter ein in die Kissen gebrummter Gruß im Halbschlaf, manchmal ein Wortfetzen aus den Tiefen des Traums, zuweilen reden wir auch noch ein paar Worte, bis auch ich die Augen gegen Null stelle.«

Sollte er eher nach Hause kommen, läuft das Ganze anders ab. Er räumt erst mal den Kühlschrank leer, sie sprechen den Tag durch, planen. »Ich hasse es jedoch zu planen, und ich mag es eigentlich auch nicht, den Tag noch einmal durchzukauen«, sagt Horst. Marianne erzählt, daß in solchen Situationen seine Hand wie automatisch zum Zeitungsständer zucke und er sogar anfange, mechanisch die Zeitung durchzublättern.

Immer häufiger passiert es, daß sich Marianne dann zurückzieht und Horst verspricht, bald nachzukommen. Beide wissen inzwischen, daß das nicht stimmt, denn Horst genießt es, endlich allein zu sein und seine Ruhe zu haben. Auch sein Begehren habe nachgelassen, sagt Horst und wirft einen Blick auf seine wachsenden Schwimmreifen um die Hüfte.

Früher war das nicht so, erzählt er: »Ich war kommunikativer, habe Kollegentreffs mitorganisiert. Zunehmend weniger mag ich auf andere eingehen. Bekanntenpflege – schön und gut, aber ein andermal. Die mittlerweile erwachsenen Kinder gehen ihre eigenen Wege – auch recht. Ist da noch die Ehefrau: bestens, sie in der Nähe zu wissen, heute abend aber möchte ich lieber meine Ruhe. Am Samstag nehme ich mir die Zeit.«

Horst und Marianne leben, so gesehen, eine Wochenendbeziehung. In der Woche baut er seinen Schonraum aus; die Zeiten, in denen er ganz für sich sein darf, kostet er aus. »Mag sein, daß es anders wäre, wenn ich keine workaholischen Anwandlungen hätte, wenn ich mich nicht beruflich voll verausgaben würde«, gibt er zu. Marianne findet diese Sicht zu einseitig, sie würden doch morgens oft zusammen im Garten spazieren oder an freien Tagen in der Woche ab und an eine Radtour unternehmen. Trotzdem definiert Horst seine Ehe folgendermaßen:

»Die Woche über sind wir ein Team, am Wochenende ein Paar.« Das erinnert ihn an einen jüdischen Weisheitsspruch, der so lautet: »Am Sabbat mache Deine Frau glücklich.« Für Horst bedeutet der Spruch: »Das Wochenende gehört uns, soweit es geht. Ich denke dann nicht nur scheuklappenartig an den Beruf, sondern habe Zeit für Kreatives und nicht zuletzt für meine Frau.« Vor diesem Hintergrund scheint ihm das Sabbatgebot sehr schlüssig zu sein. Horst ergänzt: »Dabei geht es nicht nur um Sexuelles und nicht um billige Harmonie, sondern darum, sich Zeit zu nehmen und Dinge mit einem Blick zu sehen, der mir die Woche über verstellt ist. ›Am Sabbat mache Deine Frau glücklich‹ – die Erfinder und Transporteure des Spruchs wußten wohl, daß man faul wird, wenn es einem zu gut geht. Zuneigung, Liebe, Harmonie sind keine Zufallsgüter. Sie wollen erkämpft sein. Lebendig bleiben sie nur, wenn wir uns dessen bewußt sind, daß sie auch zu Ende gehen können.«

Seit Horst über seine Distanz in der Nahliebe nachdenkt, beobachtet er zunehmend andere. »Ich sitze in der U-Bahn und schaue mir die Paare an, bei denen offensichtlich wenig mehr läuft. Ist sie die Unglückliche, ist er der Unaufmerksame oder umgekehrt? Bei vielen Nahliebenpaaren gibt es wohl nicht mal mehr einen Sabbat und auch keinen Sonntag in der Beziehung. Viele Paare haben sich, aber sie haben nichts mehr miteinander.«

Vielleicht, überlegt Horst, haben sie es eben nicht geschafft, sich abzugrenzen und das für sie zuträgliche und genießbare Maß an Nähe und Getrenntsein im Alltag herauszufinden. Jede dritte Ehe wird mittlerweile geschieden. Natürlich beneide er mitunter die ›swinging singles‹ und die megamobilen Fernliebenpaare, gibt er zu. Allerdings immer seltener, »weil ich die Beständigkeit und Zuverlässigkeit in unserer Beziehung schätze. Und mich auf den Sabbat freue.«

Als wir verheiratet waren, war das anders

Pia (42), Krankenschwester

»Ich bin ein freiheitsliebender Typ, klammern kann ich auf den Tod nicht ausstehen.« Pias Augen blitzen, ihre roten Haare leuchten in der Sonne, ihre Körpersprache ist energisch: »Ich gehöre zu den Alleinstehenden, aber deswegen noch lange nicht zu den Alleinliegenden. Es ist schwierig für eine 42jährige selbstbewußte Frau, den ebenbürtigen Mann zu finden. Eine Fernliebe, die ich nur ab und zu mal sehe, wäre momentan genau richtig für mich. Ich habe noch keinen getroffen, mit dem ich Tag und Nacht zusammensein möchte. Männer suchen sich vielleicht jemanden, damit sie nicht alleine sind und im Alter eine Pflegerin haben. Nein danke, das ist nichts für mich.«

Ihre Biographie ist typisch für viele Frauen. Die gelernte Krankenschwester, die in ihrer Freizeit als Rocksängerin auftrat, hat viel ausprobiert: Nahlieben, eine Ehe, Dreiecksbeziehungen, Fernlieben.

Die erste Liebe auf Distanz hatte sie mit 18 Jahren: »Ich arbeitete im Krankenhaus, er war Wehrpflichtiger und 300 Kilometer weg. Die Sehnsucht war mein ständiger Begleiter, aber ich fand es erregend, sie aushalten zu müssen, sie hat mich durch den Alltag getragen. Teilweise haben wir uns zwei Briefe am Tag geschrieben. Zwischen den Zeilen stand immer: Du bist wichtig! Und ich meine dich, dich ganz persönlich! Ich habe mich den ganzen Tag auf den Briefkasten gefreut. Der einzige Nachteil: Im Brief kann man nicht knutschen.«

Die körperliche Entbehrung in der Woche holten sie am Wochenende nach: »Wir sind kaum mehr aus dem Bett herausgekommen, wir haben uns sattgeliebt. Mich interessierte kein anderer Mann, aber als wir verheiratet waren, war das anders. In die Ehe schleicht sich schnell eine trügerische Sicherheit ein. Man glaubt, sich nicht mehr anstrengen zu brauchen, weil man sich des anderen sicher ist. Dabei müßte man sich trotzdem füreinander hübsch machen, sich gegenseitig immer wieder erobern.«

Pia und Hans schrieben sich, als sie zusammenlebten, keine Liebesbriefe mehr, sondern kleine Zettel. Die hatten auch ihren Charme, er hat alle aufbewahrt. Doch irgendwann schlief auch das ein. Pia leistete sich Affären: »Das Gefühl, begehrt zu werden und Selbstbestätigung zu spüren, habe ich von meinem Mann nicht mehr gekriegt.« Sie ließ sich scheiden. Nach 18 Monaten Fernliebe, 19 Jahren Nahliebe. Letztere hat sie auf Dauer zermürbt. »Ich wollte ihn wirklich dauernd um mich haben, aber als es dann soweit war, war es schwierig«, erzählt sie.

Fernbeziehungen haben dieses Problem kaum, aber dafür andere in den Augen von Pia: »Der Partner kriegt einen Heiligenschein, das Negative verschwindet. Ich sehe es an meinem Sohn. Er hatte auch eine Fernliebe. Sie hat ihn vergöttert, er konnte es nicht erwidern. Aber er hat sie hingehalten, die Palette der Ausreden ist aus der Ferne groß. Du mußt glauben, was der andere erzählt. Und kannst ihm dabei oft nicht einmal in die Augen sehen.«

Pia glaubt, daß die Fernliebe eher etwas für reife, autonome Menschen sei, nichts für Leute, die in einer kleinen, geordneten Welt leben wollen und Angst vor Neuem haben.

Aber auch für die Frau, die nicht immer mit jemandem aufwachen will, gibt es eine Grenze der Zumutbarkeit in der Fernliebe: »Einmal die Woche sollte man sich haben, sonst ist es zu wenig. Ich bin nicht nur zum Phantasieren geboren, sondern auch zum Knuddeln.«

Halb Single, halb Paar: Was Fernbeziehungen so attraktiv macht

In einem übergeordneten Sinn hat die Tendenz zu immer mehr Singles auch mit der steigenden Zahl von Fernlieben zu tun: Beiden Phänomenen liegt dieselbe Ursache zugrunde. Frauen und Männer verfügen über gleiche Bildungschancen, die starren Geschlechterrollen sind in der Auflösung begriffen, die Mobilität innerhalb der Gesellschaft wächst.

Der Mainzer Soziologe Stefan Hradil schätzt, daß jeder vierte Mensch zwischen 25 und 35 allein lebt. »Die Single-Gesellschaft wird es nicht geben, wohl aber werden wir mehr als bisher die Folgen vermehrten Alleinlebens beachten müssen. Singles gelten als Seismographen der Modernisierung und Speerspitzen des Wertewandels.«

Fernliebende sind keine Singles und leben trotzdem allein. Kein Alltag droht ihre Beziehung zu zermürben, und doch hat man einen Partner im Hintergrund, der einem emotionale Geborgenheit vermittelt. Die Münchner Paartherapeutin Edith Roman bringt es auf den Punkt: »Wer sich nur ab und zu sieht, lebt die reine Beziehung – ohne Alltag, ohne Langeweile, jeder trägt nur für sich die Verantwortung. Das bleibt spannend, denn wer nur ab und zu bekommt, was er will, hat länger Lust darauf.«

Die Designerin Doris zum Beispiel lebt in Berlin, sie liebt ihren Freund, einen Computerspezialisten in München. Aber sie kennt die Grundbedingung ihrer Liebe: »Wenn ich Stefan jeden Tag um mich hätte, wären wir garantiert längst auseinander. Ich will ihm nicht hinterherziehen. Was soll ich in München, hier habe ich meinen Job, meine Freunde, meine Identität. Selbst wenn ich in München jeden Abend Stefan zum Kuscheln hätte, wäre ich trotzdem wie entwurzelt. Für eine Alltagsehe sind wir beide eher ungeeignet. Warum sollen wir uns gegenseitig mit kleinlichen und häßlichen Dingen behelligen? Launen und Stimmungen aneinander ausleben, mit Eigenarten den anderen belasten? Außerdem brauche ich meinen Freiraum, um den Wunsch nach Nähe wahrnehmen zu können.«

»Rosinenbeziehung« nennt Dorli, 35, ihre Liebe zu Dirk, 36. Sie leitet eine PR-Agentur in Wien, er produziert Wein in Portugal. Auf einer Weinmesse haben sie sich kennengelernt. In einem Monat sehen sie sich höchstens zweimal, aber dann entspricht ihr Zusammensein einer perfekten romantischen Vorstellung. New York, Barcelona, Lissabon – an diesen Orten hüpft das Herz, sagt Dorli: »Ich habe mein Leben so organisiert, daß es vom Aufstehen bis zum Einschlafen mit Arbeit gefüllt ist – da bleibt kaum Zeit für Leere.« [13]

Dorli ist über weite Strecken des Monats faktisch Single, in ihrem Bewußtsein ist sie dagegen gebunden. Fernliebenpaare müssen niemanden aufreißen, aber sie leiden darunter, ihre Spontaneität nicht ausleben zu können, wenn ihnen nach Nähe ist.

Für ältere Frauen kann es eine besonders ideale Lebensform sein: »Ich habe jemand, der mich ab und zu besucht, aber ich muß nicht für ihn sorgen«, schwärmt eine 58jährige Bibliothekarin. »Wenn man schon alles gehabt hat, was man sich als junge Frau wünschte, braucht man keinen Mann mehr für's Leben.«

Ich lebe nach der Devise: »Weniger ist mehr«

Herbert (40), Regisseur

Herbert ist ein überzeugter Single. Der Regisseur, ein Bulle von Mann, hält allzuviel Nähe für einen Liebestöter, das Alleinleben erscheint ihm als die gesündere Variante: »Ich kann morgens aufstehen, wann ich will, muß niemandem Rechenschaft ablegen, genehmige mir eine Auszeit, wann ich sie brauche, ohne auf jemand Rücksicht nehmen zu müssen. Ich habe meine Erfahrungen gemacht und bin wahrscheinlich als Künstler auch zu egozentrisch. Die einzige mir bekannte Ehe, die über 30 Jahre gehalten hat, ist die meiner Eltern. Und als meine Mutter gestorben war, fühlte sich mein Vater wie ein Hund ohne Schwanz.« Bei den Eltern seines Patenkindes hat Herbert beobachtet, wie wohltuend Distanz wirkt: »Die hatten ihre glücklichste Phase, als sie 600 Kilometer getrennt waren, da wirkten sie wie frisch Verliebte, wenn sie sich gesehen haben. Die Distanz war wie ein Jungbrunnen. Dann waren sie wieder zusammen, und nach einiger Zeit rief sie mich an: ›Ich lasse mich scheiden, ich habe keine Ruhe mehr.‹«

Die glücklichste Liebe seines Lebens war eine Fernliebe vor 15 Jahren, erinnert sich der Theatermann: »Ich habe damals in Kaiserslautern gekellnert und im Lokal meine Freundin kennengelernt. Barbara arbeitete als Springerin bei einer Bank und wurde quer durch ganz Deutschland geschickt. Sie wohnte in Stuttgart, am Wochenende sahen wir uns. Was ich in der Gaststätte verdiente, haute ich sofort für unsere Fernliebe auf den Kopf. Ich war selig, unsere Treffen waren für mich wie Urlaub, wir verwöhnten uns richtig. Wenn wir zum Beispiel in die Oper gingen, kaufte ich keine Karten im Rang, sondern im Parkett. Sie schenkte mir einmal einen Kaschmirpullover.«

Ganz wichtig für Herbert, den Indivdualisten: die richtige Dosis Distanz. Es war ihm angenehm, in der Woche sein eigener Herr zu sein. Er genoß es, nach außen hin als Single aufzutreten und doch innerlich keiner zu sein. »Wie wichtig das war, begriff ich erst, als wir für ein paar Wochen zusammenwohnten. Wir gingen uns rasch auf den Wecker. Es war anstrengend. Sie bekam ständig Migräne, wenn ihr irgendwas nicht paßte, mein Schnarchen störte sie. Die Leichtigkeit war weg, der eitel Sonnenschein unserer Wochenendliebe, der letztlich nur eine Scheinwelt gewesen war, war verflogen. Die Illusion eines glücklichen Paares – finito. Hätten wir von Anfang an eine Nahliebe gehabt, wären wir sicher nicht eineinhalb Jahre zusammengewesen.« Zum Bruch kam es, als Barbara ihm eine Affäre gestand. »Treue ist für mich ein ganz hohes Gut, ich meine seelische und körperliche Treue. Ich empfand es als Verrat, da werde ich ganz eng und preußisch.«

Das Ideal der romantischen Zweierbeziehung hat Herbert abgeschrieben: »Das ist so wie die blaue Blume der Romantik, man sieht sie, aber findet sie nie. Ich bin bindungsunfähig: No woman no cry. Nähe kann tödlich sein. Die Erwartungen aneinander sind einfach zu hoch.«

Herbert ist gern Single, nur nicht zu Weihnachten und Silvester, da fühle er sich schon mal einsam und spüre ein emotionales und körperliches Defizit. Deshalb wünscht er sich eine Fernbeziehung, für ihn die optimale Lebensform, wie er sagt. »Sie würde mich nicht so stressen und mir trotzdem Nähe geben. Ich lebe nach der Devise: weniger ist mehr. Am idealsten wäre eine Stewardeß. Die kann einem nicht dauernd auf der Pelle sitzen.«

Die Ferne schürt die Leidenschaft

Martin (38), Kabarettist, und Elisabeth (34), Kinesiologin

Martin kommt aus Franken und arbeitet als Kabarettist. Seine Freundin Elisabeth lebt in München, seit zehn Jahren sind die beiden ein Paar, sie haben immer räumlich getrennt gelebt. An Elisabeths letztem Tag in Würzburg lernten sie sich kennen, anschließend arbeitete sie als Biologin in Basel und schrieb dort ihre Diplomarbeit. Martin war zu diesem Zeitpunkt noch mit den Nachwehen einer alten Beziehung beschäftigt. »Da war es gut, daß ich aus der Distanz die Sache mit Elisabeth betrachten konnte und nicht jeden Tag von ihr belagert wurde.« Der ehegeschädigte Kabarettist, der das bürgerliche Modell erprobt und verworfen hatte, sah erst einmal nur die Vorteile seiner neuen Liebe: »Ich brauche das Gefühl, daß jemand da ist, aber der muß nicht unbedingt leibhaftig präsent sein. Ich finde den Alltag nicht so spannend, daß ich ihn mit jemandem teilen muß.« Heute können beide sagen, daß diese Lebensform ihnen gefällt und entspricht, sie hätten selten darunter gelitten, empfanden es auch nicht als große Leistung oder Opfer.

Elisabeth fügt hinzu: »Die Frage, ob ich ihn vermisse, muß ich verneinen. Ich weiß, das hört man nicht so gern von einer Frau, die hat als vermeintliche Verkörperung der Emotion in einem Mann aufzugehen, aber es ist so.« Wöchentliche oder vierzehntägige Treffen reichen ihr. »Das wird von uns beiden aber nicht als Lieblosigkeit interpretiert, sondern eher als weise Zurückhaltung. Ich will Martin, aber ich brauche ihn nicht. Er hat mich auch nie bedrängt, das zu ändern, das könnte ich nicht haben, deshalb bin ich schon so lange mit ihm zusammen.«

Elisabeth, die als Kinesiologin eine kleine Praxis in Schwaben hat, überlegte zuerst, wegen Martin in Würzburg zu bleiben. »Ich habe in meinen Bauch hineingehört. Ich spürte meinen Dickdarm-Meridian, wo die elektromagnetische Energie fließt, die für Loslassen steht. Außerdem war ich immer eine Einzelgängerin oder besser gesagt Eigenbrötlerin.«

Die Sehnsucht nacheinander ist für Martin ein weiterer großer Vorteil der Fernliebe: »Wenn jemand da ist, kannst du ihn nicht vermissen. Diese großen und schönen Gefühle hat man sonst gar nicht. Ich finde es gut, Sehnsucht zu spüren und sie nicht gleich im nächsten Moment erfüllt zu bekommen. Solange man sich herbeisehnt, liebt man sich.«

Martin fühlt sich nicht als Single, aber die anderen sehen ihn so. Er ist viel allein unterwegs und hat deshalb interessante Begegnungen, für ihn ein klares Plus an Lebensqualität: »Es ist eine Tatsache, daß man manche Menschen als Paar gar nicht kennenlernt. Eine Fernbeziehung ist die Luxusversion des Alleinseins. Man kann auf jemanden zugehen, muß aber nicht. Allein zu sein ist bei wirklichen Singles viel angstbesetzter.«

Einsam fühlt sich keiner von beiden: »Ich möchte nicht zu Hause sein, wenn Elisabeth um drei Uhr heimkommt«, erzählt er, »da bin ich sehr eifersüchtig und könnte nicht schlafen. Es ist gut, wenn sich jemand nach außen orientiert und neue Anregungen holt. Aber ich finde es besser, wenn man so einen Abend dann alleine ausklingen lassen kann.«

Elisabeth ist da ganz Martins Meinung, nicht nur in diesem Punkt passen die beiden perfekt zusammen: »Ich komme gern nach Hause, wenn niemand da ist, um den ich mich kümmern muß und der Aufmerksamkeit beansprucht. Die erste halbe Stunde bin ich absolut nicht ansprechbar.«

Nicht zuletzt deshalb hatten sie auch in dem gemeinsamen Jahr in San Francisco eine große Wohnung, 100 Quadratmeter für 1 800 Dollar: »Damit wir uns aus dem Weg gehen konnten. Ich wollte ab und zu Sport schauen, Elisabeth wäre da die Wände hochgegangen.«

Als Elisabeth aus beruflichen Gründen noch einmal allein für ein Jahr in die USA ging, haben sich die beiden täglich lange E-Mails geschrieben: »Vielleicht waren wir uns da sogar am nächsten. Die Ferne schürt die Leidenschaft. Du merkst, wie sehr der andere fehlt.«

Beide verstehen sich als monogam, eine Dreiecksbeziehung ist für sie unvorstellbar, eine lange Affäre unmöglich. Das wäre die Grenze für Martin: »Passieren kann natürlich immer was, das führt zu Erschütterungen und einer Überprüfung der Beziehung: ›Wo stehen wir, ist es verzeihbar?‹ Wir hatten beide während unserer Beziehung nur eine Affäre und die war jeweils sehr kurz. Ich habe es ihr erzählt, weil ich wußte, daß sie nicht aus allen Wolken fallen würde. Ich war fast schon beleidigt, weil sie so gelassen reagiert hatte. Ich hatte mich nämlich an ihr gerächt, weil sie kurz zuvor eine Affäre in den USA gehabt hatte. Der Stachel saß zwei Jahre in mir.«

Die andere Frau bedeutete Martin nicht viel, das war ihm rasch klar: »Ich war ein bißchen verliebt, aber nicht auf der Suche nach einer anderen Frau. Ich genoß es nur, auch mal ungezwungen zu flirten. Nur die wenigsten Menschen kriegen es doch hin, Individuum zu bleiben, die meisten werden nur als bessere oder schlechtere Hälfte eines Paars wahrgenommen, das widerstrebt mir.«

Entschuldigt haben sich die beiden nicht für ihre Experimente: »Das halten wir für Quatsch. Man weiß ja, daß es dem anderen weh tut. Es wäre albern zu sagen, ›das passiert nie wieder‹, oder Sätze wie ›ich weiß auch nicht, wie das passieren konnte‹ von mir zu geben«, sagt Elisabeth.

Für sie ist eine Affäre etwas Wertfreies und Normales, schon bei ihren Eltern hat sie Liberalität kennengelernt. Moralisierende Worte wie »Betrug« oder »Fremdgehen« lehnt sie ab: »Der Mensch, auf den ich mich einlasse, ist mir ja schon etwas vertraut. Da finde ich den Begriff ›neugehen‹ noch besser. Es war nie gegen Martin gerichtet. Er leidet darunter viel mehr als ich. Für mich ist eines tabu: Wenn er dabei ist, würde ich nie flirten, umgekehrt gilt das auch.« Elisabeth vertritt die Ansicht, daß man nicht jede Affäre beichten sollte, Wahrheitsfanatismus hält sie für schädlich. »Der Mechanismus ist doch häufig: Ich entlaste mich und lade dem anderen etwas auf.«

Wie soll's weitergehen? Wegen des Kabaretts – Martin tritt zumeist in Franken auf – kann er aus Würzburg nicht weg. Ihre Zukunft stellen sie sich so vor: einmal in einer Stadt zu leben, aber mit zwei Wohnungen oder einer sehr großen, sagt Martin: »Mehr Nähe bedeutet weniger Intensität.«

Wir simulieren uns den Alltag

Christiane Rösinger (39), Sängerin

Mit Trieben, Lieben und dem »Elend der Heterosexualität« hat sich Christiane Rösinger schon früh beruflich beschäftigt – vor allem in satirischer Form. Als eine der beiden Sängerinnen der Berliner Band »Lassie Singers« hat sie sich mit psychologischem Tiefgang der Irrungen und Wirrungen menschlicher Leidenschaften angenommen. Herausgekommen sind rotzfreche Popsongs, Lieder mit sehr programmatischen Titeln wie »Wenn du mich nicht willst«, »Uneingeladene Gefühle« oder »Es kommt schon wieder einer«. Ihre Philosophie faßte sie in einem Song zusammen: »Liebe wird oft überbewertet, Liebe ist nicht so wichtig wie man denkt, Liebe ist nur ein Teilaspekt des Lebens und die anderen Teile sind auch nicht schlecht.«

Seit einigen Monaten dementiert sie sich selbst. Schuld daran ist John, ein Engländer, den sie in der Bretagne bei Plattenaufnahmen in einem Studio kennengelernt hat. Seitdem sind die beiden ein turtelndes Paar, das täglich bis zu fünf Stunden telefoniert. »Wir simulieren uns den Alltag, indem wir alle Details erzählen, das Plappern von dummem Zeug ist infantil, aber es tut gut.«

Die Fernliebe als Therapie gegen mannigfaltige Enttäuschungen in der Nahliebe – bei Christiane wirkt sie. »Ich sei viel ausgeglichener, weniger bissig und zickig, sagen die Menschen in meinem Umfeld. Ich bin 39 Jahre alt und hatte schon kaum mehr daran geglaubt, noch einmal den richtigen Mann zu treffen. Jahrelang habe ich keinen männlichen Mitmenschen mehr richtig an mich rangelassen, wenn man von einigen Spielereien absieht. Ich habe melancholische Lieder über Liebe gesungen, aber viel zu wenig davon erlebt. Wenn ich mich geöffnet habe, hatte ich immer schwierige Künstlertypen als Freunde, die sehr wortkarg waren. Gott sei Dank ist John da anders, er redet genauso gerne wie ich.«

Christiane genießt das Hochgefühl, alle drei bis vier Wochen sehen sich die beiden. John hat auch jahrelang allein gelebt, was sie zusätzlich verbindet. Einerseits empfindet Christiane sich als autonomen Menschen, sie hat fast alles im Leben allein geschafft: eine Tochter großgezogen, die »Lassie Singers« gegründet, eine Bar betrieben. Aber sie weiß auch, daß sie sehr anhänglich sein kann, wenn sie verliebt ist. Da kommt ihr eine Fernliebe gelegen, erzählt sie, »darin verliere ich mich nicht und kann meine Sachen durchziehen. Außerdem ertrage ich keine Routine und Langeweile. Mit John ist es Spannung pur, eine unnatürlich gesteigerte Sehnsucht. Würden wir uns täglich aus der Nähe sehen, gäbe es vermutlich Mord und Totschlag.«

Eine Ironie des Schicksals entdeckt Christiane jetzt in ihrem Leben: »Meine Freundin und ich haben vor ein paar Jahren die Single-Hymne ›Die Pärchen-Lüge‹ geschrieben, in der wir darüber lästern, daß knutschende Pärchen in der Öffentlichkeit eine Zumutung für Singles sind: Ein Textbeispiel: ›Pärchen sind wie Parasiten, Pärchen werden immer mehr, sie küssen, wo sie geh'n und steh'n und schau'n sich niemals um. Pärchen bitte draußen bleiben, uns wird's jetzt zu dumm. Pärchen verpißt euch, keiner vermißt euch!‹ Wir entwarfen schon Verkehrsschilder mit durchgestrichenen Liebespaaren. Jetzt ertappe ich mich dabei, daß ich selber gerne überall knutsche.«

Mit der Distanz haben sich die beiden Liebenden vorerst abgefunden: »Er wird nie nach Berlin ziehen, weil das Studio in Frankreich seine Existenzgrundlage ist. Und ich hänge viel zu sehr an dieser Stadt.« Auf die künftigen Lieder von Christiane und ihrer neuen Band »Britta« darf man gespannt sein. »Ich habe lange geglaubt, daß man einsam sein muß, um gute Songs zu schreiben. Hätte ich damals nur harmonische und nette Beziehungen gehabt, wären bestimmt zwei CDs weniger produziert worden.« Jetzt möchte sie beweisen, daß große Liebesgefühle befruchtend wirken können – auch künstlerisch.

Der autonome Mensch: Die große Chance, sich in der Fernliebe zu entwickeln

»Gestatten, das ist meine bessere Hälfte.« Eine Vorstellungsfloskel, die jeder kennt. Und hinter der sich durchaus eine ernsthafte Vorstellung von Liebe verbirgt: Wir sind ein Paar, eine Einheit, ohne dich bin ich nur noch die Hälfte wert.

Die Fernbeziehung wird so eine Vorstellung von der Welt nicht bedienen. Man muß sich selbst als ganzen Menschen wahrnehmen, nicht nur als Teil des anderen. Für manche ist das schmerzlich, für andere eine Chance, ihr ganzes Potential zu entfalten, sich neu zu entdecken und den Partner noch dazu. Voraussetzung dafür: eine erwachsene Persönlichkeitsstruktur. Beide müssen imstande sein, Bedürfnisse aufzuschieben und nicht wie im Kindergarten auf sofortiger Erfüllung zu bestehen. Die Hamburger Diplompsychologin Sybille Weber erklärt die Chancen erhöhter Autonomie: »Auf Dauer in einer Fernbeziehung zu leben, schaffen nur eigenständige und selbstbewußte Menschen. Der Partner muß das Sahnehäubchen im Leben sein, nicht der Mittelpunkt. Sobald einer nicht ausgelastet oder unzufrieden ist oder Eifersucht eine Rolle spielt, gibt's Probleme.«

Unter der Woche brauche ich keinen Mann an meiner Seite
Christa (54), Hausfrau
Christa hat sich einen Traum erfüllt. Sie lebt im Haus ihres Großvaters, den sie sehr geliebt hat, auf dem Land, von Apfelbäumen und Buchen umgeben. »Das ist meine Oase, mein Refugium. Dort gehöre ich hin. Mein Mann akzeptiert das, er lebt unter der Woche 250 Kilometer entfernt, weil er in München arbeitet.«

Die beiden haben sich in einem großen Hamburger Verlag kennengelernt: »Ich war Verlagskauffrau, er im Management. Wir haben geheiratet und hatten ein Haus im Grünen am Stadtrand. Ich fühlte mich aber isoliert. Wenn ich in die Stadt fuhr, habe ich nie jemanden getroffen, den ich kannte.«

Äußerlich gesehen führte Christa eine Nahbeziehung, aber ihr Mann war viel unterwegs: »Ich wußte nie, wann er kam, es war total ungeregelt. Insofern ist es kein großer Unterschied zu heute. Ich bin das Alleinsein gewöhnt und habe früh Selbständigkeit entwickelt. Eine Standard-Ehe hatten wir nie.«

Als ihr Mann den Job in Bayern angeboten bekam, entschlossen sie sich zum geteilten Umzug: »Die beiden Söhne, die damals acht und zwölf waren, kamen zu mir nach Franken. Ich habe einen großen Teil meiner Kindheit hier verbracht, ich weiß heute noch, wo meine Schaukel und mein Zelt standen, da schloß sich für mich ein Kreis. Außerdem wollte ich als eingefleischte Sozialdemokratin nicht nach Oberbayern in die tiefste CSU-Provinz. Ich wußte, ich muß mich wohlfühlen, dann fühlen sich auch die Kinder wohl.«

Christa hatte eingesehen, daß die Lebensphasen sich ändern: »Mit 21 verließ ich Bayreuth, es war mir viel zu öd und kleinkariert. Ich wollte die Welt kennenlernen. Zwischendurch mußte ich aber immer wieder Heimatluft schnuppern. Dieses Gefühl, genau hier zu Hause zu sein, verging nie. Mit 45 kam ich wieder, da gehöre ich hin und sonst nirgendwo anders.«

Christas Mann hätte es lieber gesehen, wenn sie nach München mitgegangen wäre, aber er arrangierte sich mit dem großen

Wunsch seiner Frau. Und mit der Idee, sein Domizil im Voralpenland als Ferienwohnung für Familienausflüge zu nutzen. »Am Anfang waren wir immer zu viert, aber später wollten die Kinder in Bayreuth bleiben.« Jetzt genießen sie die Zeit dort zu zweit.

Mit ihrem Mann hat Christa sechs Jahre Wochenendehe hinter sich und sechs Jahre noch vor sich, bis er in Rente geht. »Ich denke, das wird problemlos ablaufen, wir sind zwei Vernunftmenschen und lassen uns beide viele Freiheiten. Ich brauche Zeit für mich, um Gedanken nachzuhängen. Den symbiotischen Beziehungsanspruch haben wir aufgegeben.« Natürlich vermisse sie ihn als Gesprächspartner, räumt sie ein. Sie fühle sich auch manchmal überlastet, weil ihr niemand etwas abnehmen könne. »Aber dafür fallen Reibereien und täglicher Kleinkrieg weg. Wenn er da ist, ist er auch wirklich da. Und nicht geistig abwesend wie viele Männer.« Da Christa den ganzen Haushalt erledigt, kann er sich am Wochenende erholen. Am Montag versucht er seine Termine so zu legen, daß sie im engeren Umkreis sind. »Durch die Distanz werden wir uns nicht überdrüssig, wir verbrauchen uns nicht, weil wir auch Zeit und Ruhe für uns haben. Und natürlich Schonräume: Wenn ich unzufrieden nach Hause komme, ist es mein Problem, er kriegt nicht sein Fett ab. Natürlich streiten wir uns trotzdem ab und zu, aber man wird schon mal versöhnlicher vor der Abreise.«

Mit der Fernbeziehung ist Christa rundum zufrieden: »Ich führe ein Luxusleben. Ich kann meine Kinder mittags sehen. Und ich habe mich wieder in der Politik engagieren können, bin Vorsitzende des SPD-Stadtverbandes. Da trete ich allerdings meist alleine auf, weil mein Mann nicht da ist. Aber ich brauche keinen Mann an meiner Seite. Diese Unabhängigkeit habe ich dem Entschluß zur Wochenendehe zu verdanken. Unter dem Strich war es genau die richtige Entscheidung. Ich leide nicht darunter. Und daß ich nicht mehr nur als Ehepaar eingeladen werde, sondern als Christa, freut mich ganz besonders.«

Wenn er nicht da ist, kann ich intensiv arbeiten

Cidem (30), Dozentin

Cidem mag ihren Job, für keinen Mann der Welt würde sie ihn derzeit aufgeben. Die Türkin, die Friseuse lernte und später das Abitur nachholte, hat Sozialarbeit studiert. Heute ist sie EDV-

Dozentin in einem bayerischen Bildungszentrum. »Ich muß mich beruflich etablieren, ich habe auch für ein Kind zu sorgen. Zu meinem Freund Christian zu ziehen, der in Berlin wohnt, wäre derzeit undenkbar.« Wenn er nicht da ist, kann sie intensiv arbeiten und sich um ihren Sohn kümmern. Daß Christian ihre kleine Karriere vorbehaltlos akzeptiert, begreift sie als Grundlage ihrer Liebe.

Cidems Liebesbiographie ist typisch für viele ihrer Generation: mit ihrem ersten Freund, dem Vater des Kindes, hatte sie eine lange Beziehung, die ihr dann zu eng wurde. »Meine wilde Zeit kam danach, ich war sehr offen für Bekanntschaften und hatte ein übersteigertes Bedürfnis nach Sex, weil ich ein Defizit an Erfahrungen hatte. Da habe ich einen Teil meiner Pubertät nachgeholt. Es war keine Zeit der echten Gefühle. Ich habe nicht an Liebe geglaubt, sondern an den Austausch von Körperflüssigkeiten. Gegeben hat es mir nicht viel, ich hatte es mir schöner vorgestellt.«

Irgendwann hatte Cidem genug von flüchtigen Experimenten, sie freundete sich mit dem Single-Dasein an. »Das Schicksal schickte mir Christian erst, nachdem ich gelernt hatte, mit mir selbst auszukommen.« Sie besuchten zusammen eine Freundin in Paris, und er zeigte ihr danach Rom – ein Muß für einen Kunstgeschichts-Studenten. Später ging es weiter nach Neapel, wo Cidem nicht mehr widerstehen konnte. »Ich hatte lange keinen Sex mehr gehabt«, erinnert sie sich, »es war wunderschön. Wir waren so liebestrunken, daß wir das Hotel nur für das Essen verließen, und auch das vergaßen wir noch. Wir lebten buchstäblich von Luft und Liebe – drei Wochen lang.«

In der Fernbeziehung, die danach aufgenommen wurde, waren solche Exzesse nicht mehr möglich. Christian erwog sogar, nach Bamberg zu ziehen, aber Cidem lehnte ab. »Ich war vorsichtig und traute meinen Gefühlen nicht. Es ist schwierig, wenn jemand wegen der Freundin die Stadt wechselt, ich wollte mich nicht verantwortlich dafür fühlen müssen, wenn es schief gegangen wäre.« Sie bevorzugt die Fernliebe: Sie sei abwechslungsreicher, die Romantik bleibe länger erhalten, der andere sei immer ein bißchen fremd, man kenne sich nicht in- und auswendig. Von ihrem Freund morgens angerufen zu werden und noch schlaftrunken mit Liebesgeflüster den Tag zu beginnen, vergleicht Cidem mit Liebe im Wasser. »Ich spüre ganz weiche

Berührungen und fühle mich schwerelos.« Und das Wiedersehen, erzählt sie, sei immer wieder grandios, einfach das Schönste. Sehnsucht, die sich erfüllt, ist für sie wunderbar.

Die Intervall-Lieben: Intensität und Abstand

Manche Fernliebenpaare haben Berufe, die es ihnen erlauben, längere Zeit vom eigentlichen Arbeitsplatz wegzusein: Wissenschaftler, die Semesterferien haben, oder Schauspielerinnen, die zu Hause Texte lernen. Sie arbeiten blockweise und sind den Rest der Zeit mit ihren Liebsten zusammen. Für viele ist das ein sehr guter Kompromiß, mit dem sie leichter leben können als mit regelmäßigen Abwesenheiten.

Es ist immer wieder eine neue Entscheidung füreinander
Jutta Czurda (46), Sängerin, und Sevan (58), Unternehmer
Ihre Bühnenpräsenz ist enorm. Wenn Jutta Czurda Brechts »Ballade von der sexuellen Hörigkeit« singt, halten die Menschen den Atem an. Für ihre beängstigend intensive Interpretation des großen Meisters hat die 46jährige 1999 den Bayerischen Theaterpreis bekommen.

Im Publikum saß bei der Premiere ein verschmitzt lächelnder Mann mit einem Schnurrbart, der ihr Leben verändern sollte: Sevan, ein Amerikaner armenischer Abstammung, äußerlich eine Mischung aus Marlon Brando und Danny De Vito, ein gepflegter, gutangezogener Charmeur, der 10 000 Kilometer entfernt wohnt. »Ich habe Frauen gern gehabt, und sie waren nicht böse zu mir, das Junggesellenleben habe ich nach dem Prinzip ›Honeymoon und fertig‹ gelebt«, sagt Sevan kokett. »Aber ans Heiraten hatte ich vor Jutta nie gedacht. Bei ihr war ich mir sicher, daß ich die größtmögliche Klarheit leben will: die Ehe. Ich komme aus einer Kultur, in der man nicht den Ehepartner wechselt. Ich wollte meinen Freunden zeigen, daß sie nicht nur eine von mehreren Liebesgeschichten in meinem Leben ist. Kann ich mehr sagen als ›das ist meine Frau‹? Wenn ich sie schlafen sehe, weine ich vor Glück.« Sevan ist sich sicher, daß sie auch schlechte Zeiten zusammen überstehen werden.

Es war eine Liebesgeschichte mit reichlich zeitlicher Verzögerung: Die beiden hatten sich vor 18 Jahren im Urlaub kennengelernt, auf St. Vincent, einer karibischen Vulkan-Insel, kamen sie sich näher. Jutta erinnert sich: »Er saß im Frühstücksraum und zog mich magnetisch an. Für mich war er ein exotischer Mann, er stammte aus Armenien und war dennoch mit Beethoven, Schiller und Mozart vertraut. Wir fühlten uns sofort verbunden, aber rein platonisch, ich war damals verheiratet. Außerdem war keine sexuelle Anziehung da. Zum Abschied schrieb er mir ein Shakespeare-Gedicht in mein Tagebuch, ich ihm eines von Eichendorff. Danach sind wir erst einmal Freunde geworden.«

»Tausendmal berührt, tausendmal ist nichts passiert«, dieses Lied lebten sie 16 Jahre lang. Sie besuchten sich oft, mindestens alle zwei Jahre, aber eine Liebesaffäre kam für beide nicht in Frage: »Wir waren immer mit jeweils anderen Partnern liiert, es paßte einfach nicht. Vor vier Jahren schrieb er mir auf einmal einen Liebesbrief – an eine aufgelöste Adresse von mir.« Ein halbes Jahr später kam er mit 15 Stempeln und dem Etikett »unzustellbar« an ihn zurück. Sevan hatte auf glühenden Kohlen gesessen und aus Stolz nicht bei Jutta nachgefragt, ob sie seine Botschaft auch erhalten habe. Danach recherchierte er ihre Adresse und schickte ihn erneut ab. Jutta ist heute noch dankbar: »Der Brief fiel wie Regen auf trockenen, ausgedörrten Boden, ich war damals in einer Krise und hatte viel Sehnsucht nach einem anderen Leben. Das war magisch, in diesem Moment der Bedürftigkeit so viel Liebe und Anerkennung geschenkt zu bekommen. Ich glaube an den richtigen Zeitpunkt einer Liebe: Als der Brief zum zweitenmal kam, war er für mich viel wichtiger gewesen als zehn Monate vorher. Das nenne ich eine wunderbare Fügung. Plötzlich öffnete sich eine Tür. Ich schickte ihm ein Tonband, auf dem ich ihm von mir erzählte und auch sang.«

Daß ihr ferner Verehrer zur Premiere des später preisgekrönten Brecht-Abends kam, war eine Überraschung für Jutta Czurda gewesen. »Seine Umarmung hatte alles, was mich bewegt. Wir flossen und wir hielten uns. Es war überwältigend.« Am nächsten Abend widmete Jutta das Lied »Erinnerung an die Marie A.« ihrem Freund.

Die nächste Etappe auf dem Weg zur verbindlichen Liebe: ein Abend im Restaurant. »Wir machten uns zurecht wie vor einem Date mit einem Fremden. Ich war so aufgeregt. Plötzlich war dieses Kribbeln da, das bei unserem ersten Zusammentreffen noch gefehlt hatte. Das Gespräch war intensiv wie immer, aber körperlich sogen wir uns an. Wir konnten den Himmel mit Händen greifen. Es war uns klar, daß wir unwiderruflich Neuland betreten hatten.«

Seitdem sind die beiden ein Paar, Jutta verließ sofort ihren damaligen Freund und zog erst einmal zu einer Bekannten. Sevan kam drei Wochen später. »Ich bin der Deine, du die Meine« – das war die Botschaft: »Wir wollten unsere Verliebtheit rasch durch Heirat bestätigen, um allen zu zeigen, daß wir uns füreinander entschieden hatten.«

Jetzt jetten sie abwechselnd zwischen der alten und neuen Welt hin und her. Jutta verbringt acht Monate hier und vier in den USA. Sevan kommt so oft wie möglich zu ihr. Er kennt Deutschland, er war hier als GI stationiert. Jetzt ist er Koch, Haushälter, Unterhalter und Liebhaber einer Künstlerin. »Ich könnte zwar per Internet meine Geschäfte verfolgen, aber ich will bei Jutta nicht daran denken. Hier kann ich besser denken, schreiben und zum Beispiel überlegen, was wir morgen essen werden«, sagt Sevan.

Jutta genießt die liebevolle Bewirtung: »Wir gehen sehr zärtlich miteinander um, weil wir wissen, daß wir uns nicht immer haben. Sprachlich entwickeln wir uns teilweise in die Babysprache zurück, ich erfinde jeden Tag Silben und Laute, die den anderen liebkosen, warme Klänge. Ich muß mich nicht erklären oder gar entschuldigen, Sevan hat die gleiche Humorebene. Jeder Mensch braucht eine wirkliche Heimat in einem lebendigen Ich, um ganz zu sein. Wir haben absolutes Urvertrauen ineinander.«

Für Jutta ist die Fernliebe derzeit ideal: »Es ist eine große Chance, die Beziehung lebendig zu halten und den anderen in seiner Welt richtig kennenzulernen. Wir leben in zwei Kulturen und zwei Sprachen. Unsere Besuche sind Geschenke, wir kommen ja nicht als Touristen, die ohne jede Verwurzelung aus dem Flugzeug steigen. Wir sind auch keine Aussteiger, niemand muß von seiner Welt etwas aufgeben, das ist für uns viel besser, als wenn wir uns ein drittes Nest bauen würden. Ich könnte nicht dauerhaft in den USA leben, weil ich dort künstlerisch nicht existieren kann. Und Sevan muß sich auch an Ort und Stelle um seine Geschäfte kümmern. Wir holen uns am Flughafen ab und schauen uns an: ›Ah ja, das ist mein Mann, das ist meine Frau.‹ Es ist immer wieder eine neue Entscheidung füreinander, die nicht selbstverständlich ist. Wir sind ja beide eingefleischte Individualisten, auch weil wir Einzelkinder waren.«

Und die Nachteile? »Die Flüge sind manchmal etwas unbequem, 20 Stunden dauern neun Zeitzonen. Und dann gibt es Zeiten, wo ich fragil und schutzbedürftig bin. Da vermisse ich meinen Mann mit dem großen Herzen, die vielen sinnlichen, intelligenten Gespräche mit ihm.«

Wollen wir nicht eine Weltumsegelung machen?
Constanze (34), PR-Beraterin, und Mac (47), Kälteanlagenbauer
Constanze ist großgewachsen, 180 Zentimeter Energie. Wenn sie einen Raum betritt, hat die 34jährige eine enorme Ausstrahlung. Der Prototyp der starken Frau, die genau weiß, was sie will. »Ich bin eine Macherin, die sich gern auf Abenteuer einläßt, die dürfen ruhig extrem sein.« Vor Fernlieben hatte sie nie Angst.

An die erste Distanzbeziehung kann sie sich noch lebhaft erinnern: »Er studierte Maschinenbau in München, ich Politik. Dann bekam ich 1993 in Berlin ein Volontariat. Die sporadischen Treffen paßten in diese Zeit des ständigen Umbruchs. Wenn wir uns gesehen haben, war es wild und ekstatisch. Es waren Festtage für uns. Er war unstet und wankelmütig, damit kam ich schlecht zurecht, doch gerade seine Kreativität gefiel mir. Und damals hatte ich noch die Illusion, man könne Männer ändern, wenn man nur intensiv genug auf sie einwirke.«

Constanze versuchte vorauszuarbeiten, um das Wochenende zu verlängern. Sonntagnacht fuhr sie nach Berlin zurück, um Montag früh wieder im Büro zu sein: »Als ich aus dem Nachtzug ausstieg, fühlte ich mich einsam, desorientiert und schwach, richtig verdattert. Andererseits: Wenn wir an einem Ort gewesen wären, wäre die Geschichte viel früher aus gewesen.«

Das Aus bahnte sich an, nachdem Constanze zu ihrem Freund nach München gezogen war. »Ich kam nur wegen ihm, aber er schaute sich nicht mal meine Fernsehsendungen an, die ich als Redakteurin produzierte. Es war kein Miteinander, jeder machte seinen Stiefel. Wir wohnten in einem Zimmer mit 20 Quadratmetern, da muß man sich schon sehr mögen, man kriegt ja alles voneinander mit. Wir lebten wie Richard Burton und Liz Taylor nach dem Motto: Sie küßten und sie schlugen sich.« Während eines Praktikums, das er in England absolvierte, war dann das Finale gekommen. Er betrog sie, sie trennte sich sofort von ihm.

Danach überprüfte Constanze ihren Marktwert, indem sie Kontaktanzeigen aufgab. 80 Männer meldeten sich, der richtige war nicht dabei. Zweieinhalb Jahre begnügte sie sich mit vereinzelten Affären. Bis sie Mac in einer Disco kennenlernte: 13 Jahre älter, aber äußerst vital. Im Brotberuf Kälteanlagenbauer, daneben als Schauspieler und Regisseur ein ziemlich kreativer Kopf. Kein Träumer, ein Macher wie Constanze.

Sie zogen in eine Wohnung und könnten dort heute noch harmonisch leben, wenn Mac nicht eines Tages ganz naiv gefragt hätte: »Sag mal, wollen wir nicht eine Weltumsegelung machen?«

Eine verrückte Idee, denn beide hatten vorher nichts mit solchen Extremtouren im Sinn gehabt, von einer gründlichen Ausbildung an Bord ganz zu schweigen.

Gesagt, getan. Nach einer ordentlichen Vorbereitungsphase ging es los. Von Ibiza über die spanische Küste, von Gibraltar bis zu den kanarischen Inseln. »Einmal liefen wir auf Grund und wurden von einem Radarreflektor fast erschlagen. Solche Erlebnisse haben uns enorm zusammengeschweißt. Wir mußten uns völlig aufeinander verlassen, es ging um Leben und Tod. Wir waren ganz im Hier und Jetzt.« Romantische Vorstellungen über viel Sex und einen Campari zum Sonnenuntergang, während Delphine das Boot umschwärmen, schminkten sich die beiden rasch ab. Er hatte ein Keyboard an Bord, aber es war ein völliges Unding, damit auf See zu spielen. Baden konnten sie nur bei Flaute, wenn die Segel eingeholt wurden.

In Gran Canaria war das Ende der Reise gekommen. Die Windsteuerungsanlage brach, sie mußten aufgeben. In der Kasse herrschte Ebbe, die beiden Lebenskünstler einigten sich auf eine Intervalliebe: Constanze ging für drei Monate nach Hamburg, um als PR-Beraterin Geld zu verdienen, Mac renovierte derweil ein altes, verfallenes Haus auf Gran Canaria. Es sollte ein Palast für ihre Liebe werden.

Die ungewöhnliche Fernbeziehung ist ziemlich stabil. Constanze sieht viele Vorteile darin: »In meiner Arbeitsphase in Deutschland, die mehr der Existenzsicherung als der Selbstverwirklichung dient, kann ich voll Gas geben. Schwierig ist nur die Länge der Trennung: ein Monat funktioniert gut, zwei gehen noch, drei sind schwierig. Dann klettern die Telefonkosten enorm in die Höhe.«

Mac respektiert die intensiven Arbeitsphasen seiner Freundin, weil er weiß, daß die beiden nicht von Luft und Liebe leben können. Er klebt nicht an ihr, das freut Constanze: »Ich kann ohne schlechtes Gewissen fahren. So sehr ich ihn liebe und mich auf ihn freue: Ich mag auch mein Leben in Hamburg, ich gehe gerne ins Kino oder auf die Piste, wo ich mich mal eine Nacht austobe. Er ist kein Partygänger. Meine Freunde, die mir sehr wichtig sind, beneiden mich um meine Doppelexistenz. Wenn ich auf der Insel bin, schicke ich ihnen einmal pro Woche eine Rund-Mail mit Berichten vom Leben auf Gran Canaria. Zum Beispiel, daß sich dort mein Zeitbegriff verändert. Ich weiß manchmal nicht, welchen Monat wir haben.«

Angst vor Unsicherheit hat Constanze nicht: »Bisher habe ich in Deutschland noch immer einen Job bekommen, notfalls gehe ich putzen. Ich habe alles, was ich möchte, manchmal muß ich mich kneifen. Unsere Beziehung wird aus der Ferne halten. Wenn Plan A und Plan B nicht gehen, funktioniert eben Plan F.«

Constanze und Mac telefonieren viel anstatt zu mailen, wenn sie getrennt sind: »Da höre ich wenigstens seine Stimme, die Nebensätze, den Tonfall«, sagt Constanze. Mit Mac hat sie den Mann ihres Lebens gefunden. »Wir gehören zusammen und genießen die Sehnsucht. Und es macht mir wahnsinnig Spaß, ihm Carepakete mit Leckereien zu schicken. In der Nacht spüre ich seine Brusthaare an meinem Rücken, auch wenn er nicht da ist: Er liegt in der Löffelchenstellung hinter mir.«

Die eine Fernbeziehung hat die Voraussetzung für die nächste, aber ungleich reifere, geschaffen, glaubt Constanze: »Ich bilde mir nicht mehr ein, einen Mann ändern zu können.« Das Wichtigste für sie ist, daß Mac und sie in einem Punkt übereinstimmen: »Das Leben ist das, was man daraus macht.«

Die Utopie: Der Traum von der freien Liebe

Darf man mehrere Menschen begehren? Sind Liebe und Sex zwangsläufig miteinander verbunden? Ist Sex mehr als ein Energieaustausch, der einen aufbaut und entspannt? Überbewerten wir Moral und verstoßen gegen unsere tierische Natur? Sind Fernlieben besonders geeignet, um mehrere Liebschaften gleichzeitig zu haben, ohne daß es der Lebenspartner mitbekommen muß? Ist es nicht eine Sünde, so viele Menschen ungeküßt zu lassen? Steckt hinter der Eifersucht auf andere nicht auch eine Menschenverachtung? Es gibt Männer und durchaus nicht wenige Frauen, die sich diese Fragen stellen. Sie wollen die Utopie der freien Liebe leben und so viel Spaß wie möglich haben: ungebunden sein, aber dennoch viele Menschen beglücken. Hingabe für den Augenblick, nicht für ein Leben.

Ines und Uwe, die 400 Kilometer voneinander entfernt wohnen, haben sich immer so verhalten, daß sie die Privatsphäre des anderen würdigen und sich nicht zu Schnüffeleien hinreißen lassen: »Wir wissen beide, daß wir keine Kinder von Traurigkeit sind und einfach gern flirten. Sollen wir ständig in Panik geraten? Wir lassen uns an der langen Leine, ach was, eigentlich haben wir gar keinen Leinenzwang«, erzählt Ines.

Die beiden haben eine Abmachung getroffen: Wenn sich bei einem eine dauerhafte Liebesgeschichte zu einem anderen entwickelt, müssen sie darüber reden und eventuell die Beziehung neu definieren. Es muß nicht das Ende sein. Aber ansonsten gilt: Kleinere Liebeleien interessieren nicht, die sind Privatsache.

Was allem Genuß den Garaus macht, ist das ewige Einerlei

Gerald (50), Journalist

Gerald ist ein sehr geselliger Typ. Doch gerade weil er so häufig unter Menschen ist, braucht er zum Ausgleich eine Wagenburg, die nur ihm gehört und in der er niemandem auf die Nerven fällt. Folglich wohnt er gern allein. Nicht, daß seine geräumige Münchner Altbauwohnung darum eine Klosterzelle wäre, die Freunde des gastfreundlichen Journalisten verwandeln sie dann und wann eher in einen Taubenschlag. Aber irgendwann ist basta, dann igelt sich Gerald ein und kommuniziert nur noch am Telefon. Allein sein zu dürfen, ohne dabei den Preis der Einsamkeit zahlen zu müssen, empfindet Gerald als großes Privileg. »Ein existentielles Problem von uns modernen Leuten ist wohl, Freiheit und Geborgenheit miteinander in Harmonie zu bringen. Entweder sind wir frei, haben aber niemanden, der uns beizeiten in den Arm nimmt. Oder wir leben in Geborgenheit, empfinden aber unser Nest als einen Knast.«

Gerald versucht, beide Geliebte unter einen Hut zu bringen: die laszive Freiheit und die kuschelige Geborgenheit. Also verläßt der 50jährige Freiberufler sein Münchner Basiszelt oft mehrmals in der Woche, um zu seinen Kindern und deren Mutter, seiner Exfrau, ins nahe Augsburg zu pendeln. »Ja, ich bin ein Pendler«, scherzt Gerald, »ich weiß, das hört sich nach immergleichem Alltags-Grau und verordneter Pünktlichkeit an, nach ausgebeulter Aktentasche und schwitzendem Gedränge im 17.07-Uhr-Zug. Das ist aber mein Glück, weniger mein Verdienst, so routiniert nicht leben zu müssen. Das Pendel, das mich nun schon seit manchen Jahren zwischen den beiden Städten hin- und herschwingt, ist ein von günstigen beruflichen Umständen gemachtes. Mal fächert es frische Luft herbei, mal familiäre Bindung, mal Abenteuer und mal Heimat.«

Seine geschiedene Frau, die sich längst neu liiert hat (ihren Mann empfindet Gerald als Freund), ist nach wie vor eine ganz unverzichtbare weibliche Person in seinem Leben. Nur die Sexualität zwischen beiden war eines Tages alt geworden und verbraucht; die gegenseitige, nun geschwisterliche Zuneigung, der Respekt voreinander und das Vertrauen nicht. »Ich hatte eine Frau geheiratet, die ich von Herzen liebte, aber mit der ich ohne große Begeisterung ins Bett ging. Im Augenblick der größten Nähe war ich entfernt von ihr. Ich glaube, ich war sexuell alles andere als ein toller Hecht. So tat ich ihr wohl auch weh, ohne ihr weh tun zu wollen. Denn um mit ihr einigermaßen befriedigend schlafen zu können, phantasierte ich mir virtuelle Frauen vor das geistige Auge: schmale Taille, großer Busen. Je mehr sich eine Frau körperlich von einem Mann unterscheidet, desto erregender empfinde ich den Sex. Meine Ehefrau aber war eher knabenhaft. Ich habe mit ihr und doch mit einer anderen geschlafen. In meinen Gedanken nämlich räkelte sich eine Barbiepuppe.«

Die Folge dieser immerwährenden Disharmonie zwischen Phantasie und Wirklichkeit war irgendwann Erschöpfung. »Es kam häufiger vor, daß ich wie ein toter Mann neben meiner Frau im Bett lag und ihre Lust mit erfundenen Ausreden abwehrte. Dieses sexuelle Trauerspiel bedeutete aber nicht, daß ich dem Sex verlorenging. Ich suchte ihn in anderen Qualitäten – in der Quantität wechselnder Verhältnisse, die ich oft sogar gleichzeitig einging.«

Liebe im tiefempfundenen Sinne des Wortes war dabei nicht immer im Spiel, gibt Gerald zu: »Ich habe überhaupt die Erfahrung gemacht, daß Sex und Liebe etwas voneinander Getrenntes sein können. Die Identifizierung von Sex und Liebe, die auch unsere Sprache vornimmt, ist doch eine große Gedankenlosigkeit, sogar eine nachprüfbare Verlogenheit. Denn was sagen wir über einen Mann, der im Bordell eine Frau gegen Geld benutzt? Wir sagen: ›Die machen Liebe!‹ In Wirklichkeit sind sie von dieser Nähe meilenweit entfernt.«

Schmunzelnd wehrt sich Gerald dagegen, sein erotisches Leben als Vielweiberei oder Promiskuität zu bezeichnen, obwohl es das schon irgendwie ist. »Der Ausdruck ›Vielweiberei‹ beleidigt die Frauen, das reichlich akademische Wort ›Promiskuität‹ tötet die Lust geradezu mit wissenschaftlichem Brimborium ab. Ich schätze ganz einfach die Abwechslung. Mit dem Sex ist es so wie mit dem Essen. Ich mag gerne Tafelspitz, das Gericht ist leicht und hält schlank. Aber nach dem vierten Tafelspitz habe ich vielleicht Appetit auf ein Zanderfilet oder auf eine schnelle Frikadelle. Denn was allem Genuß den Garaus macht, ist das ewige Einerlei, das ist die Routine. Mir hat noch niemand glaubwürdig erklären können, daß sich diese Geschichte beim Sex viel anders verhielte. Durch meine verschiedenen Liebschaften, die von den Frauen und mir durchaus als ernstzunehmende Beziehungen empfunden werden, habe ich den Sex in seinen vielfältigsten Variationen kennengelernt. Da war vom Pastorensex bis, auf Wunsch der Partnerin, zu leichten Sado-Maso-Spielen eigentlich alles dabei.«

Trotz seines Vergnügens an dieser Lebensweise ist Gerald kein Kreuzritter der Liebe auf Distanz, die er wie eine Ideologie verkünden würde. »Sie hat sich einfach so ergeben, nicht aus der Not, sondern dem Zufall heraus.« Der hat ihm Geliebte in mehreren Städten beschert, die er immer wieder besucht.

Neben diesen handfesten Fernlieben hat Gerald auch imaginäre Freuden. So genießt er den Flirt im Café, vor allem jedoch, ihm nicht nachzugeben, sondern von dem Gefühl beglückt seiner Wege zu gehen, daß er die Möglichkeit gehabt hätte. »Ich fühle mich dann wie der Mann mit dem Jaguar vor der Haustür, der ihn aber nicht benutzt, sondern fröhlich mit dem Fahrrad fährt.«

Zu den Höhepunkten der imaginären Fernliebe zählt der sinnenfrohe Autor ein Erlebnis, das ihn erst einmal in Verlegenheit gebracht hatte: »An einem einzigen Wochenende signalisierten vier Freundinnen von mir, daß sie kommen wollten. Ich habe allen abgesagt. Mir war nach Lektüre mit Rotwein und ausnahmsweise einmal nach Nahliebe zumute: Ich habe mich selbst befriedigt und auf diese Weise mit allen Vieren geschlafen.«

Bei aller Unverschämtheit im wörtlichen Sinne zweifelt Gerald auch durchaus an seiner Lebensweise nach dem Lustprinzip: »Mit der Treue nur zu einer Frau wäre ich in gewisser Hinsicht sicher reicher, in sexueller jedoch vermutlich ärmer. Damit ich nicht mißverstanden werde: Partner, die wie die griechischen Sagengestalten Philemon und Baucis zusammenleben, deren Glück also darin besteht, gemeinsam alt werden zu wollen, rühren mich sehr. So ein altes Mütterchen und ein graues Väterchen Hand in Hand im Park auf einer Bank, ein solcher Anblick bewegt mich durchaus. Vielleicht hat diese Sehnsucht auch in mir einmal geschlummert, vielleicht kehrt sie eines Tages wieder zurück. Denn wer weiß, ob die von uns ausgewählte Lebensweise, dieser Reiz der Abwechslung, nicht auch eine emotionale Niederlage ist. Ein Indiz für diese Deutung könnte sein, daß ich meine Fernlieben ohne mein Basislager, ohne meine Familie in Augsburg, gar nicht als ein Glück empfinden würde.« Für seine Kinder gab er zwei lukrative Karrieren auf. Denn Zeit an Menschen zu verschenken sei wohl das größte Zeichen der Liebe, meint Gerald.

Vereinigte Staaten von Europa: Euro-Lieben

Helmut Kohl würde frohlocken: Seine Vision vom vereinigten Europa, das sich wirtschaftlich und menschlich näherkommt, ist längst Wirklichkeit geworden. Studierende belegen Auslandssemester an Europas Hochschulen, auch den Euro-Azubi gibt es längst. Mit deutscher IHK-Prüfung und englischem Facharbeiterbrief starten junge Münchner bei BMW ins Berufsleben. Das Förderprogramm »Leonardo« hat nahezu 15 000 überwiegend jungen Menschen einen beruflichen Lernaufenthalt im Ausland ermöglicht. Wo Menschen zusammen arbeiten und lernen, bleiben Flirts nicht aus. Der Vorteil der Euro-Lieben: Sie profitieren von der gegenseitigen Fremdheit, sind sich aber trotzdem kulturell so nah, daß es keine unüberbrückbaren Gegensätze gibt. Geglückte Beispiele für gegenseitige Bereicherung gibt es zu hunderttausenden.

Natürlich werden wir in Italien leben

Barbara (29), Jurastudentin

Das Fernweh nach dem Süden fühlte Barbara früh. Die ersten Italien-Urlaube mit den Eltern, Italienisch-Unterricht an der Schule, Schüleraustausch mit Palermo, Ferien bei einer Freundin am Meer in Sizilien – die Annäherung an die südländische Kultur wurde von Jahr zu Jahr intensiver. Nach dem Abitur lebte die junge Frau zwei Jahre in Palermo und besuchte Vorlesungen an der Uni, ohne offiziell eingeschrieben zu sein. Die Italiener lernte sie lieben: »Die Menschen haben eine ganz andere Eleganz, die Männer sind zum Beispiel wesentlich besser angezogen und freigebiger. In Italien herrscht das Carpe diem – nutze den Tag.«

Barbara fand schnell viele Freunde. Giuseppe nutzte die Gunst der Stunde: Kurz vor der Abreise eroberte er Barbaras Herz. Ein Banker, sechs Jahre älter, kultiviert, ein Gentleman, von einem italienischen Macho ziemlich weit entfernt.

Eine schwierige Zeit begann. Barbara mußte zurück, um in Deutschland endlich ihr Jurastudium an der Universität in Bayreuth zu beginnen. In Italien wäre die gleiche Studienqualität nur an einer Privatuni möglich gewesen, die sie nicht bezahlen konnte. Barbara begann zu pendeln: »Ich schwänzte die Vorlesungen und Seminare und nahm mir die Bücher mit nach Sizilien. Nur für Hausarbeiten und Prüfungen kam ich an die Uni. Natürlich hatte ich so nie ein echtes Studentenleben und konnte nicht in der Gruppe lernen. Teilweise fühlte ich mich isoliert. Aber ich als Studentin war einfach flexibler als Giuseppe, er konnte ja als Bankangestellter nur im Urlaub weg.«

Barbara setzte sich enorm unter Druck: Obwohl sie kaum an der Uni war, wollte sie die Prüfung nach der minimalen Studienzeit gleich beim ersten Mal bestehen – alles andere hätte die Fernliebe nur verlängert. Finanziell war die Distanzliebe lediglich dadurch realisierbar, daß sie wieder bei ihren Eltern einzog. Sie sparte sich die Miete, die sie sofort in Flüge nach Palermo investierte – immerhin 2500 Kilometer von Bayreuth entfernt. 400 bis 600 Mark kosteten die Tickets, eine Menge Geld für eine Studentin. »Ich hätte gern in einer anderen Stadt studiert als dort, wo ich aufgewachsen bin, aber mit der Fernliebe wäre das unvereinbar gewesen. Nebenjobs wie Stadtführungen waren sowieso selbstverständlich.«

Sie telefonierte lang und oft mit ihrem Liebsten, manchmal mehrmals am Tag. »Mitunter gab es Mißverständnisse, die aus Kleinigkeiten heraus entstanden. Als ich auf das Examen lernte, habe ich meine schlechte Laune auf ihn übertragen. Die Nerven lagen blank, ich schaute nicht mehr nach rechts und links, war völlig auf den Abschluß fixiert. Ich forderte zu viel von ihm. Umgekehrt kam es zur schlimmen Situation, als Giuseppes Vater kurz vor meinem Examen starb: Ich konnte nicht einmal zur Beerdigung.«

Das war hart für Giuseppe, aber er unterstützte seine Freundin bei ihrem Studium. Nie quengelte er herum, daß sie nicht bei ihm war, sondern auf einem selbständigen Abschluß bestand. Er machte allerdings auch keinen Hehl daraus, daß er sich ein späteres Zusammenleben in Deutschland schwer vorstellen konnte. Barbara war es recht: »Natürlich werden wir in Italien leben, das wollte ich schon immer. Selbst wenn die Liebe mit Giuseppe scheitert, hätte ich nie das Gefühl, in einem fremden Land zu sitzen und nur ihm zuliebe hier zu sein. Außerdem verstehe ich ihn gut: Italiener sind Patrioten, die gehen normalerweise nicht freiwillig nach Deutschland. Höchstens nach Norditalien, wohin ich wegen der besseren Jobs tendiere. Er ist bereit, seine Heimat ein Stück weit aufzugeben, ich bestimme durch meinen Job, wo wir innerhalb des Landes hingehen.«

Aber noch ist es nicht soweit. Nach dem ersten Staatsexamen in Deutschland will Barbara erst einmal ihren Master-Abschluß in europäischem Recht an einer italienischen Uni machen. »Das wird auf eine Wochenendbeziehung in Italien hinauslaufen, weil das in Palermo nicht machbar ist, aber wir nähern uns immerhin schon mal weiter an.«

Vorerst genießen sie ihre Verbundenheit: »Wir sind beide sehr gesellige Menschen, gehen gern ins Kino, lieben die Natur und gutes Essen.«

Eine Fernliebe, meint Barbara, zwingt dazu, sich immer wieder zu überlegen: »Wofür nehme ich den ganzen Streß auf mich? Für wen? Will ich das wirklich trotz der widrigen Umstände? Man kommt nie in einen Trott und lernt Respekt, Vertrauen. Es ist ja nicht möglich, den Anderen zu kontrollieren.

Auch das Gefühl, eine nicht ganz normale Beziehung zu führen, macht es wertvoll. Es ist ein Hauch Abenteuer dabei. Als ich mich bei Giuseppe mal über mein Leben aus dem Koffer beklagte, erwiderte er nur, daß ich es vielleicht noch vermissen werde.«

Barbara schätzt es als Glück ein, in Deutschland aufgewachsen zu sein: »In Italien habe ich noch mehr Selbstwertgefühl bekommen. Die Deutschen sind dort sehr geachtet, Giuseppe bewundert sie wegen ihrer Leistungsfähigkeit und Effizienz. Ich habe Italien anfangs idealisiert, inzwischen sehe ich beide Länder gerechter. Die Unzuverlässigkeit der Italiener geht mir zuweilen auf die Nerven, wenn man etwas ausmacht, heißt das noch lange nicht, daß es wirklich zustande kommt. Auch die Korruption an der Uni, wo gute Noten schon mal Verhandlungssache sind, finde ich nicht so charmant. Und dann die Doppelmoral: Wir wohnten mit einem anderen Pärchen in einer WG und mußten die Doppelbetten auseinanderschieben, als die Eltern meiner Freundin kamen. ›Überall könnt ihr es treiben, nur nicht in meinen vier Wänden‹, war die Devise. Gottlob waren die Eltern von Guiseppe da immer sehr liberal.«

Wollte ich wirklich, daß er bei mir aufkreuzt?

Claudia (25), Heilpraktikerin

Manchmal in ihrem Leben war Claudia Männern nah, die eigentlich ganz fern waren. »Ich kann jemanden lieben, ohne ihn körperlich bei mir haben zu müssen. In einen Bekannten war ich einmal heftig verliebt, ich hatte gewaltige sexuelle Phantasien. Wenn sie sich erfüllt hätten, wäre das für mich ein Rückschritt gewesen, ich wäre mit ihm vielleicht in eine Normalität zurückgefallen, die ich nicht hätte haben wollen.« Die Idealisierung zu behalten, nicht mit ihm im Bett zu landen und dabei eventuell eine banale Erfahrung zu machen, war ihr lieber.

Mit Manolis war das anders. Er war der Junior-Chef eines Hotels auf der Insel Kos, Claudia mochte ihn sofort: »Wir hatten nächtelange Gespräche an der Bar, auf englisch philosophierte ich mit ihm über das Leben. Als ich mit dem Bus wieder abfuhr, verabschiedete er mich. Da war noch alles normal. Aber erst als der Bus anfuhr und ich ihn winken sah, durchzuckte es mich: ›Ich muß da wieder hin.‹ Ich dachte, mich zerreißt es vor Schmerz: mir drehte sich der Magen um, mein Herz klopfte wie wild.« Claudia versuchte, sich auf der Rückreise zu beruhigen: »Das legt sich wieder, man weiß ja, daß das mit einem Urlaubsflirt nicht so ernst gemeint ist.«

Als die Zahnarzthelferin wieder heimkam, lagen vier Postkarten aus Griechenland da: eine Taverne vor einem Herbstmeer, still und gleichzeitig bewegt. Claudia las begierig: »Es hatte mich erwischt, ich kriegte es nicht weg, es war völlig irrational.«

Claudia flog noch einmal nach Kos, im Kopf nur einen Gedanken: »Schauen wir mal, wer du bist, mein lieber Grieche.« Die deutsche Touristin machte mit ihrem südländischen Adonis dort weiter, wo sie aufgehört hatte: innige Gespräche, aber kein Körperkontakt. Sie wollte alles über die griechische Kultur erfahren. Und mußte dann eine brutale Erfahrung machen. Manolis hatte sich mit seinen Eltern verkracht, die ihn zu einem Architekturstudium verdonnern wollten, von einem Tag auf den anderen war er verschwunden. Ein Schlag in das Gesicht der Sippe. Claudia, ebenfalls ahnungslos, wurde dafür verantwortlich gemacht: »Ich war die böse Deutsche, die ihn verrückt gemacht hatte. Man bediente mich nicht mehr auf der Insel. Ich war Luft, obwohl ich überhaupt nichts mit seinem Abgang zu tun hatte.«

Nach diesem Horror-Urlaub kam sie ernüchtert zu Hause an. Und fischte ein Telegramm aus dem Briefkasten: Verlasse Athen 23.45, ankomme München 8.45. »Ich dachte, ich bin im falschen Film. Wollte ich wirklich, daß er bei mir aufkreuzt? Mein seelischer Zustand war ja nicht der stabilste. Aber als ich ihn sah, sanken wir uns in die Arme«, erinnert sich Claudia.

Ein Paar waren sie immer noch nicht. Monatelang schlief Manolis, der Deutsch im Schweinsgalopp lernte, ordnungsgemäß auf der Couch. »Wir teilten das komplette Leben, nur nicht das Bett. Aber irgendwann war das Vertrauen da.«

Zur privaten Umorientierung kam die berufliche. Claudia ging auf die Heilpraktikerschule, die 600 Kilometer entfernt war. Zwei Jahre führten sie eine Wochenendbeziehung. Dann sahen sie sich eineinhalb Jahre lang überhaupt nicht – weil Manolis zum griechischen Militär eingezogen wurde und in seinem Urlaub im Hotel seiner Eltern half. Mit denen hatte er sich inzwischen wieder versöhnt, aber Claudia wollte ihn dort nicht treffen, weil sie die Demütigung nicht vergessen hatte.

In dieser Zeit zweifelte sie sehr an der Beziehung, die eigentlich gar keine mehr war. Liebte sie ein Phantom des Mittelmeeres? Als sie sich nach dieser Durststrecke am Münchner Flughafen wiedersahen, fühlte sich Claudia wie eine pubertierende 15jährige. »Ich hatte mir die Haare und die Wimpern gefärbt, meiner Haut Ölpackungen gegönnt. Ich hatte mich aufgebrezelt wie ein Gesamtkunstwerk, als die Olympic Airways landete. Ich wollte den strategisch besten Platz in der Ankunftshalle ergattern, damit er mich gleich sieht, am Ende versteckte ich mich hinter einer Säule.«

Es nutzte nichts, Manolis entdeckte sie. Seitdem sind die beiden vereint, obwohl er immer wieder für Monate in Griechenland war. Claudia verstand das, sie stellte keine Forderungen: »Seine Familie übte gewaltigen Druck auf ihn aus, er war ja der einzige Sohn und sollte viele Kinder in die Welt setzen. Stattdessen studierte er in Deutschland so etwas Brotloses wie Philosophie.« Claudia gab ihm alle Freiheiten: »Lebe dich sexuell aus, fühle dich frei. Und wenn du keine Bessere gefunden hast, komm wieder zurück und schau, ob ich dann noch da bin.«

Manolis blieb ihr treu, und auch Claudia, die sich auf der »Warte- und Abschußliste fühlte, weil ich nicht wußte, was in seinem Kopf vorging«, ließ sich mit keinem anderen Mann ein. »Für mich ist Sex ganz stark an eine Person gebunden. Ich sah mich um, aber es gab keinen Besseren.«

Claudias Geduld zahlte sich aus. Manolis wird endgültig zu ihr ziehen. »Ich will, daß er es wegen sich tut, nicht wegen mir. Ich würde später nicht hören wollen, daß er wegen mir alles aufgegeben hat.«

Sie hat sich ihren Traum verwirklicht: »Wenn sich zwei zusammentun, sollten sie sich nicht wie zwei Hälften fühlen, sondern wie eineinhalb Menschen – also nicht reduziert, sondern bereichert. Bei meinem griechischen Freund hatte ich nie das Gefühl, daß er mich auseinandergerissen hat. Ich bin immer noch ich. Er ist die wunderbarste Ergänzung, die ich mir denken kann. Er zeigt mir Perspektiven vom Leben, die ich nicht leben kann. Er ist ruhig und besonnen, ich bin temperamentvoll und emotional. Herumkaspern muß er gar nicht, das besorge ich schon selbst.«

Die Fernstenliebe: Wenn tausende Kilometer trennen

Die Welt ist ein globales Dorf geworden, wir haben eine noch nie dagewesene Mobilität und ein enormes Interesse an fremden Kulturen. Durch immer stärkeren Tourismus und Globalisierung nehmen multikulturelle Lieben zu. In dem Erzählband »Fernstenliebe« heißt es: »Allein in Deutschland müssen es Hunderttausende sein und in Europa sind es vermutlich Millionen Paare, die über alle Kulturgrenzen hinweg zueinander gefunden haben. Es sind Liebesgeschichten der dritten Art, Abenteuer mit hohem Einsatz, Flughafenehen, leidenschaftliche Kulturüberschreitungen und Konflikte im Alltag, auf den Ämtern und im Bett. Es geht um Glücksverheißungen, Ambivalenzen, Fluchtversuche, um Entdeckungsreisen ins Innere, um Verstrickungen, Gefahren, Erlösungen.«[14]

1998 gab es in Deutschland 66 000 binationale Ehen, also jede sechste Ehe. Tendenz steigend. Bis sie zusammenkommen, müssen sie einen schier endlosen Papierkrieg hinter sich bringen. Binationale Paare, die eine Wochenendehe führen, können zudem Probleme bekommen, weil ihnen eine Scheinehe unterstellt wird. Das sind extreme Fälle und Auswüchse einer chronisch mißtrauischen Bürokratie.

Bei vielen fängt die Fernliebe im Urlaub an. Und es bleibt bei der Fernliebe, weil ein Zusammenleben aus verschiedenen Gründen nicht möglich ist. Und trotzdem ist es Liebe.

Da bleiben nur die Kassetten, die man bespricht

Anke (34), Beamtin, und Pale (37), Schmuckhändler

Anke fliegt ein- oder zweimal im Jahr nach Sri Lanka. Dort lebt ihr Freund Pale. Sie wundert sich heute noch, daß gerade sie, die vom Sextourismus in Asien oft angeekelt war, sich in einen singhalesischen Goldschmied verliebt hat. Deutschland hat so viele Männer, warum muß es gerade der sein, der am anderen Ende der Welt sitzt? Aber auf seine Gefühle hat niemand Einfluß – auch Anke nicht. Es ist nun mal Pale. Zum ersten Mal kann sie einem Mann trauen. Vor allem seine Intuition im Umgang mit ihr begeistert Anke. »Er weiß oft schon, bevor ich einen Gedanken ausspreche, woran ich dachte, was ich vorhatte. Bei deutschen Männern vermißte ich immer das Einfühlungsvermögen. Alles mußte tausendmal erklärt werden und wurde doch nicht verstanden.« Außerdem, so Anke, habe sie sich oft als »Vorzeigefrau« benutzt gefühlt, weil sie gut aussehe und Erfolg im Beruf habe.

Von Freunden schlägt dem Paar in Sri Lanka wie in Deutschland hauptsächlich Unverständnis entgegen. Die Urlauber dort halten sie für eine Sextouristin, die Einheimischen haben Schwierigkeiten mit der Art ihrer Beziehung. In Deutschland wird sie mit verständnislosen Kommentaren ihrer Familie und Freunde konfrontiert. Anke entgegnet darauf nur eines: »Es sind keine exotischen Liebesspiele, die mich an Pale binden, sondern das Wissen, daß wir miteinander harmonieren und eine Einheit bilden. Wir sind seelenverwandt – trotz unterschiedlicher Religionen, Kulturen und Lebensweisen.«

Wenn sie im Sommer zu ihm kommt, hat er Hochsaison. Von seinen Geschäftserträgen im Silberschmuckhandel leben mindestens zehn Personen. Manchmal hilft ihm Anke, manchmal legt sie sich zum Entsetzen der Einheimischen allein mit einem guten Buch an den Strand. Diese Freiheit würde keiner sonst seiner Freundin gewähren. Und sie machen zur Belustigung der anderen zusammen den Haushalt. Nie zuvor haben die Dorfbewohner einen Mann erlebt, der einer Frau die Unterwäsche wäscht.

Anke und Pale lassen sich ihr Zusammensein nicht vermiesen, weder durch Bosheiten noch durch Verleumdungen. Ihre Beziehung sei vor allem durch eine ungeheure Vertrautheit, Zärtlichkeit und Selbstverständlichkeit geprägt, sagt Anke. »Keiner muß seine Selbständigkeit aufgeben, jeder kann seine Freiheit behalten, es gibt keinen Argwohn.« Ihre gemeinsamen Unternehmungen verbinden sie zusätzlich, sie besuchen Tempel, erklimmen heilige Berge, setzen sich mit der Lehre Buddhas auseinander.

Die Angst vor Aids grassiert in Pales Heimat. Viele Beachboys haben sich durch ihre touristischen Eroberungen mit dem HIV-Virus infiziert. Wer garantiert Anke, daß Pale nicht auch Touristinnen »harpuniert«? Sie hat schon oft davon gehört, daß »weiße« Frauen betrogen wurden. Die Landessprache versteht sie kaum. Pale übersetzt ihr ins Englische, ins Deutsche lediglich, wenn es seine Freunde nicht verstehen sollen. Ihr bleibt nur, ihm zu trauen. Und sie hat das Gefühl, sie kann es.

Wenn der Tag der Trennung naht, werden beide stumm und ratlos. Einmal hatte Pale versucht, nach Deutschland zu kommen, aber ihm wurde kein Visum bewilligt. Sie kann ihn nicht heiraten, denn er ist noch mit einer Deutschen verheiratet, die sich nicht von ihm trennen will, obwohl diese Ehe schon vor zehn Jahren scheiterte. Anke und Pale wissen, daß es eigentlich keinen Ort gibt, an dem sie dauerhaft zusammenleben können. Pale möchte nicht nach Deutschland, Anke kann ihren Beruf in Sri Lanka nicht ausüben und will ihre finanzielle Unabhängigkeit nicht aufgeben. Eigentlich ist es eine Beziehung ohne Zukunft. »Wir sehen uns nur maximal sechs Wochen im Jahr und sind wohl verrückt, auf diese Zeitspanne hinzuleben. Aber wir können nicht voneinander lassen.«

Als sie sich das erste Mal voneinander verabschieden mußten, sagte Pale zu Anke: »Du kehrst jetzt nach Deutschland zurück, dann verliebst du dich am besten in einen Deutschen, mit dem du glücklich wirst und Kinder bekommst.« Er meinte es ernst, keiner von beiden will, daß der andere leidet. Aber die Entzugserscheinungen sind nun mal da: schlaflose Nächte, Bauchschmerzen, Konzentrationsschwierigkeiten. Pale tröstet seine »weiße Schokolade« immer mit den Worten: »Wir sind zwar körperlich voneinander getrennt, aber im Geist sind wir für immer zusammen. Zwischen uns gibt es eine Brücke, über die wir immer wieder gehen können. Ich warte auf dich.«

Nur ein- oder zweimal im Monat kann es sich Anke leisten, mit Pale zu telefonieren. Der Briefkontakt funktioniert ausschließlich über den Dorflehrer, denn Pale kann weder lesen noch schreiben. Er muß dem Lehrer, einem Alkoholiker, erst einmal eine Flasche Arrak besorgen, bevor er ihn zum Schreiben oder Lesen bringt. Aber in Briefen, die über einen Dritten laufen, trauen sie sich nicht, Intimitäten zu schreiben. Da bleiben nur die Kassetten, die man bespricht und dem anderen schickt. Pale schickt ihr Meeresrauschen und Urwaldgeräusche, Anke nimmt Lieder auf, die sie selbst zur Gitarre singt. »Manchmal schickt er sie mir mit seiner Stimme wieder zurück, es ist super romantisch.«

Anke ist eine Schwärmerin, aber in ihr steckt auch eine Realistin. Sie befürchtet, Pale zu idealisieren. Woche um Woche nach dem Besuch merkt sie, wie sie ihn mehr und mehr auf einen Sockel hebt. Ist er wirklich so, wie sie ihn in Erinnerung hat, oder verklärt sie ihn?

Für diesen Sommer hat sie wie in den Vorjahren noch keinen Flug gebucht. Denn ihr Verstand rät ihr, lieber in Deutschland zu bleiben und sich von Pale frei zu machen. Zumal sie im Alltag knausern muß, um diesen Flug zu bezahlen. Sie könnte auch mit Freunden wegfahren. Es kann doch nicht so schwer sein, sich in einen anderen Mann zu verlieben. Das redet sie sich ein. Um dann doch wieder ins Flugzeug, das sie zu Pale bringt, zu steigen: »Die Liebe ist eine Himmelsmacht, ich bin machtlos.«

Mit einem in Deutschland müßte ich über Grundsätzliches nicht reden

Birgit (28), Regieassistentin, und Malek (37), Einzelhändler

Sie wollte abtauchen. Birgit, Regieassistentin aus Dortmund am Bochumer Schauspielhaus, verbrachte im Sommer '99 zusammen mit einer Freundin ihren Urlaub in Hurghada, dem Touristengetto Ägyptens am Roten Meer. Eines Mittags gingen die beiden Touristinnen in den Ort und schlenderten drei Stunden lang herum, um Postkarten zu kaufen und einen Tee zu trinken. Ein junger Mann beobachtete sie und lud die zwei zu einem unverbindlichen Kaffee ein. Sie ließen sich überreden. Äußerst angeregt unterhielt sich Birgit mit Malek, dem Besitzer eines Parfumgeschäfts. Er gestand ihr, er habe sie kennenlernen müssen, weil sie in einer für ihn ungekannten Weise kurios aussehe. Birgit schützte sich vor Sonne und Hitze mit einem selbstgebastelten Turban, den eigentlich nur Männer tragen.

Birgit kam wieder, und zwar allein. Sie redeten die Nächte durch bis zum Sonnenaufgang, stritten und diskutierten über Gott und die Welt. Der Informationsbedarf und das Austauschbedürfnis der beiden war immens. Er baute seine Vorurteile gegen Touristen ab und sie die ihrigen gegen Araber. »Unkompliziert schön und leidenschaftlich intensiv« fand sie's. Zwischen den beiden gab es kein Tabuthema, die Fremdheit begriffen sie als Chance. »Mit einem Freund in Deutschland müßte ich über Grundsätzliches nicht mehr reden. Bei Malek muß ich mich erklären und dabei kann ich viel über mich selbst erkennen. Zwischen uns beiden gibt es eine Schnittmenge, wir haben eine Vision zusammen.«

Als der Abschied nahte, wußten beide: »Das war kein Urlaubsflirt, wir müssen versuchen, irgendwie zusammenzusein.« Birgit sah nur die Möglichkeit, der Direktion ihre Situation zu erklären, und fand dort prompt Unterstützung. Bis Dezember wurde sie noch fünfmal freigestellt, um nach Ägypten zu fliegen.

Das Dilemma blieb. Malek will nie in Deutschland leben, weil er dort als Araber kaum eine Chance bekommt. Birgit begann, ein Doppelleben zu führen: mal in Deutschland, mal in Ägypten. Auch über Heirat haben sie nachgedacht, eine aufreibende Prozedur, die sich – mit ungewissem Ausgang – über ein Jahr hinziehen könnte. Es müssen Papiere und Dokumente hin- und hergeschickt werden, und viele Originale kommen nie an, denn in Kairo verschwinden bis zu 60 Prozent der Post, auch Geburtsurkunden.

Wenn Birgit in Deutschland ist, telefonieren die beiden mindestens zweimal in der Woche. »Das sind lebhafte Auseinandersetzungen, die bis zu drei Stunden dauern. Man muß sich trauen, trotz der Distanz alles mitzuteilen wie Wut oder Eifersucht. Man darf nichts aussparen und nicht nur die schönen Dinge erzählen. Am Telefon muß man die Worte gut wählen, auch die Stimme ist ganz wichtig.«

Die Fernbeziehung ist für beide eine Diät. Sie haben seit ihrem ersten Kennenlernen deutlich abgenommen, weil sie so aufgewühlt sind. Wenn sie getrennt sind, wird ihnen Energie abgezogen. Sich drei bis vier Monate nicht zu sehen, sei noch erträglich, aber dann werde es existentiell, erzählt die Regieassistentin. »Wir wollen zusammensein, und es geht nicht. Das ist zu schlimm.« Unentwegt ist sie Gefühlsschwankungen ausgesetzt, das zehrt an den Kräften. Die Sehnsucht wird unerträglich groß, und »keiner kann das Bedürfnis nach Malek und seinen Zärtlichkeiten ersetzen, keiner der wunderbaren Freunde«, sagt sie.

Malek hat es noch schwerer als sie. Denn sie kennt seine Umgebung und seine Familie, von der sich die Europäerin gut aufgenommen fühlt. Er aber war noch nie in Deutschland und hat keine Vorstellung von ihrem Leben. Außerdem kann Malek mit niemandem über Birgit reden. Als arabischer Mann macht er alles mit sich selbst aus, seine Gefühle kann er mit niemandem teilen. Birgit fühlt sich dagegen »prima unterstützt« von ihren Freunden und Freundinnen, die ihr geholfen haben, realistisch zu bleiben und keine Unvorsichtigkeiten zu begehen. Gerade am Anfang wäre sie zu unüberlegten Spontanentschlüssen bereit gewesen, die sie später wahrscheinlich bereut hätte.

Als Touristin kann sie bis zu sechs Monaten in Ägypten bleiben und will sich Arbeit suchen. »Für die Liebe muß man Risiken eingehen und sich auf seinen Instinkt verlassen. Liebe ist universell, es gibt keine Bedingungen. Liebe ist romantisch und passiert. Egal mit wem. Außerdem war es für mich schon immer unwahrscheinlicher, daß ich mich in einen Bayern verliebe als in einen Ägypter.«

Raum verbindet, er trennt nicht

Antje (32), Fahrlehrerin, und Ahmed (51), Reiseleiter

Antje ist eine Frau, die sich mit Mobilität auskennt: Die 32jährige Pädagogin bildet in Frankfurt Fahrlehrer und Fahrlehrerinnen aus. 600 Kilometer pendelt sie mehrmals monatlich an ihren Erstwohnsitz Bayreuth. Dort steht ihr Pferd, dort hat sie viele Freunde. Die staunten nicht schlecht, als ihnen vor ein paar Monaten Ahmed vorgestellt wurde: ein 51jähriger Tunesier, der ein bißchen wie Omar Sharif aussieht und perfekt deutsch spricht. Immer wieder mußte Antje erzählen, wie sie ihre große Liebe kennengelernt hat: »Es war bei einer Last-Minute-Reise, die ich mit einer Freundin unternahm: Tunesien war billiger als Marokko, also buchten wir, obwohl wir wußten, daß Touristinnen dort als Freiwild gelten. Jede Europäerin wird für eine potentielle Sextouristin gehalten.«

Ahmed war da ganz anders. Er ist Reiseleiter, Antje lernte ihn bei einer Jeeptour in die Wüste kennen. Er hatte als Gymnasiallehrer und Journalist wegen regimekritischer Äußerungen Berufsverbot erhalten, deshalb arbeitete er im Tourismus. Sie verstanden sich sofort prächtig und wollten alles über die Kultur des anderen wissen, aber mehr als Händchenhalten passierte bis zum Urlaubsende nicht. Wenn sie nichts mehr von ihm gehört hätte, hätte sie keine fünf Minuten getrauert, erinnert sich Antje. Aber als sie wieder zu Hause war, klingelte schon das Telefon: »Antje, ich liebe dich«, beteuerte er. Sie zweifelte und entgegnete nur, »du kennst mich doch gar nicht«. Trotzdem wollte sie sich Gewißheit verschaffen und flog noch einmal nach Tunesien: Danach waren sie ein Paar. Sie verband ein gemeinsames Schicksal, beide waren verwitwet. »Ich stieg enorm in seiner Achtung, weil ich immer ein Bild meines toten Freundes bei mir hatte«, sagt Antje. »Ahmed stellte Wasser für ihn in der Moschee auf, das ist so, wie wenn jemand bei uns Blumen ans Grab bringt. Nach Michaels Tod hatte ich mir geschworen: Wenn ich mich wieder in einen Mann verliebe, kriegt er mich nur zu zweit. Für

Ahmed war es selbstverständlich, daß ich Michael weiter in meinem Herzen trug.«

Nach der seelischen Nähe kam die körperliche, eine ganz neue und beeindruckende Erfahrung für Antje: »Er ist in seiner Körperlichkeit selbstbewußter als viele deutsche Männer.«

Die Ferne stört Antje überhaupt nicht: »Raum verbindet, er trennt nicht, das habe ich von Zen-Buddhisten übernommen.« Die Distanz mache das Leben einerseits einfacher, sie habe ihre Ruhe und könne machen, was sie wolle, zum Beispiel stundenlang reiten, erzählt sie. Andererseits findet sie die Fernliebe aufregend, »weil die Sehnsucht das Herz aufgehen läßt«. Es gebe keine Routinen, alles bleibe frisch. Ein weiterer Vorteil liegt für sie darin, daß man nicht in Versuchung kommt, den anderen als Ersatz für persönliche Unzulänglichkeiten zu mißbrauchen. »Wenn ich Ahmed sehen will, setze ich mich ins Flugzeug und bin in zwei Stunden dort. Das ist kürzer, als wenn ich in Deutschland von Bayreuth nach Frankfurt fahre. Und es ist erschwinglich. Eine Woche Tunesien kostet 350 Mark, ein Monat 1 000 Mark. Das gebe ich in Deutschland auch aus.«

In Tunesien muß Antje im Hotel wohnen, da Ahmed Probleme mit der Sitten-Polizei bekäme, wenn sie in seinem Haus übernachten würde. Sie fungiert zwar offiziell als seine Freundin, er verheimlicht sie nicht und nimmt sie demonstrativ ins Kaffeehaus mit. Aber zusammen übernachten können sie nur auf den Jeeptouren. Die sind für Antje jedes Mal ein sehr romantisches und ursprüngliches Erlebnis: »Im Sand in einer Glut von Olivenzweigen und Ziegenmist Brot zu backen und die Reste anschließend an Nomadenkinder zu verschenken, das ist einzigartig.«

An ihren Gefühlen hat Antje nie gezweifelt, obwohl Freunde sie eindringlich gewarnt haben: »Manche sind schier durchgedreht und dachten, der verkauft mich an einen Harem. Das Gegenteil war der Fall. Frauen sind für ihn kein Besitz, ein Macho ist er wirklich nicht. Er behandelt mich tolerant und gibt mir genug Raum.« Als Antje ihn fragte, ob sie zusammenziehen sollten, verneinte er: »Ich gehöre in die Wüste, ich bin ein stolzer Beduine, der unter einer Palme geboren worden ist.« Obwohl es ihm in Deutschland gefalle, würde er auf Dauer wie eine Primel eingehen, glaubt auch Antje. Allein die Behandlung auf dem Ausländeramt empfand er entwürdigend. Er kam sich wie ein Schwerverbrecher vor, als er sein Visum verlängern wollte. Auch Antje möchte nicht in Tunesien leben: Als moderne westliche Frau fühlt sie sich dort nicht hingehörig, auch wenn Ahmed ihr die Schönheit seines Landes eröffnet hat. Sie ist ihm auch in der Entfernung nah, er ruft oft an. Eifersüchtig ist sie nicht, sie vertraut ihm. »Ich bin wie ein Dromedar, das weiß, wohin es gehört«, sagt Ahmed oft zu ihr.

Die Religion ist zwischen den beiden kein Zündstoff, sondern Gesprächsstoff. »Er ist Moslem, aber ohne jeden religiösen Fanatismus. Wir lernen viel voneinander, zum Beispiel über kulturbedingte Zeitbegriffe. Ich war sehr sauer, als er einmal wegging und sagte, daß er in zehn Minuten wieder da sein werde. Nach siebeneinhalb Stunden kam er. Aber auch in dieser Hinsicht haben wir uns angenähert. Mittlerweile kommt eher er früher als ich, ich bin jetzt die mit der orientalischen Uhr.«

Antje kann sich gut vorstellen, mit Ahmed alt zu werden, auch wenn beide in ihren jeweiligen Ländern wohnen bleiben. »Vielleicht fliege ich ihm künftig entgegen, bei der Lufthansa habe ich mich als Pilotin beworben.«

Den Alltag getrennt zusammen leben

Es ist ein altes Naturgesetz: Wer sich rar macht, wird entweder vergessen oder sehr kostbar. »Wer in der Woche seine Lieblingsspeise nicht gegessen hat, bekommt größeren Appetit, richtigen Hunger. Das Verlangen, der Reiz ist größer«, meint der Berliner Psychologe Jürgen Hesse.

Eine Frau, die ihren Mann nach einer längeren Fernliebe wieder bei sich hat, beschrieb das Phänomen von Angebot und Nachfrage in der Liebe drastisch: »Früher war es etwas Besonderes, wenn mein Mann auftauchte, aber jetzt gehört er zum Inventar. Das ist wie mit den Erdbeeren. Früher, als es sie nur ein paar Wochen gab, stürzte ich mich darauf. Jetzt, wo sie immer zu haben sind, mache ich mir nichts mehr draus.«

Alle interviewten Fernliebenpaare waren sich einig: Viel schlimmer als räumliche Distanz ist es, wenn jemand körperlich anwesend, aber geistig abwesend ist. Die echte Präsenz in den wenigen Stunden der Zweisamkeit ist da wesentlich wichtiger. Trotzdem spüren alle leibhaftige Defizite. Spontaner Sex mit dem Liebsten zum Beispiel ist nicht möglich. Man muß warten können. Und heimzukommen und vielleicht noch ein wunderbares Essen vorgesetzt zu bekommen ist auch nicht drin. Statt dessen müssen sie Wegfahren und Ankommen, Sehnsucht aushalten und am Telefon oder per E-Mail miteinander kommunizieren, um nur einige der Punkte zu nennen, mit denen wohl alle Fernliebenpaare früher oder später konfrontiert werden.

Die Sehnsucht: Ein bittersüßes Gefühl

In einer Frauenzeitschrift war eine Karikatur von Peter Gayman abgebildet, die jedes Fernliebenpaar provozieren muß. Zwei Frauen unterhalten sich bei einer Party: »Und wie geht's deinem

Mann?« – »Auch gut! Wir sehen uns ganz selten und wenn, dann gehen wir uns aus dem Weg.«

Daran ist ein Fünkchen Wahrheit, aber eben nur ein Fünkchen. Fernliebenpaare ersparen sich Konflikte, die andere durch ständige Präsenz haben. Aber sie freuen sich im Normalfall aufeinander, viele schmachten dem Moment des Wiederfühlens entgegen und sind ganz und gar nicht gleichgültig, wenn der andere zur Tür hereinkommt.

Herbert Grönemeyers Ballade »Unterwegs« auf seinem Album »Sprünge« drückt das Lebensgefühl der Fernliebenden wohl am besten aus: »Wieder telefoniert, Gespräche stundenlang, immer öfter bilanziert, fast nur noch Liebe auf Distanz, bin des Alleinseins müde, das Leben unterwegs, es geht mir auf den Keks.« Grönemeyer kennt die Qualen: »Ich liege nur noch wach, du rennst in meinem Kopf umher ... mir fehlt die Nähe von dir, dein Geruch, deine Wärme, mir fehlt, wie du atmest neben mir, dein Herzschlag, deine Hände, mir fehlt, wie du mich elektrisierst ...«

Unter der Woche bin ich gar kein richtiger Mensch mehr
Carla (29), Konzertagentin, und Petra (31), Verlagskauffrau

Goethe hatte recht. »Nur wer die Sehnsucht kennt, weiß, was ich leide.« Besonders stark ist dieses mächtige Gefühl, wenn die Paare noch nicht so lange zusammen sind und sich in der akuten Verliebtheitsphase trennen müssen. So wie bei der 29jährigen Verlagskauffrau Petra, die mit einem Mann verheiratet war, sich dann aber nach sechs Jahren Ehe Hals über Kopf in Carla verliebte – ein Coming-out, mit dem sie selbst nicht gerechnet hatte. Drei Monate lebten die beiden zusammen, aber Carla war arbeitslos. Es war nur eine Frage der Zeit, bis sie in eine größere Stadt wechseln würde. Der Job bei einer Konzertagentur war perfekt auf sie zugeschnitten. Petra gönnte ihr den beruflichen Wiedereinstieg, aber sie fühlt sich seitdem wie »geschwertet«, ein Gefühlschaos tobt in ihr: »Unter der Woche bin ich gar kein richtiger Mensch mehr. Nur noch ein halber. Früher habe ich es genossen, alleine zu sein, jetzt nicht mehr.« Sie nimmt sich viel vor: gewissenhaft zu arbeiten, viel zu lesen, sich mit Freunden zu treffen, aufzuräumen, endlich die vielen Briefe zu schreiben, für die sie das vergangene halbe Jahr keine Zeit hatte. Sie erledigt all das auch, sagt sie, »aber ich lebe nur noch auf das Wochenende hin. Montagmittag bis Freitagabend – diese Zeit zu überbrücken kostet mich unglaublich viel Kraft.« Sie nimmt sich immer wieder vor, nicht nur zu »sehnsüchteln«, wie sie es nennt, aber es gelingt ihr kaum. Gute 200 Kilometer trennen sie von der Frau, die sie liebt. »Ich will nicht hier sein – nur dort. Ich komme mir vor wie ein trotziges Kind. Ich bestehe nur aus Bauch und Herz«, erzählt Petra. Selbst ihre Freundinnen seien erstaunt über diese neue Seite an ihr.

Wenn Petra dann bei ihrer Geliebten ist, wird sie ganz ruhig, erzählt sie: »Es ist, wie wenn mich eine Zeitmaschine in eine andere Welt gebracht hätte. Wir tun Dinge, die andere Menschen auch tun, aber für uns sind sie einzigartig, weil wir uns gerade im Alltag so gut verstehen. Lieben, lieben, lieben, reden, reden, reden, essen, schlafen, einkaufen, spazieren, ausgehen, reden, reden, reden, lieben, lieben, lieben.«

Ein Stück von Petra bleibt bei ihrer Freundin, wenn sie wieder auf die Autobahn muß. »Nicht nur das Schlafshirt, das wir tauschen und in eine Plastiktüte stecken, damit es den Geruch nicht verliert. Meine Gedanken sind bei ihr. Manchmal halte ich einfach und rufe sie an.« Von ihrem Handy aus, das sie sich extra gekauft hat, um immer erreichbar zu sein. Früher war sie eine absolute Handy-Gegnerin.

Auch ein neues Auto hat sich Petra gekauft: »Ich brauche ein sicheres und schnelles Gefährt. Außerdem muß ich unseren Hund immer mitnehmen. Er ist so etwas wie unser Baby.«

Das Telefon ist für Petra ein Trost, aber kein großer. »Ich kann sie nicht sehen und nicht anfassen. Morgens kann ich einen guten Morgen wünschen. Abends vom Tag erzählen und zuhören. Nachts von meinen Träumen reden und ihre in meinem Herzen wiegen. Es war noch nie so hart zu lieben. Es war auch noch nie so schön – trotz dieser verfluchten Distanz. Aber lange halte ich das nicht mehr aus.«

Carla sieht es etwas gelassener, sie hat schon mehrere Fernbeziehungen hinter sich. »Natürlich ist das nicht das Optimale, aber es war der erste Job, der mir voll zusagte, da mußte ich zugreifen. Eine Wochenendbeziehung ist besser als gar keine. Unter der Woche läuft die Liebe auf Sparflamme, am Wochenende geben wir Feuer. Wir wollen natürlich wieder zusammenleben, aber nicht um jeden Preis. Petra hat schon angeboten, notfalls zu kellnern. Doch wenn sie sich unter Niveau verkauft, würde das auch die Beziehung belasten, ich will nicht ihren sozialen Abstieg verantworten.«

Am schlimmsten ist für Carla, wenn sie abends in ihre Wohnung kommt und keine Petra da ist, die sie empfängt. Ihre sportliche Laufbahn als Volleyballerin hat Carla wegen der Beziehung beendet, weil sie nicht mehr ständig am Wochenende unterwegs sein wollte. Wichtig ist für sie, daß sie notfalls zu Petra fahren könnte. In zwei Stunden wäre sie bei ihr. Doch sie macht es kaum. »In der Einarbeitungsphase bin ich jeden Abend total platt. Ich bin Gott sei Dank zu beschäftigt, um Petra ganz schlimm nachzutrauern. Deren Berufsleben hat sich nicht geändert, sie hat mehr Freiräume für Sehnsucht. Ich vertraue darauf, daß ihr Umfeld ihr hilft und an Krisentagen auch körperlich zur Stelle ist, wenn ich ausfalle.«

Die stille Vorfreude auf Petra genießt Carla: »Ich erwache damit und schlafe damit ein. Die ganze Woche freue ich mich auf unser Willkommensritual: Ein Bad mit Sekt nehmen und ganz langsam erweichen, das ist es.«

Wir lenkten uns eben ab

Johanna (18), Schülerin, und Chris (21), Zivildienstleistender

Johanna ist überglücklich: Ein lang ersehnter Traum ist in Erfüllung gegangen: Seit zwei Wochen lebt Chris in derselben Stadt wie sie. Er macht dort seinen Zivildienst und hat sich ein Zimmer genommen.

Johanna wohnt noch bei ihren Eltern und geht auf das Gymnasium. Erst vor einem Monat ist sie volljährig geworden. Chris lernte sie im zarten Alter von 15 Jahren auf einem italienischen Campingplatz in der Toskana kennen. »Es war die berühmte Liebe auf den ersten Blick. Er lag am Strand, und ich tollte im Meer herum, um auf mich aufmerksam zu machen. Die Luftmatratze flog weg, das gab ihm die Gelegenheit einzugreifen.«

Am Abend trafen sie sich wieder an der Bar. Die hübsche Johanna wurde von Italienern umschwärmt wie das Licht von den Motten. Ihr Trick, sie loszuwerden und den Richtigen für sich einzunehmen, war genial. »Kannst du mal meinen Freund spielen, damit die abhauen?« fragte sie Chris. Er legte den Arm um sie, und es gefiel beiden ziemlich gut. »Er fing an, mich zu küssen, und wir konnten nicht mehr aufhören. Ein Wunder, daß wir keinen Zungenmuskelkater am nächsten Tag hatten.«

Als der Urlaub zu Ende war und es ans Einpacken ging, heulte Johanna nur noch. »Ich war vorher schon auch mal in andere Jungs verknallt, aber so ein intensives Gefühl der Zusammengehörigkeit und Anziehung hatte ich noch nie erlebt.« Beide wußten nicht, ob sie sich je wiedersehen würden, 350 km Entfernung lagen zwischen ihnen.

Doch sobald Johanna zu Hause war, schmiedete sie Pläne für ein Wiedersehen. »Meine Eltern waren anfangs verdattert, dann spendierten sie mir Geld für die Fahrkarten.«

Sie kaufte sich ein Wochenendticket der Bahn und fuhr zu ihrem Liebsten ins Allgäu. Zwölf Stunden dauerte die Fahrt. Es war ihre erste Bahnfahrt allein. Sechsmal umsteigen. »Ich war wahnsinnig aufgeregt, ob ich auch wirklich ankomme, und weil ich ihn tatsächlich wiedersehe.« Chris war damals schon 18 Jahre alt und beeindruckt. Sie konnten sich nur 24 Stunden sehen. Es imponierte ihm gewaltig, daß Johanna eine solche Strapaze auf sich genommen hatte.

In den folgenden drei Jahren fuhren sie alle zwei Wochen abwechselnd zueinander. Für die Hinfahrt brauchte Johanna – inzwischen fuhr sie mit Intercity-Zügen – viereinhalb Stunden, für die Rückfahrt sechs. Freitags direkt nach der Schule ging es los. »Ich nahm mir immer Hausaufgaben mit, die ich machen wollte, aber ich war jedesmal so überdreht, daß ich zu nichts in der Lage war. Auf der Heimfahrt dann schrieb ich ziemlich lange in mein Tagebuch. All das, was ich am Wochenende erlebt hatte. Und erst danach konnte ich notdürftig meine Hausaufgaben erledigen. Das Wochenende genossen wir mit uns und unseren Freunden in der jeweiligen Stadt. Jeden Abend waren wir lange unterwegs.«

Sehnsucht erlebten sie im Übermaß. Am meisten litten die beiden an den Wochenenden, an denen sie sich nicht sehen konnten. »Wir lenkten uns eben damit ab, uns anzurufen, Sport zu treiben oder etwas für die Schule zu machen.« Briefe schrieben sie anfangs dreimal in der Woche, »aber irgendwann telefonierten wir so oft, daß die Briefe schon immer veraltet waren. Und nachdem wir wußten, daß Chris seinen Zivildienst in meiner Nähe machen wird, schrieben wir uns gar nicht mehr«, erzählt Johanna. »Außerdem konnten wir uns ja nicht dauernd mitteilen, daß wir uns vermissen, weil es jedem klar war und abgedroschen geklungen hätte.«

Wichtig waren für Johanna auch zwei Freundinnen, die ein bißchen älter waren und Erfahrung mit Fernlieben hatten, mit ihnen tauschte sie sich regelmäßig aus.

Trennungsversuche zwischen den beiden Teenagern gab es durchaus: »Chris hat Angst vor Nähe gehabt, weil seine Eltern sich getrennt hatten, er wollte lieber vorher Schluß machen, bevor er diesen Schmerz erleiden muß. Aber er hielt es doch nie ohne mich aus.«

Eifersucht kennen die beiden kaum. Ihr Umfeld hat sich längst an die Schüler-Fernliebe gewöhnt, auch wenn es immer wieder kritische Stimmen gab: »Viele Freundinnen bezweifelten, daß er mir treu sei, weil er so gut aussehe und deswegen sicher viele Verehrerinnen habe. Aber wir sind beide wenig eifersüchtig, sein Bruder hat eine Freundin, die an ihm klebt, das möchten wir nicht haben.« Johanna sieht einen großen Vorteil in der Fernliebe: »Wenn er hier gewesen wäre, hätte ich mich nicht zu flirten getraut, aber ich glaube, das gehört zu einer gesunden Entwicklung. So konnten wir unsere Flirtereien voreinander verheimlichen. Jeder konnte also tun, was er wollte. Und wenn wir zusammen waren, haben wir uns so gefreut, daß keiner auf die Idee gekommen ist, mit jemand anderem anzubandeln«, erzählt sie.

Johanna ging ganz entschieden gegen das Gefühl des Vermissens an: »Es war nun einmal so, daß wir getrennte Alltage hatten, von Anfang an. Die waren so verschieden. Und ich habe nie Langeweile aufkommen lassen. Schließlich habe ich unter der Woche so viel zu tun.«

Daß Chris und Johanna jetzt in derselben Stadt wohnen, haben sie der Fernliebe zu verdanken. »Ich weiß nicht, ob wir noch zusammen wären, wenn wir an einem Ort gelebt hätten«, sagt Johanna, »auch heute wohnen wir bewußt getrennt, weil zuviel Nähe nicht gut wäre. Wir sind ja noch so jung.«

Es ist am schlimmsten für den, der gehen muß

Iris (35), Aktienhändlerin, und Olaf (38), Bankkaufmann

Sie hat es hinter sich. Und Iris ist froh darüber. Vor zwei Jahren ist die Düsseldorfer Aktienhändlerin von einer amerikanischen Investmentbank abgeworben worden: »Der Job war in Frankfurt und bedeutete für mich eine Karrierechance, die nicht so oft kommt. In meiner Firma hatten fast alle Fernbeziehungen, das war völlig normal. Manche trösteten sich untereinander. Die Männer klagten darüber, daß sie zu wenig Sex hätten. Es endete in Affären, die im Grunde nicht mal geheim gehalten wurden. Nur die Freundin wußte von nichts. Für mich wäre das undenkbar gewesen. Ich habe mit meinem Freund nicht darüber gesprochen, es gab keine Abmachungen. Aber wenn man sich richtig liebt, kann man nichts mit anderen Menschen anfangen«, erzählt Iris.

Olaf, der auch bei der Bank arbeitete, hatte sie in Düsseldorf zurückgelassen. »Wir waren nur 250 Kilometer getrennt, haben uns aber eben nur am Wochenende gesehen. Wir dachten, wir könnten uns auch unter der Woche mal besuchen, aber das war graue Theorie. Wir haben beide sehr viel gearbeitet – wenn man von 7 bis 19 Uhr auf den Beinen ist, ist man abends zu kaputt, um sich nochmal ins Auto zu setzen.«

Telefonieren war natürlich drin, aber es erwies sich als ein schwacher Ersatz: »Mir fehlte der ganze Olaf, das ganze Wesen, das ich nicht umarmen konnte.« Der Abschied war für sie jedesmal wie ein Weltuntergang. »Es ist am schlimmsten für den, der gehen muß«, sagt Iris. »Es wurde auch durch Gewöhnung nicht besser, es hat mir immer wieder das Herz zerrissen. Schon am Sonntag war ich traurig, wenn ich aufwachte. Der Tag war einfach von der Trennung überschattet. Ich zeigte mein Leid offener, Olaf wollte stark sein, aber er litt ebenso.«

Iris hat Persönlichkeitsveränderungen bei sich festgestellt: Sie sei härter geworden, wechselhafter, extremer. Die Zeit der Trennung empfand sie als Probe für ihre Beziehung. Und es war auch der Unabhängigkeits-Beweis nach zwei Jahren Zusammenleben: »Ich bewies mir, daß es ginge, wenn es müßte. Wir wissen jetzt, daß wir auch ganz alleine überleben können. Und daß gelebte Unabhängigkeit den anderen interessanter macht. Ich erwarte schon viel Verbindlichkeit und Begeisterung. Er ist meine große Liebe, wenn das nicht so wäre, wäre ich nicht zurückgekommen.«

Fernliebe kann sich Iris künftig nur unter klaren Einschränkungen vorstellen: »Maximal drei Monate, sonst muß der andere mitkommen. Je nachdem, wer den besseren Job hat. Sich täglich zu sehen ist ein großer Luxus, auf den will ich nicht mehr so lange verzichten. Das habe ich in der Distanz bewußter und dankbarer wahrgenommen.«

Die Schmerzen: Der Verlust von Geborgenheit

Eine Wochenend-Partnerschaft ist immer auch ein Test, wie tragfähig eine Beziehung tatsächlich ist. Wenn eine etablierte Nahliebe zur Fernliebe wird, können Risse auftreten: Die Wahrnehmung wird anders, die Geborgenheit weicht der Unsicherheit. Die Beziehung muß neu definiert werden. Nichts ist mehr so, wie es vorher war.

Ängstliche und unsichere Menschen müssen lernen, auf eigenen Füßen zu stehen – auch seelisch. Manche zerbrechen daran, andere entwickeln sich zu Persönlichkeiten, die sie vorher nicht waren.

Es ist vielleicht die schwerste Übung: Man muß den Partner loslassen im Sinne von »ihm sein Los lassen«, man kann nicht alle Glücksansprüche an ihn delegieren, was sowieso ein Irrweg wäre. Ihm zu vertrauen und sich selbst noch dazu, also »Selbstvertrauen« aufzubauen, das ist die Kunst.

Menschen, die tief in sich eine eigene Geborgenheit und Selbstliebe gefunden haben, tun sich mit der Fernliebe leichter als Anlehnungsbedürftige, die sich durch ständige Wertschätzung eines anderen definieren. Auch Menschen, die sehr langsam und vorsichtig Nähe und Vertrauen entwickeln, finden die Fernliebe gar nicht so schlecht: weil sie Rückzugsmöglichkeiten läßt, weil sie nicht brutal vereinnahmt, weil sie einem das eigene Tempo läßt.

Grundsätzlich muß sich jedes Fernlieben-Paar mit dem Wurzel-Flügel-Dilemma auseinandersetzen: dem Balanceakt zwischen Bindung und Individualität. Wir wollen beides, verwurzelt sein in einem Menschen, so geborgen sein wie in einer Baumkrone, aber auch fliegen und allein Erfahrungen machen. Aber wie verteilt man das? Leider sind die Bedürfnisse nicht immer gleich, wenn sich zwei Menschen lieben.

Der Psychiater Manfred Wolfersdorf, einer der renommiertesten Experten für Depressionen in Deutschland, weiß, was Liebeskummer ist, wie tief er einen herunterziehen kann. »In der Fernbeziehung kann das natürlich bei Menschen, die sehr auf ihren Partner fixiert sind, passieren. Borderline-Patienten fressen einen entweder auf oder wollen einen ins Weltall schicken. Andere sind ständig unterwegs, um sich ihren Wert zu beweisen: drei Tage Hongkong, fünf Tage New York, zwei Tage Paris.

Sie funktionieren nach dem Muster: Wenn ich im Job nicht erfolgreich bin, bin ich nichts mehr wert – auch nicht für meine Frau. Ich glaube nicht, daß einem solchen Menschen mit dem Quittieren des Jobs geholfen wäre. Wichtiger ist, daß er sich klarmacht: Was tue ich da?«

Der Seelenarzt hat selbst zwei Fernlieben erlebt. »Sie haben mich radikal damit konfrontiert: ›Was ist der Inhalt der Beziehung?‹ Diese Konzentration auf den Samstag und Sonntag als Beziehungstage verschiebt das Gleichgewicht. Erstens steht immer die Frage im Hintergrund: ›Rentiert sich der Aufwand?‹ Die Erwartungen an das eigene Funktionieren und an das des Partners überfordern manche. Man hat topfit zu sein, aber es ist ein Mythos, daß Erfolgsmenschen immer topfit sind. Manche haben nur Lust, die Beine hochzulegen und Schwänen beim Schwimmen zuzuschauen.«

Auch Phasen der Nähe können tückisch sein, weiß Wolfersdorf: »Man sieht den unbekannten Teil des Menschen, Dinge, die man entweder nicht so gut fand oder von denen man unbedingt mehr haben will, beides ist gefährlich. Ich erinnere mich daran, als mein Vater starb und meine Freundin da war. Sie ging nicht mit auf die Beerdigung mit der Begründung, sie kenne ja meine Familie nicht. Das war für mich ein emotionaler Bruch, eine große Leere, eine große Bedürftigkeit, die nicht befriedigt wurde. Die Distanz ist manchmal eben nicht nur räumlich, sondern auch seelisch.«

Und sie wird oft schmerzlich erlebt. »Wollen wir uns nicht ein Haus kaufen«, fragte Wolfersdorf vor Jahren eine Psychotherapeutin, die auch als Schauspielerin arbeitete, er war sehr in sie verliebt. Sie wollte nicht, weil sie die Distanzbeziehung bevorzugte. »Das war für mich die klare Aussage, daß sie kein Nest mit mir bauen wollte. Später ging ich in die USA, sie nach Südamerika. Wir verloren uns aus den Augen.«

Wolfersdorf hat die Fernliebe als sehr problematisch erlebt: »Die Fremdheit zieht an, aber die Anstrengung halten viele nicht aus. Spontaneität kann sich nur schwer entwickeln – entweder man akzeptiert dieses große Defizit oder beendet die Beziehung. Es ist ein Wechselbad zwischen Vulkan und Eiszeit. Fernlieben können sich erschöpfen, werden irgendwann unsinnig, weil sich jeder ein eigenes Leben aufgebaut hat. Es erstarrt zu einem Ritual, sich zu sehen, irgendwann wird die Liebe aufgekündigt wie ein Zeitungsabo.« Die Fernbeziehungen können nur auf das jüngere und mittlere Lebensalter befristet sein, glaubt Wolfersdorf: »Mit 55 ist man auf einem Niveau, wo man viele Jüngere an sich vorbeischießen sieht, spätestens da ist bei den meisten Menschen der Wunsch nach einer kontinuierlichen Partnerschaft da. Fernbeziehungen funktionieren auch nur, solange Menschen gesund sind. Kranke wollen Verbindlichkeit, jemanden, der sich um sie kümmert, in guten wie in schlechten Tagen.«

Der Psychiater hat heute eine Nahliebe mit Haus und Garten auf dem Land. »Immer nur unterwegs zu einem Menschen zu sein und zu selten anzukommen, das möchte ich nicht mehr. Da würde ich skurril werden.«

Das Tagebuch einer Fernliebe

Tagebuchschreiben kann einem psychische Prozesse verständlich machen. In einer Fernliebe hat man an den einsamen Abenden mehr Zeit, in sich zu gehen, gerade wenn man außer sich ist. Hier sind Ausschnitte aus dem Tagebuch einer Frau, die mit der Distanz zu ihrem Liebespartner schwer klarkommt.

Januar: Ich ahne, was in dem Briefumschlag ist, den mir der Briefträger in die Hand drückt. Furchtfreude breitet sich in mir aus: Ich habe die Stelle bekommen, um die ich mich beworben hatte. Ich rufe dich an, ich will sofort mit dir reden. Du mußt aber erst noch deinen »Termin« um 22 Uhr wahrnehmen. Was ist das für ein Termin, frage ich mich. Bei uns geht es jetzt um das Wichtigste. Trennen wir uns räumlich oder nicht? Dann treffen wir uns, und du gibst mir den größten Korb meines Lebens. Ich frage dich, ob ich gehen soll. Ich stand absolut unentschieden zwischen Liebe und Karriere. Ich wollte ein Gespräch über unsere Zukunft führen, du hast nichts hören wollen. Du rätst mir, nach Köln zu ziehen. Ich wollte näher zu dir kommen – die Distanz zwischen Ulm und Stuttgart verringern, nun soll ich weit fortziehen. Ich kann und will mir nicht vorstellen, meinen Alltag ohne dich zu verbringen. Ich brauche die persönliche Intimität, wie soll ich es ohne Nähe schaffen? Ich habe mir ein Leben an deiner Seite erträumt, das wäre eine Herausforderung gewesen. Jetzt muß ich meinen Alltag allein organisieren. Mit Liebe aus der Entfernung umgehen lernen. Das scheint mir nicht bewältigbar. Am nächsten Morgen fahre ich ab, ich hätte es gerne mit dir entschieden, mit dir abgewogen. Aber dafür muß ich mir wohl jemand anderen suchen.

Februar: Ich soll meine romantischen Vorstellungen einer Liebe, der Zweisamkeit in guten wie in schlechten Zeiten, aufgeben. Mit dir kann ich sie nicht verwirklichen.

Aber gebe ich nicht damit auch meine Hoffnung auf wahre Liebe auf? Warum soll ich auf meine Ideale verzichten? Ich weiß, du findest Fernbeziehung chic, weil du damit keine Verantwortung hast, weil du dein unverbindliches Leben weiterführen kannst. Aber das sind nicht meine Vorstellungen. Ich mag die Verantwortung, ich möchte mit einem anderen das Zusammenleben lernen. Ich möchte in Geborgenheit leben, ein gemeinsames Zuhause haben. Und ich will nicht aufhören, für meine Ideale zu kämpfen. Single-Leben kenne ich. Ich würde gerne noch etwas Neues in meinem Leben ausprobieren. In Zukunft gibt es wieder ein »Ich«, ich muß mein Leben alleine steuern, das »Wir« kann ich löschen. Es wird in Köln viele Momente der Einsamkeit geben, aber darin könnte auch die unendliche Kraft für meine Zukunft liegen.

März: Es wäre schön gewesen, wenn du mir bei meinem Umzug seelisch oder körperlich beigestanden hättest. Du hattest keine Zeit. Ich machte es alleine. Ich muß hier viel weinen, es kommt einer Trennung gleich. Deine Beschwichtigungen am Telefon empfinde ich als Heuchelei, du bist nicht bei mir, du hast dich abgeseilt. Auf unbestimmte Zeit.

April: Manchmal habe ich Liebesleid, wenn ich telefoniere, also will ich nicht telefonieren. Gestern war es so: Ich hätte geweint, wenn ich mit dir gesprochen hätte, also wollte ich erst was Schönes erleben, um gestärkter ins Gespräch zu gehen. Du fehlst mir. Vor allem in den Nächten. Ich bekomme Schmerzen vor Sehnsucht, möchte dich spüren, deinen Atem hören, dich riechen, deine Hand im Schlaf halten, deinen Kopf streicheln. Ich versuche, mich zu beruhigen, mir klarzumachen, daß ich kein Anrecht darauf habe, dich jede Nacht neben mir zu spüren. Die Treffen werden weniger werden, damit muß ich leben. Das sagt mein Kopf, aber mein Herz schreit und will es nicht einsehen, mit Vernunft ist den Liebesschmerzen nicht beizukommen. Ich kämpfe. Da kann mir keiner helfen, denn du warst bis gestern 100 km weg, und heute sind es über 500 km.

Mai: Ich hatte die Nacht mit Liebesentzug verbracht. Ja, es ist mit Drogenentzug zu vergleichen, also durchhalten – irgendwann wird es besser. Durchfall und Grippe kommen dazu. Ich habe es satt, mich heulend zu erleben, also muß ich die Situationen meiden. Ich wünsche die Zeiten her, in denen ich unbeschwert war. Auf Wolken tanzen und im Wind trudeln. Das kann ich auch. Du hast recht: Es ist nicht lustig mit mir. Du kannst im Leben spielen. Ich nicht. Ich bin zu ernst. Ich kann es nicht verleugnen. Im Moment muß ich erst lernen, ohne Anfälle der Sehnsucht und des Vermissens ins Bett zu gehen, die Nacht über zu schlafen, Ruhe finden. Dann bin ich erholter, sehe den Tag mit neuen Augen. Auch wenn ich mich für verrückt erkläre, finde ich die Ursache doch normal. Oder ist es sonderbar, daß man den Menschen, den man liebt, begehrt, daß man ihn sprechen, hören, riechen, spüren und vor allem fühlen will? Ich kann nicht von Verbalerotik und Wortromantik leben. Das reicht mir nicht. Ich brauche das leibhaftige Gegenüber. Ganz einfach – dich. Ich gönne dir deine leichte Lebensart. Ich muß mir aber auch den Freiraum gönnen, meine Schwächen einzugestehen. Ich darf nicht schwindeln, vor allem nicht anderen zuliebe. Ich muß mich freimachen, um auch wieder anderes erleben zu können, vor allem will ich mich wieder konzentrieren können. Das einzige Mittel, das ich kenne, ist die Zeit. Sie hat alle Wunden geheilt.

Juni: Ich schrieb die ersten Postkarten aus Köln an ein paar Freunde. Auf eine Karte schrieb ich demonstrativ: Mir geht es gut. Die Knie macht es weich. Geht es mir wirklich gut? Ich spürte ganz nahe den Abgrund, in den ich fallen kann, wenn ich alleine bin. Es gibt dich nicht mehr. Nicht hier. Nicht im Alltag. Nur ganz weit weg.

Juli: Fernliebe heißt: In entscheidenden Dingen ist man auf sich gestellt. Werde ich krank, muß ich mich um mich selbst kümmern. Ich bin krank, habe Grippe, aber ich sage es nicht. Ich würde dir auch nichts mehr von größeren Krankheiten erzählen. Wozu? Wir haben getrennte Alltage. Du kannst mir nicht helfen. Nur Gerede am Telefon, das mir in solchen Momenten keinen Trost spendet.

August: Was soll eine Fernbeziehung?

Gehört nicht die Liebe wie Wasser und Brot zum täglichen Leben? Liebe existiert auch über tägliche Berührungen und

Zärtlichkeiten. Was soll eine Liebe, die ich nicht leben kann? In der Liebe aus der Ferne gibt es kein Scheitern aus zuviel Nähe, nur ein Scheitern aus zuviel Distanz.

September: Ich will nichts von »Shuttle-Beziehungen« hören. Das Wort klingt geschäftig, herzlos, grausam, kalt. Das hat nichts mit Liebe zu tun. »Andocken« können die Raumschiffe und Satelliten im Weltraum, aber ich bin ein Mensch und keine Maschine.

Ehrlich gesagt, ich habe keine Lust, so krank zu sein, aber der Bauch, der Hals und das Herz sind krampfhaft zusammengezogen, das spüre ich körperlich die ganze Zeit, es ist immer da. Ich kann es nicht abschalten. Es sei denn, ich versuchte, nicht mehr zu lieben. Natürlich frage ich mich in solchen Momenten, ob es sich überhaupt lohnt. Was ist mehr, der Entzug oder der Austausch? Ich habe kein Patentrezept. Ich weiß nicht, was die nächsten Nächte, meine Träume mir bringen werden, ob mir noch mehr zugesetzt wird. Ich weiß nur, daß ich solche Zustände meinem ärgsten Feind nicht wünschen würde. Ich erlebe sie allein und einsam.

Deine Welt steht gegen meine. Deine Empfindung gegen meine. Ich will dir nie im Wege stehen. Ich will auch meine Welt nicht vor deine stellen. Das sind Momente, in denen ich keine Beziehung zwischen dir und mir spüre, nur Fremdheit.

Oktober: Dein Anruf kostet mich jetzt die Nacht. Ich bin mit Tränen ins Bett, habe es geschafft einzuschlafen, jetzt weine ich, habe verkrampfte Schultern, dadurch rasendes Kopfweh, das Trauma des Träumens ist längst in Seele und Körper übergegangen. Ich kann mit Liebesentzug nicht umgehen. Ich stelle nur fest, du kannst aus Fernliebe ein Partythema machen, und ich habe existentielle Probleme. Manchmal wünsche ich mir einen Unfall, daß mich jemand überfährt, ich habe Todeswünsche. Das Heimkommen nachts ist beklemmend. Ich hatte wirklich einen schönen Tag, aber das macht es nicht milder.

Oktober: Ich bin wieder allein. Hole aus dem Schrank den roten weichen Frotteepullover, streife ihn über in der Hoffnung, dich bei mir zu spüren, dich ohne dich mir leibhaftig, dinglich, zu vergegenwärtigen. Im roten Pullover, der mir viel zu groß ist, kann ich verschwinden, in ihm fühle ich mich geborgen, er gibt mir das Gefühl von Heimat.

November: Ich freue mich, dich an deinem Geburtstag zu treffen. Auf der Fahrt habe ich – wie immer kurz vor unserem Wiedersehen – Angst. Es könnte ja zwischen uns nicht mehr funktionieren. Es war mein sehnlichster Wunsch, dich wiederzusehen. Meine Phantasie hat einen rosaroten Traum aufgebaut. Jetzt kann die Blase nur noch platzen. Die Enttäuschung ist garantiert. Wir sehen uns, irgendwie sind wir noch kühl, können nicht so richtig miteinander. Jede Minute lindert die Fremdheit. Freude kommt auf. Selbst als wir völlig erschöpft im Bett liegen, werde ich nicht innerlich ruhig. Kaum kann ich schlafen, einfach nur, weil ich mich freue.

November: Jetzt kann ich lachen. Sitze im Zug, weiß, ich sehe dich übermorgen wieder, freue mich darauf, diesmal werde ich dich nicht vermissen. Die zwei Tage schaffe ich locker. Bin prall mit Liebe vollgesogen und muß nicht erst auf Entzug kommen, bevor ich dich wiedersehe. Werde die Nächte ruhig schlafen, denn ich spüre noch deinen Bauch in meinem Rücken und höre deinen Atem.

Dezember: Wenn ich dich besuche, machst du keinen Platz. Die Wohnung ist zugestellt mit deinen Dingen, es gibt keinen Quadratmeter, auf dem ich meine Sachen ausbreiten könnte. Nimmst du mich wahr? Liebst du nicht nur deine Projektion von mir? Wir haben deine Rituale. Meine kennst du nicht.

Januar: Es gibt keinen Sex mehr. In den paar Stunden, die wir uns am Wochenende treffen, bist du erschöpft. Es gibt ein Aneinanderklammern, fast ein Festhalten, aber keine Lust auf Erotik. Ich frage nicht nach deinem Verlangen, weil ich Angst habe, irgend etwas zu erfahren. Du hast schon öfter verlauten lassen, es würde dir nichts ausmachen, wenn ich mit anderen schlafen würde, du würdest es mir an einsamen Abenden gönnen, es wäre dir lieber, als wenn ich in Depressionen abstürzte. Ich würde vor Eifersucht platzen, wenn ich eine Affäre von dir erfahren würde. Also frage ich nicht. Ich weiß, du könntest mit einer anderen schlafen. Es ist ungerecht. Ich fühle mich als Verliererin in punkto Sex. Aber wie kann man Monogamie aus Geist und Körper blasen?

Februar: Ein Traum: Ich bin ins Hafenbecken gefallen, sah dich am Uferrand stehen. Du hast dich über deine gute Ufergesellschaft gefreut, du warst munter, hast gelacht. Du hättest mir auch einen Rettungsring zuwerfen können, hast es aber nicht getan, weil dich Ertrinkende nicht interessiert haben. Die Flügel der Liebe sind dein Thema, nicht der Kampf der Ertrinkenden.

März: Jedesmal, wenn du wegfährst, räume ich zuerst auf. Du hinterläßt Dreck. Nach einer halben Stunde ist die Wohnung wieder die meine. Nicht mehr dein Ablageplatz. Du genießt es, dich zu suhlen, dich um nichts zu kümmern, dich verwöhnen zu lassen. Meine Wohnung wird von dir entstellt, nicht geachtet, zugemüllt. Da hilft nur der Trost, daß du bald wieder weg sein wirst. Beim Zusammensein ist Toleranz angesagt. Ich bin eine Sauberkeitsfanatikerin in deinen Augen und du in meinen ein Müllsäer. Wir wohnen nicht zusammen, und die paar Stunden, die wir zusammen sind, wollen wir doch nicht mit Reinigungsproblemen füllen.

April: Heute brauche ich keine Zukunft mehr mit dir. Du hast sie mir genommen. Ich kann die paar Tage im Jahr mit dir zusammensein, aber meine Zukunft muß ich mir selbst bauen. Versprechen, die wir uns gaben, haben wir nie gehalten. Wir waren uns nicht so wichtig. Warum soll es anders werden?

April: Ich bin zu taktil, um in der Ferne zu leben. Was soll die Seligsprechung einer Briefkultur, wenn doch keine Briefe folgen?

Mai: Der Tanz in den Mai stand an. Eine warme Nacht. Im Hof hörte ich in der Nacht Frauen beim Liebesspiel. Ihr Stöhnen war lustvoll und gewaltig. Es spannte mich an. Was für eine Provokation, was für eine Erinnerung an eigene Defizite.

Mai: Wir haben nie eine Chance auf ausgiebige Auseinandersetzungen. Alltag gibt es nicht. Auch keinen Streit. Keine Reibung. Man versucht, sich zu verstehen. Und jeder weiß, man kennt den anderen nicht.

Die Zeit: Das kostbarste Gut

Es ist der Stoßseufzer unserer Epoche: »Ich habe keine Zeit.« Wir arbeiten kürzer und leben schneller. Theoretisch hätten wir mehr Mußestunden als frühere Generationen, aber die kannten auch den Begriff »Freizeitstreß« noch nicht. Die Vielfalt der Angebote verwirrt manche, Psychologen sprechen von einer Streß-Rallye und Präsenz-Psychose: überall dabeisein, nichts versäumen, alles mitnehmen. »Was bei vielen Leuten in der Freizeit läuft, ist die Arbeitsgesellschaft mit anderen Mitteln, in der Erlebnisgesellschaft will jeder überall dabeisein«, sagt der Münchner Sozialpsychologe Heiner Keup.

Die Deutsche Psychoanalytische Gesellschaft warnte auf ihrer Jahrestagung 1999 vor zunehmendem Zeitdruck in der Gesellschaft: »Zeitdruck verstärkt die psychischen Probleme, die wir in den letzten Jahren vermehrt beobachten, narzißtische Störungen, Ängste, Depressionen. Die Überwertigkeit von Tätigkeit ist in unserer Gesellschaft zum Fetisch geworden. Der eigene individuelle Wert, aber auch die gesellschaftliche Wertschätzung werden daran gemessen, ob jemand tätig ist.«

Tempo ist nicht nur ein Taschentuch, mit dem wir beim Abschied winken können, wenn wir keines aus Stoff haben, Tempo ist das Gefühl unserer Zeit. Fernliebenpaare fühlen sich gehetzt, getrieben, haben einerseits ein Zeitplus, andererseits ein Zeitminus. In der Woche haben sie durchaus das Gefühl, in einem gewissen Zeitwohlstand zu leben: keiner lenkt einen ab von dem, was wesentlich ist, man kann nach Herzenslust und rücksichtslos bis tief in die Nacht arbeiten oder diversen Leidenschaften frönen. Anstatt überfüllt fühlen sich manche vielleicht sogar nicht ausgefüllt, weil ihnen eben doch die Zuwendung des liebsten Menschen fehlt. Man wird mit sich selbst konfrontiert – und mancher Mensch möchte sich gar nicht so intensiv allein begegnen, sondern sich lieber im Gegenüber spiegeln.

»Nimm dir Zeit und nicht das Leben« plakatierte die Verkehrswacht vor einigen Jahren. Der Zeitstreß für Fernliebenpaare beginnt oft schon bei der Anreise zum geliebten Menschen: Staus auf der Autobahn, Warteschlangen auf dem Flughafen, Verspätungen bei der Deutschen Bahn. Das zerrt alles an den Nerven, weil man schon längst in den geliebten Armen reich werden möchte.

Die alte Fischerweisheit »Es gibt eine Zeit zum Fischen und eine Zeit, die Netze zu trocknen« ist ganz schwer zu leben. Wenn Fernliebenpaare zusammen sind, haben sie immer zu wenig Zeit, so ist die menschliche Natur: Wir wollen mehr von dem, was uns tief befriedigt.

Die Berliner Paartherapeutin Berit Brockhausen hat noch ein anderes Problem erkannt – die Verteilung der raren Zeit: »Die Qualität der gemeinsamen Zeit steht nur bedingt in Zusammenhang mit der Quantität! Finden Sie heraus, ob Sie das Wochenende wirklich durchgängig miteinander verbringen wollen oder ob ihnen eher ein Gezeitenmodell liegt. Dabei folgt auf intensive Zweisamkeit eine Zeit der Beschäftigung mit sich selbst oder anderen Menschen und Dingen.«

Sich das zugestehen zu können, ist wahre Lebenskunst.

Die Paartherapeutin Maria Schneiders sieht das ähnlich: »Jedes Fernliebenpaar wird die Einteilung und Verplanung seiner knapp bemessenen Zeit selbst vornehmen müssen nach Art der Temperamente, der einzelnen Wünsche, gemeinsamer Interessen und gemeinsamen Lebenssinns. Je mehr Zeit ein Paar hat, um so spontaner kann es damit umgehen. Muße ist ein Muß, um beieinander wieder anzukommen, eine gemeinsame Ausgangsbasis wiederherzustellen.«

Wir sehen uns zu wenig

Uta (42), Therapeutin

Uta und Malte lernten sich bei einem »Theater- und Therapie-Workshop« in den Vogesen (Frankreich) kennen. Die »Helden und Dämonen« sollte jeder in sich ausfindig machen. Die Selbsterfahrungsarbeit bot ausreichend Gelegenheiten, sich und die anderen unter die Lupe zu nehmen. Beim Theater kommt man intensiv zusammen, da geht es ans Eingemachte, Gefühle werden gezeigt.

In den Pausen wurde geredet. Uta gefiel Malte, sie umgarnte ihn, machte ihn auf sich aufmerksam, und am sechsten Abend hatte sie Erfolg. Zu dumm, daß der Workshop am nächsten Morgen zu Ende war. Beide stiegen am Bahnhof in verschiedene Züge ein. Eine entscheidende Phase begann: Wer ruft zuerst an? War es nur ein unbedeutender Flirt? Ist man rasch vergessen?

Doch schon nach einer Woche, Uta hatte noch etwas Urlaub, fuhr sie zu ihm an die dänische Grenze, wo er als Landwirt arbeitete. Danach stand fest: Sie sind ein Paar. Voller Liebesglück kam Uta wieder zu Hause in Düsseldorf an. Sie arbeitet dort hauptberuflich in einem Seniorenprojekt und nebenbei als Therapeutin.

Ein Jahr sind sie jetzt zusammen und gerade in einer großen Krise. »Wir sehen uns zu wenig«, meint Uta. »Wir haben uns im Schnitt alle drei Wochen getroffen. Malte wollte nie seine Wochenenden planen, und ich habe ein großes Planungsbedürfnis.

Er konnte sich nie festlegen, schob den Job, der von der Wetterlage abhängt, vor. Immer wieder kam es zu Irritationen: Ich hatte die letzten Herbstferien frei und wollte unbedingt bei ihm sein. Er konnte mir aber nicht sagen, ob er überhaupt Zeit haben wird. Dann plante ich die Herbstferien in Hamburg bei Freunden und mit Theaterbesuchen. Auf einmal hatte er doch frei. Ich wollte aber meine Freunde in Hamburg nicht enttäuschen und meine Karten nicht verfallen lassen. Also konnte ich nur einen Tag bei ihm bleiben.«

Im Winter hatte Uta die Beziehung schon einmal beendet. Dann hatte Malte aufgrund eines Jobwechsels von Dezember bis Mitte Januar frei. Sie trafen sich in Düsseldorf, »um Rückschau zu halten«. Weil er bei seinen Eltern in Münster wohnte, in der Nähe von Uta, sahen sie sich öfter und kamen wieder zusammen.

Seit Januar arbeitet er in der Nähe von Hamburg mit geregelten Arbeitszeiten. Jeden Freitag hat er um 13 Uhr Schluß. Seitdem sind Wochenendplanungen möglich. Auch der Osterurlaub festigte die Liebe. Doch das ständige Leben nach Terminkalender engt das Paar in der Handlungsfreiheit ein. Der Anspruch, immer füreinander dazusein, überfordert beide. »Wegen der Distanz wollen wir beide unsere Zeit gut nutzen. Der Erwartungsdruck ist jedesmal sehr hoch. Neulich war er vier Tage hier, ich freute mich auf ihn, aber auf einmal konnte ich ihn in meiner Wohnung nicht mehr aushalten und drängte ihn, früher als ausgemacht abzufahren. Ich wollte wieder für mich alleine sein, meine Freunde sehen. Warum, weiß ich bis heute nicht, rational war das nicht erklärbar«, erzählt Uta.

Sie hätte es gern, wenn ihr Freund in Düsseldorf wäre. »Dann könnten wir spontaner in unseren Vereinbarungen sein.« Zusammenziehen würde sie nicht so schnell mit ihm, weil sie lange allein gelebt hat und sich erst langsam an eine nähere Beziehung gewöhnen müßte. Sie gibt freimütig zu, »den Hintern weniger hochzukriegen« als Malte. Er fährt häufiger zu ihr. Uta vermutet tiefere Gründe dahinter: »Im Grunde meiner Seele bin ich ein unflexibler und ängstlicher Mensch.«

Eigentlich will sie schon seit Jahren nach Hamburg ziehen, aber wegen Malte allein würde sie nicht die Stadt wechseln. Da »würde schon eher er nach Düsseldorf ziehen«.

Aber die Diskussion um einen gemeinsamen Wohnort steht noch hintenan, sie streiten sich noch zuviel. Sie ärgert sich über seine Unverbindlichkeiten und Unberechenbarkeiten. Er wiederum fühlt sich ihr manchmal intellektuell unterlegen und stellt immer wieder ihre Liebe zu ihm in Frage, was sie kolossal nervt. Im Moment, meint Uta, bräuchten sie eine Beziehungspause, einfach Abstand. Trotzdem glaubt sie an die Beziehung und hält sie noch für entwicklungsfähig. »Schließlich ist er der erste Mann, bei dem ich so sein kann, wie ich bin.«

Zeitmanagement und Organisation sind alles

Sibylle (30), Lehrerin, und Georg (34), Finanzdirektor

Sibylle und Georg sind Bochumer. Seit zehn Jahren sind sie liiert und seit drei verheiratet. Sibylle ist Lehrerin, Georg Finanzdirektor in einem Wirtschaftsbetrieb. Beruflich ist er viel unterwegs und mußte sich für seine Firma zeitlich befristet nach Stuttgart versetzen lassen. Sibylle überlegte hin und her, ob sie mitgehen sollte. Für sechs Monate zog sie dann zu ihrem Mann nach Schwaben. Glücklicherweise hatte sie gerade ihre Referendariatszeit beendet und ein halbes Jahr Zeit, bis sie das erste Mal als Studienrätin im Klassenzimmer stehen würde. Sibylle bewarb sich in Nordrhein-Westfalen und in Baden-Württemberg. In Karlsruhe und in Dortmund hätte sie eine Stelle bekommen. Das Ehepaar entschied sich für Dortmund, weil Karlsruhe zu weit weg von Stuttgart ist und in Bochum die Freunde leben.

Das halbe Jahr Zusammensein war Sibylle eine Lehre. »Ich liebe es zu arbeiten. Plötzlich hatte sich mein Leben auf das Erwarten des Ehemannes reduziert. Das gab Spannungen. Ich hatte mich horrormäßig entwickelt.«

Heute sehen sie sich jedes Wochenende. Freitagabend um 19.05 Uhr steht sie am Düsseldorfer Flughafen mit immer den gleichen vielen anderen Frauen. Auch im Flugzeug sitzen die gleichen Männer. Die Flüge montags und freitags sind ausgebucht. Man muß pünktlich am Flughafen sein. Die Lufthansa überbucht die Maschinen. Da kann es kurz vor dem Abflug schon zu Gerangel kommen. Männer, die schreien, »meine Frau wartet in Düsseldorf«, und doch keinen Platz bekommen.

Montag früh um 5.20 Uhr wartet der Taxifahrer, um Georg wieder zum Flughafen zu bringen. Vorher haben sie »heilige« Zeit verbracht: Beruf nein danke, Liebe ja bitte. Alle Schul- und Büroarbeiten werden in der Woche erledigt. Nur selten kommt es vor, daß Sibylle am Wochenende Lehrerkonferenzen hat.

Aber da die beiden nicht aufeinanderkleben, hat ihr Mann auch keine Schwierigkeiten, die Zeit allein gut zu nutzen.

In der Woche mailen sie sich und telefonieren jeden Abend. Wenn Sibylle aus der Schule heimkommt, schaut sie zuallererst in den Computer, ob eine Mail für sie da ist. Dann berichtet sie ihrem Mann »alles, was auf der Seele brennt, bevor ich es vergesse« – vom Schulalltag, von Freunden, Wichtiges und Banalitäten. Er schreibt ihr auch im Detail von seinen Geschäften. »Nur so bleibt man auf dem Laufenden.« Abends wird telefoniert. Es geht dabei »nicht um Kontrolle, aber man ist beruhigter beim Einschlafen, wenn man weiß, wo der andere ist«, sagt Sibylle.

Um so schwieriger sind für sie die Auslandsaufenthalte ihres Mannes, denn dann ist es wegen Zeitverschiebung und Funklöchern oft nicht möglich, in Kontakt zu bleiben.

Ohne Handy gehen sie nie aus dem Haus. Allein zu Hause ist es ihnen zu langweilig. Georg hat jeden Abend in Stuttgart mit sportlichen Aktivitäten oder mit Bekannten verplant. In Stuttgart führt er »nicht das normale Leben, denn das ist in Bochum«. Sibylle trifft sich mit ihren Freundinnen, die begeistert sind, daß sie so viel Zeit hat. Sie fürchten schon den Tag, an dem Sibylles Mann wieder ganz in Bochum sein wird, und sie nicht mehr so viel mit ihr zusammensein können.

Doch für das Ehepaar ist es ein Übergangszustand, der nicht ewig dauern soll. Beide haben bei Bekannten und Geschäftskollegen beobachtet, daß man sich notgedrungen auseinanderentwickelt, wenn die Trennung zu lange dauert.

Eine Wochenendehe kann nur unter gewissen Bedingungen klappen, meinen beide: »Zeitmanagement und Organisation sind alles. Der ›Kalenderabgleich‹ am Sonntagabend ist schon ein Ritual. Da werden die Termine unter der Woche abgesprochen beziehungsweise abgestimmt und die nächsten Wochenenden geplant. Da geht es um Details, wer wen anruft und so weiter. Um Mißverständnisse zu vermeiden, um nicht gleichzeitig etwas auszumachen.«

Die einzigen, die der Wochenendehe Unverständnis entgegenbrachten, waren Sibylles Eltern. Sie gaben ihr »das Gefühl, ein schwarzes Schaf zu sein. Ich war schuld, wenn es ihm nicht gut ging.« Aber nach ihrem Befinden wurde nie gefragt. »Er war arm dran, ich nicht.« Das hatte wohl mit der konventionellen Einstellung der Eltern zu tun, mit der Zeit brachten sie ihrer Tochter mehr Verständnis entgegen. Sibylle und Georg waren sich aber immer einig, daß es für beide besser ist, wenn Sibylle in Nordrhein-Westfalen ihren Job »aus ihrem Herzen heraus« macht. Sie hat eine halbe Stelle als Lehrerin, zudem arbeitet sie als Trainerin für Rhetorik und Zeitmanagement. Doch Sibylle kann die Wertigkeit richtig einordnen: »Eine befriedigende Arbeit ist eine schöne Sache. Aber die gelungene Verquickung von Beruf und Privatem ist wichtiger. Ein toller Job alleine macht nicht glücklich.«

Ein befreundetes Paar habe sich nach langer Fernbeziehung getrennt, weil der Mann seinen Job über alles stellte. Er hatte keinen Respekt und keine Achtung mehr vor dem Leben seiner Frau. »Arbeitssucht ist genauso schlimm wie Abhängigkeit. Man darf in einer Beziehung nicht aufeinanderkleben oder glukken, sich nur über den anderen definieren. Sich selbst im Kern zu bewahren ist wichtig.«

Der Abschied: Immer ein kleiner Tod

Abschied zu nehmen ist ein immer wiederkehrendes Muß, das trotz aller Regelmäßigkeit zum Grausamsten einer Fernbeziehung gehört. Manche werden sich nie daran gewöhnen können. Für einige steht schon der ganze letzte Tag, meistens der Sonntag, unter dem Banner, »auf Wiedersehen« sagen zu müssen. Die noch bleibenden Stunden sind mit Abschiedstrauer verhangen. Wiederum andere ignorieren die drohende Trennung, leben so unbedarft und normal wie möglich bis zur Abschiedssekunde und sagen dann so schnell wie möglich »Tschüß«, ohne ein großes Brimborium zu veranstalten.

Heike und Jürgen sind wahre Abschieds-Künstler, sie verpflegen sich gegenseitig mit einem »Überraschungs-Unterhaltungs-Paket« für unterwegs. Zwischen ihnen liegen 800 km, die Auto- oder Zugfahrt ist ewig. Für die Bahnfahrt wird liebevoll Lesestoff zusammengestellt, und für die Autofahrt werden Kassetten bespielt mit Features, Hörspielen und Musik, die den anderen interessieren. So ein Überraschungspaket wird öfter auch an den Abreiseort des anderen geschickt, damit er die langwierige Anfahrt beschwingter antreten kann. Das unbedingte Ritual der beiden ist, die Pakete erst im Auto oder in der Bahn zu öffnen.

Die meisten Paare, mit denen wir gesprochen haben, erzählten uns, daß es schlimmer sei, verlassen zu werden als selbst davonzufahren. Die Wohnung, die wenig zuvor mit dem anderen belebt war, wird nun als sehr leer und tot empfunden. Da ist es schon leichter, auf dem Weg zu sein.

Leiden Frauen im allgemeinen stärker unter der Trennung als Männer, weil sie Liebe nicht so versachlichen können und deutlich beziehungsorientierter leben? Die Paartherapeutin Maria Schneiders verneint: »Unter etwas zu leiden heißt, ein Defizit zu spüren. Das empfinden Männer wie Frauen gleichermaßen. Es kommt darauf an, wie ich als Mann oder Frau gelernt habe, zeitweilig auf Beziehung verzichten zu können und das Fernsein vom anderen positiv zu gestalten. Frauen äußern eher ihre Traurigkeit, daß sie den Partner nicht sehen, weil sie die gesellschaftliche Erlaubnis dazu haben. Liebe wird von Männern nicht mehr versachlicht als von Frauen, eher der Sex.« Maria Schneiders weiß kein Patentrezept, wie man den Trennungsschmerz bewältigen kann, ohne von seinen Gefühlen allzusehr mitgerissen zu werden. »Er zeigt je nach Tiefe, ob der Zustand der Fernliebe für beide eine mögliche Lebensform ist und bleiben soll. Wenn ich den Schmerz brauche, um mich überhaupt zu fühlen, dann werde ich die Fernliebe auf unbegrenzte Zeit weiterführen. Wenn ich danach trachte, schmerzfrei mein Leben zu gestalten, dann werde ich eine Sinn- und Zeitplanung vornehmen, die mir behilflich ist, die Trennung zu meistern. Begrenzung und Planung sind Kopfergebnisse. Kopfentscheidungen helfen in der Regel, Gefühlsleben zu ordnen und schmerzfreier zu gestalten, so auch den Trennungsschmerz zu mindern.«

Der Bahnhof ist die heimliche Macht

Jutta (29), Stabsärztin, und Rolf (27), Student

Für Jutta ist es ein Traumberuf: Die 29jährige kümmert sich um Soldatenzähne. Als Stabsarzt (W) – der Buchstabe steht für weiblich – arbeitet sie im Sanitätszentrum Bonn im Range eines Hauptmannes. Für 16 Jahre hat sie sich bei der Bundeswehr verpflichtet, bis 2009 kann Jutta überallhin versetzt werden.

Am liebsten würde sie sich nach Bayern verpflanzen lassen, denn dort lebt ihr Freund Rolf: ein Jurastudent, den sie in Regensburg kennengelernt hat. Ein Jahr konnten die beiden dort zusammenleben, bevor sie 500 Kilometer getrennt wurden. »Wir haben die Situation akzeptiert«, erzählt Jutta. »Ich habe ihm gleich am Anfang reinen Wein eingeschenkt und gesagt, daß ich bald weggehe.« Rolf reagierte mit viel Verständnis, »auch wenn ich die Bundeswehr im Verlauf der Fernbeziehung als meinen Feind zu betrachten anfing. Da gibt es Millionen von Frauen, aber die einzige, die ich liebe, ist bei der Armee.«

Der Student, der sich mit allerlei Gesundheitsgutachten um den Wehrdienst herumgemogelt hatte und als »vorübergehend wehrdienstunfähig« freigestellt wurde, wollte nun unbedingt als Reserve-Offizier zur Bundeswehr – natürlich an einen Standort in der Nähe von Bonn: »Aus Liebe zu ihr, nicht ihr zuliebe. Das ist ein Unterschied.« Aber plötzlich bockte die Bundeswehr, Rolf wurde einfach nicht eingezogen.

So blieb den beiden nichts anderes übrig, als mit der Distanz leben zu lernen. Alle zwei Wochen treffen sie sich. Shopping, Essen gehen oder einfach nur zu Hause gemütlich herumfläzen, die beiden sind unzertrennlich. »Manchmal lasse ich mir im Laden ein T-Shirt zurücklegen und Jutta entscheiden, ob es mir steht. Das ist ein Stück Alltag.«

Wenn Jutta kommt, ist Rolf »tausendprozentig« für sie da. Er bedauert nicht, seine Freunde nicht zu sehen. Für ihn gibt es dann nur sie: »Ich entbehre nichts, wenn sie da ist, habe ich alles.«

Die beiden versuchen, sehr ehrlich miteinander umzugehen: »Jeder soll sagen, was ihn an dem anderen stört. Sie ist ein stillerer Mensch als ich, aber ich will sie nicht unterbuttern. Ich bin harmoniesüchtig, deshalb muß ich viel klären. Am Telefon ist das schwierig, da werden die Gespräche auf Harmonie getrimmt. Man ist gezwungen zu reden, auch wenn man manchmal lieber schweigen möchte. Aber das ist peinlich und kostet Geld. Wenn ich allerdings wieder bei ihr sitze, liege oder stehe, und sie nimmt mich in den Arm, werden die Probleme zu Peanuts.«

Am schwierigsten sind die Abschiede, Rolf kann sich mit der zeitlichen Begrenztheit schwer abfinden: »Der Bahnhof ist die heimliche Macht, oder sagen wir besser, der Fahrplan. Wenn sie um 16.20 Uhr losfährt, überlege ich mir, ob es sich noch lohnt, mittags zu kochen, ob dann noch genug Zeit für einen innigen

Abschied bleibt. Wenn sie mit dem Auto kommt, können wir ihn wenigstens noch hinauszögern.« Der Abschied wird von beiden zelebriert. Sie gehen spazieren, umarmen und küssen sich immer wieder, er gibt ihr für die lange Fahrt eine Brotzeit mit: liebevoll belegte Schnitten und Apfelsaftschorle. Für Rolf ist es jedesmal entsetzlich. Wenn sie noch zusammen essen, bevor Jutta fährt, kommt er sich vor wie bei einer Henkersmahlzeit.

Daß sie sich erst einmal in der Nähe kennenlernen konnten, war das entscheidende Plus für die Beziehung. Beide sind davon überzeugt, daß die Beziehung ohne dieses Fundament nicht gehalten hätte. Es war ein langer Countdown: noch neun Monate, noch ein halbes Jahr, noch ein viertel Jahr, noch eine Woche. »Im Geiste haben wir ständig das Maßband unserer Liebe gekürzt. Aber es war besser, als wenn die Trennung wie ein Blitz aus heiterem Himmel gekommen wäre. Wir waren uns einig, daß wir zusammenbleiben wollen«, erzählt Jutta.

Dafür verstehen sich die beiden zu gut, auch im Bett. Treue ist beiden »brutal wichtig, das ist richtig eingepflanzt«. Zwei Wochen, bevor sie sich kennenlernten, hatte Rolf noch einmal einen One-Night-Stand: »Ich wollte das einmal erleben. Jetzt habe ich das auch hinter mir und würde nie für einen kurzen geilen Kitzel meine Beziehung gefährden. Worum geht es denn beim Seitensprung? Da liegt ein neues Stück Fleisch da. Bei Männern schaltet sich vor dem Orgasmus das Hirn aus, aber danach kommt die große Ernüchterung. Bei mir gäbe das einen Bruch, das wäre mit meinem Gewissen nicht zu vereinbaren.« Jutta denkt da ähnlich: »Ich will nicht wie andere Soldaten leben, die sich eine Geliebte halten und auf Lehrgängen fremdgehen.«

Die Fernliebe wird wohl noch einige Jahre weitergehen, da macht sich Jutta keine Illusionen: »Fast alle, die ihre Versetzung beantragt haben, wollen in den Süden, da gibt es für mich kaum eine Chance. Wir haben uns schon überlegt zu heiraten, aber ich will erst einmal mit Rolf zusammenleben. Nur dann lernt man sich wirklich kennen. Als ich Rolfs Antrag ablehnte, war das für ihn ein Schock.«

Heute findet er es gut so: »Ich hätte gewisse Vorbehalte, wenn wir uns ab morgen täglich sehen würden, das wäre schon eine arge Umstellung. Ich bin zwar hundertprozentig davon überzeugt, daß Jutta die richtige ist, aber wir haben wirklich noch nie zusammen eine Zahnpastatube benutzt. Immerhin haben wir uns verlobt. Herrlich altmodisch.«

Ich habe mir zum Abschied passende Bücher gekauft

Bea (38), Schauspielerin, und Robert (43), Technischer Leiter

»Ich hasse Abschiede, daran kann ich mich noch gut erinnern«, beginnt die lebensfrohe Schauspielerin Bea das Gespräch. »Ich habe immer geweint, wenn ich von ihm wegfahren mußte.« Ihr Freund kann das nur bestätigen. »Abschiede waren das Grausamste in unserer Fernliebenzeit. Ich konnte eine Woche nicht schlafen, war wie blockiert. Erst mit der Zeit hat sich eine Art Gewohnheit eingestellt, die es mir leichter machte.«

Dem ausgeglichen wirkenden Mann ist es kaum zu glauben, daß ihn Liebesunterbrechungen so aus der Fassung bringen können. Bea und Robert sind seit 16 Jahren ein Paar. Die ersten fünf Jahre verbrachten sie gemeinsam in einer Stadt, bis Bea sich entschloß, eine Schauspielausbildung in der Schweiz zu beginnen. »Ich habe immer gemacht, was ich wollte. Deshalb bin ich auch, ohne auf Robert Rücksicht zu nehmen, auf diese Schule gegangen«, sagt Bea.

Robert etablierte sich in ihrer Abwesenheit als Technischer Leiter an einem Theater. »Ich fühlte mich immer als der Zurückgelassene, der Übriggebliebene, wenn Bea fortfuhr. Wenn sie weg war, habe ich mich sofort in Arbeit gestürzt. Ich habe eine Videokartei angelegt und mir zum Trost einen PC gekauft, an ihm kann man endlos arbeiten. Um mich zu trösten, fuhr ich, so oft ich konnte, in die Schweiz.«

Bea hatte selten Zeit, weil die Schauspielschule ungeheuer arbeitsintensiv war: »Aber ich wollte, daß er kommt. Er erwärmte mein Herz und füllte meinen Kühlschrank, weil die Lebenshaltungskosten so teuer waren.« Robert setzte seine ganze Kraft ein, um die Beziehung aufrechtzuerhalten: »Die Anfangszeit in der Schweiz war sehr zermürbend. Ich weiß, von ihr aus hätte es zu Ende gehen können, aber ich gab nie auf. Es war schon paradox, weil ich einen Tag für die Hinfahrt brauchte, einen Tag bleiben konnte und einen Tag wieder für die Rückfahrt benötigte. Und das machte ich so alle sechs Wochen.«

»Seine Beharrlichkeit war unglaublich«, gibt Bea zu, »er hat mich immer unterstützt. In den Semesterferien war ich bei ihm.

Weil wir ein unterschiedliches Schmutzempfinden haben, mußte ich immer sein WG-Zimmer vom Staub befreien.« »Den habe ich dir immer übriggelassen«, scherzt Robert, »was im übrigen heute immer noch so ist.«

Nach dem Zwischenspiel in der Schweiz zog Bea in die Heimatstadt der beiden zurück, nahm sich eine eigene Wohnung und arbeitete als Aushilfskraft und Regisseurin in dem Theater, in dem auch Robert angestellt ist. »In diesem halben Jahr verliebte ich mich wahnsinnig in einen anderen Mann. Das Hin und Her zwischen ihm und seiner Freundin und Robert war so anstrengend, daß ich schließlich flüchten mußte.«

Bea ging für zwei Jahre an ein Theater nach Düsseldorf. Robert bewies wieder Hartnäckigkeit und wollte eigentlich zu ihr ziehen, fand allerdings keine Arbeit. Aber sie blieben zusammen. »Robert blieb mir trotz allem treu, obwohl ich ihn so hart behandelte. Doch ich dachte mir immer, wenn er das nicht aushält, kann er sich ja trennen«, erzählt Bea. Das Abschiedsdilemma begann von neuem. »Aber ich wußte mir zu helfen«, verrät sie, »ich habe mir zum Abschied passende Bücher gekauft und fand es dann ganz romantisch, mit diesem Buch aus der Stadt zu fahren und Leuten im Zug zu begegnen, mit denen ich über das Thema sprechen konnte.«

Die Erlösung aus diesem unsäglichen Zustand fand dann Robert: »In unserem Theater wurde eine Stelle frei, die genau auf Bea paßte. Ich habe sie vorgeschlagen, und sie wurde angenommen. Seitdem wohnen wir zusammen. Das sind jetzt sechs Jahre. Vor vier Tagen haben wir uns ein altes Bauernhaus gekauft. Der erste ganz verbindliche Schritt zum Nestbau.«

Die Ankunft: Von Null auf Hundert?

Die Ankunft ist eindeutig der freudigste Moment in den Fernbeziehungen. Jeder kennt die erwartungsfrohen Menschen, die mit einer roten Rose in der Hand im Bahnhof stehen. Kaum ist der Zug eingerollt, wird gerannt, umarmt, gegluckst, geküßt, liebkost, es will kein Ende nehmen. Die Glückshormone stehen jedem förmlich ins Gesicht geschrieben, es ist Romantik pur, selten spürt man sich mehr. Die ungeküßten Mitreisenden, die unfreiwillig Zeugen dieses intimen Moments geworden sind, freuen sich oder schauen pikiert weg. Ein solch ausgelassenes »Willkommen« kann manchen an eigene Defizite erinnern.

Aufregung und Vorfreude auf die kommenden Tage überwiegen in diesen Momenten. Viele Empfangende haben zu Hause ein Essen vorbereitet, das Bett frisch bezogen, die Wohnung auf Vordermann gebracht, Blumen aufgestellt. Vielleicht auch einen gemütlichen Abend im Kino oder mit Freunden geplant.

Nur selten ist das Wiedersehen von einem Kummer belastet, meistens nur dann, wenn man sich vorher gestritten hatte und die dadurch entstandenen Spannungen erst wieder auflösen muß. Langjährige Fernliebenpaare nehmen das Wiedersehen oft schon gelassener. Da wird nicht mehr abgeholt, nichts mehr vorbereitet. Der Beweis, daß sich auch in Fernbeziehungen Routine einschleichen kann. Da hat der Partner den Wohnungsschlüssel und kommt halt hin. Aber der Genuß, sich leibhaftig in Ruhe gegenüberzusitzen und sich etwas erzählen zu können, nutzt sich über all die Jahre nicht ab. Das Wiedersehen ist und bleibt – egal, wie lange eine Fernbeziehung dauert – ungeheuer spannend, erlösend und erquicklich. Und das Herzklopfen beim Abholen und Abgeholt-Werden sollte man sich eigentlich immer gönnen.

Wichtig ist ein guter Auftakt

Susanne (42), Managerin

In der Politik ist Maastricht ein Begriff geworden, das Synonym für die Vereinigten Staaten von Europa und die Einführung des Euro. Für Susanne, Vertriebsmanagerin bei Daimler-Chrysler in Stuttgart, hat Maastricht einen sehr privaten Hintergrund: Hier lebt ihr Mann, der für drei Jahre ein Callcenter des Autokonzerns mit aufbauen hilft.

18 Jahre lang sind die beiden schon ein Paar, getrennt waren sie wegen häufiger Dienstreisen bis nach Asien immer wieder. »Eigentlich wollten wir so etwas nicht mehr, aber die berufliche Situation ändert sich alle paar Jahre, und Karriere ist uns beiden wichtig«, sagt Susanne. Sie war selbst für ein halbes Jahr in Warschau, in dieser Zeit sah sie ihren Mann nur einmal im Monat. »Ein stabiles Paar verkraftet so etwas. Und wir sind zwei relativ rationale Typen, die viele Freiräume brauchen und sich gegenseitigen Erfolg gönnen: Um den zu erreichen, muß man einfach bei einem multinationalen Konzern bereit sein, ins Ausland zu gehen, man kann einmal nein sagen, aber nicht fünfmal, so sind

die Spielregeln. Mein Mann hat es immer gut gefunden, daß ich es als eine von wenigen Frauen in höhere Ränge geschafft habe, auf meiner Ebene bin ich von 95 Prozent Männern umgeben. Er hat nie protestiert, wenn ich nicht da war, er wußte, ich brauche Kontakt zu den Märkten.«

Über ihr Transitland Belgien nähern sich die beiden nun an. Alle 14 Tage fliegt Susanne seit 1998 nach Brüssel und steigt in den Zug nach Lüttich, wo sie ihr Mann abholt. Bis nach Maastricht sind es dann noch 20 Minuten. »Wichtig ist ein guter Auftakt, daß ich frühzeitig am Abend ankomme, damit wir in Ruhe essen und uns die Woche erzählen können, das ist ein richtiges Ritual. Am Anfang bin ich erst um 23 Uhr gekommen, da war ich deutlich gereizter«, erzählt Susanne.

Die zweite Regel für ihre stabile Fernliebe: »Wir nehmen keine Arbeit aus dem Büro mit ins Wochenende. Und wenn doch, dann reduzieren wir es auf einige Stunden. Wir ermahnen uns immer wieder gegenseitig, nicht zu viel zu tun, weil wir beide kleine Workaholics sind. Auch mit Putzen halten wir uns nicht auf, wir leisten uns zwei Putzfrauen. Wir wollen unsere Zeit am Wochenende optimal für uns nutzen und uns nicht mit Haushaltskram belasten.«

Das dritte Erfolgsrezept für gelungene Treffs: »Wir pflegen unsere Freundschaften, die ausschließliche Konzentration auf uns selbst wäre uns zu wenig. Deshalb laden wir auch schon mal Bekannte nach Maastricht ein.«

Zweifel kommen Susanne selten, aber manchmal sind sie dennoch da: »Wenn es mir schlecht geht, frage ich mich schon hin und wieder, warum ich mir diese Strapazen antue.« In solchen Momenten tröstet sie sich damit, daß Stefans Engagement in Holland in drei Jahren beendet sein wird und sie dann wieder versuchen werden, am selben Ort zu arbeiten. Die Fernliebe habe auf jeden Fall ihre Beziehung eher gestärkt als geschwächt, findet Susanne. »Wir haben unseren Horizont sehr erweitert, ich habe ein fremdes Land und seine Kultur kennengelernt. Außerdem stellten unsere Freunde mit einer gewissen Bewunderung fest, daß wir ziemlich zärtlich miteinander umgehen – viel bewußter als Paare, die sich täglich anfassen können. Eine Freundin wurde fast neidisch darauf.«

Beim Sex müsse man dagegen eher Abstriche machen, gibt Susanne ehrlich zu: »Die Tatsache, daß das Reisen schlaucht und wir uns immer schon am Sonntag trennen, führt dazu, daß oft zu wenig Zeit bleibt. Es ist viel schöner, wenn man längere Zeit an einem Stück zusammen ist. Immerhin: Den Urlaub verbringen wir immer zusammen.«

Allein lebt man nachlässiger, weiß Susanne. Als ihr Mann nach einer Operation ein paar Wochen hintereinander bei ihr war, stellte sie Veränderungen fest: »Ich merkte, du mußt wieder toleranter sein und mehr Ordnung in der Wohnung haben, weil es der andere Mensch ja auch schön haben will. Da sind wir schon viel individueller als unsere Eltern. Für die wäre so eine getrennte Lebensweise undenkbar gewesen. Bei mir wäre die Grenze Kinder: Wenn wir Nachwuchs hätten, wäre ich schon sehr dafür, daß beide Elternteile zusammenleben.«

In naher Zukunft wollen sich die beiden räumlich wieder annähern. Bis auf weiteres: »Man soll niemals nie sagen, wenn ein attraktives berufliches Angebot kommt.«

Der Urlaub: Ein Ausnahmezustand

Freude, Wonne, Sonnenschein – das erwarten die meisten von einem gemeinsamen Urlaub. Für Fernliebenpaare ist er mehr: Der Urlaub wird als Urlaub von der Fernbeziehung angesehen, von ex auf hopp geht es vom Single- ins Paarleben. Ganz wichtig ist dabei der Ort: In eine romantische Gegend zu fahren ist erfolgversprechender, als in Balkonien zu bleiben. Der Abstand von den häuslichen Umgebungen wirft ein neues Licht auf die Beziehung.

Es ist die Zeit im Jahr, in der ein tägliches Zusammenleben ausprobiert werden kann, in der man sich richtig kennenlernen kann, in der man sich ausführlich aussprechen und spüren kann.

Und genau da lauern die Gefahren. Der Urlaub kann zur Liebesfalle werden. Hohe Erwartungen und viel Nähe sind ein explosives Gemisch.

In 14 Tagen sollen alle emotionalen Defizite ausgeglichen werden, die sich innerhalb eines Jahres aufgetürmt haben. So entsteht ein gewisser Glückszwang. Kein Ausweichen ist mehr möglich. Der Alltag muß geteilt werden. Das kann zu bitteren Enttäuschungen führen: Man merkt auf einmal, daß man dem täglichen Miteinander gar nicht gewachsen ist, wird genervt, ungenießbar. Man möchte wieder zurück in sein Nest, um ungestört den Marotten seines Singledaseins nachzugehen. Zweisamkeit erfordert Einfühlung, Toleranz und Rücksichtnahme. Das kann überfordern. Vielleicht ist man auch erst jetzt in der Lage, den Partner ganz wahrzunehmen und entdeckt Verhaltensweisen oder Einstellungen, mit denen man nicht gerechnet hat, mit denen man sich nicht auseinandersetzen will. Schlimmstenfalls muß man erkennen: eine Stop-and-Go-Beziehung geht, die andere Variante nicht.

Es kann aber auch gerade umgekehrt laufen: Im Urlaub wird die Beziehung intensiviert. Man kann Wochen und Monate später davon noch zehren. Endlich läßt sich in Ruhe und Harmonie besprechen, was am Telefon oder am Wochenende zu heikel wäre. Man kann sich diesen Themen richtig stellen. Keine Abfahrt zwingt zur schnellen und unausgegorenen Versöhnung.

»Ferien haben einen Fokus-Effekt«, meint die Psychologin Claudia Enkelmann: »Schwierige Beziehungen werden noch schwieriger, gute meist noch besser.« Auch sie warnt vor der Dauernähefalle: »Hier paßt das Bild der Stachelschweine, die sich im Winter eng zusammenkuscheln, um Wärme voneinander aufsaugen zu können. Aber immer, wenn sie sich zu nahe kommen, piksen sie sich und müssen wieder auseinanderrücken.« Zuviel Nähe erzeuge Reibung und Reibung Aggressionen. Deshalb dürfe man auch im Urlaub ruhig mal getrennte Wege gehen.

Das Glücksgefühl kann uns keiner nehmen

Andreas (30), Geoökologe, und Waltraud (29), Biologin

Andreas und Waltraud lieben die Natur, Pflanzen faszinieren sie, Ökologie leben sie. Deshalb sind die Biologin und der Geoökologe, die 350 Kilometer voneinander entfernt wohnen und seit sechs Jahren ein Paar sind, vorwiegend mit dem Rad unterwegs, wenn sie zusammen sind. Aber es ist kein harmloses Radeln ins Grüne, das Fernliebenpaar bevorzugt wochenlange Extremtouren in oft menschenleeren Gebieten: Feuerland, Mongolei, Wüste Gobi, Namibia, Botswana.

Es ist ein schweißtreibendes Erfolgsrezept gegen Entfremdung in der Distanzliebe: »Den Großteil des Jahres schuften wir, einen Monat lassen wir die Sau raus. Gerade weil wir das Jahr über lange getrennt sind, genießen wir das Abenteuer-Radeln. Dann sind wir Teilzeit-Aussteiger und Grenzgänger. Die Touren schweißen uns so nah zusammen, wie es selbst im Alltag nie möglich wäre. Wir müssen uns hundertprozentig aufeinander verlassen können, man lernt jede Nuance des Partners abzuschätzen. Wir helfen uns in Extremsituationen: wenn wir mehr Löcher im Reifen als Flickmaterial haben, wenn wir körperlich auf dem Zahnfleisch gehen. Es sind ja keine Reisen, wo der eine mal sagt, ›ich geh jetzt mal einkaufen und du läufst runter zum Strand‹. Wir verausgaben uns körperlich völlig, aber laden uns geistig dabei auf. Die Wüste macht frei.«

Alle Touren benötigen eine langwierige Vor- und Nachbereitung. Das verbindet Andreas und Waltraud auch in den Zeiten, in denen sie sich nicht sehen. Die werden intensiv genutzt, erzählt Andreas: »Wir sind Workaholics, die keine Feiertage kennen, wir gehen in unseren Berufen auf, die sind uns so wichtig wie unsere Verbundenheit.« Derzeit schreiben beide an ihren Doktorarbeiten, danach werden sie mit hoher Wahrscheinlichkeit weiterhin getrennt sein. Waltraud arbeitet in einem renommierten Wissenschaftler-Team, das Grundlagenforschung über Stoffwechselprozesse betreibt, mit dieser Top-Ausbildung ist sie überall auf der Welt gefragt. Andreas gönnt es ihr, weil auch er voll beschäftigt ist. Vielleicht, meint er, landet sie mal in Kalifornien und er auf einem Landratsamt: »Wer in der Wissenschaft tätig ist, weiß nie, wo er hinkommt, aber an unsere Zukunft verschwenden wir jetzt keinen Gedanken. Und das Wort Angst kennen wir nicht.«

Das liegt auch daran, daß beide sehr rationale Typen sind. Endloses Gelaber am Telefon ist nicht ihre Sache, sie kommunizieren lieber knapp per E-Mail. Wochenlange Abwesenheit, die mit Arbeitsstreß begründet wird, kommt schon mal vor, aber sie gefährdet diese Beziehung nicht: »Wir wissen, was wir an uns haben, auf unseren Touren haben wir uns so intensiv kennengelernt. Das Glücksgefühl, sich auf einem Gebirgspass zu küssen, kann uns keiner nehmen. Wir sind das ideale Paar. Ich lade 15 Kilo mehr auf mein Rad, damit wir ungefähr das gleiche Tempo haben. Und am Abend kuscheln wir uns beim Einschlafen aneinander«, erzählt Andreas. Für erotische Spiele fehlt den beiden im Extrem-Urlaub meistens die Kraft, die Touren schlauchen zu sehr.

An Zusammenziehen hat Andreas noch nie gedacht, Kinder sind für ihn außerhalb jeder Diskussion. »Ein Kind zwänge uns zusammenzuziehen, das ist ein viel größerer Schritt, als wenn wir es miteinander mal eben so locker versuchen. Dann müßten wir ganz anders leben, aber uns gefällt es so frei. Weil wir beide beruflich sehr erfolgsorientiert sind, fühlen wir uns gleichwertig, keiner dominiert den anderen oder rückt ihm zu eng auf die Pelle. Im Gegenteil: Wir fördern die Freiheit des anderen und freuen uns über seine Erfolge.«

Das Gespräch: Zum Wesentlichen vordringen

Patrick Marber kam mit seinem Stück »Closer« (auf deutsch: »Hautnah«) in England und am Broadway groß raus. Die Liebe ist für ihn eine Illusion. Er glaubt nicht, daß eine ehrliche Beziehung zu einem anderen möglich ist. »Das einzige, auf das du hoffen kannst, ist eine ehrliche Beziehung zu dir selbst.«

Michael Lukas Moeller sieht das nicht so pessimistisch. Der Psychotherapeut, der sich auskennt mit den Chancen und Tükken der Kommunikation, will Menschen zum Sprechen bringen, damit ihre Beziehung im Gleichgewicht bleibt: »Paare brauchen wenigstens einmal wöchentlich anderthalb Stunden, um wirklich wesentlich miteinander zu reden.«[15] Das Ziel der von ihm entwickelten Zwei-Personen-Selbsterfahrungsgruppe: Zwiegespräche statt Zwiespaltgespräche. Nicht dem anderen einreden, wie er ist, sondern ihm zeigen, wie ich mich gerade erlebe.

Fernliebenpaare sind viel mehr als andere darauf angewiesen, oft miteinander zu sprechen, weil sie keine anderen Eindrücke in der Zeit der Distanz mitbekommen. Moellers Erfahrungen aus dieser Methode sind gerade für sie ermutigend: »Die Zuneigung wächst, je mehr wir voneinander erfahren, auf einem solchen Austausch von Selbstporträts beruht diese Kunst des Liebens. Das Erfolgsgeheimnis dieser Gespräche ist die Kontinuität, sie sollen nicht von Stimmungen abhängen, sondern einen festen Termin haben. Der wichtigste Befund zur Zweierbeziehung in den Industriestaaten ist der Mangel an wechselseitigem Austausch, die sogenannte Kommunikationskluft. Die Partner reden über Urlaubspläne, Berufsprobleme, Erziehungsfragen und Anschaffungen, jedoch kaum von dem, was sie wirklich bewegt.«

Moeller hält die Sprachlosigkeit für weit verbreitet, zu ihm kommen schließlich die vergleichsweise Gesunden, die das Abstumpfen der Beziehung noch spüren und bereit sind, etwas dagegen zu unternehmen. Was sagt er ihnen? »Es ist kein unausweichliches Schicksal, daß die erotische Spannung schwindet und das Gespräch verstummt.«[16]

Wer gut reden kann, kann auch gut schweigen

Hilde, (56), Hausfrau, und Peter (58), Oberstleutnant a.D.

10 000 Quadratmeter groß ist das Grundstück von Peter und Hilde. Eine parkähnliche Anlage direkt am Waldrand in der westfälischen Provinz. Hier verbringen sie ihren Lebensabend. Ihre Fernliebe hat gehalten, der Dienst am Vaterland für Bundeswehr und NATO hat sie nicht kleingekriegt.

1962 haben sie geheiratet. Als Frau außerhalb des Haushalts zu arbeiten war damals nicht üblich. Als Oberstleutnant ist Peter 1993 aus dem Dienst ausgeschieden, ein »High-Tech-Soldat und Humanist altphilologischer Prägung«, so sieht er sich. Wenn er auf seine Soldatenlaufbahn zurückblickt, hebt er die Opfer seiner Familie hervor: »In zehn Jahren haben wir neunmal die Wohnung gewechselt, später kamen 16 Jahre Wochenendehe dazu, das war schon extrem. Ich war oft zu langen Übungen in den USA, wenn das Jahresschießen als Höhepunkt der Ausbildung anstand, konnte ich nicht wegbleiben, selbst die Geburt meiner Tochter versäumte ich. Aber den grundsätzlichen Sinn der Versetzungen habe ich nie bezweifelt.«

Ehefrau Hilde, Schöffin beim Landgericht in Kaiserslautern, klagte nicht. »Mein Vater war selbst Offizier, ich bin schon so groß geworden. Zwischen mir und meinem Mann gab es eine klare Rollenteilung: Ich war für alles zu Hause zuständig. Er ging weg, also habe ich es gemacht. Ich war keine von den Frauen, die man nicht zwei Tage allein lassen konnte. Vielleicht habe ich nicht genug darüber nachgedacht, bin nicht kritisch genug damit umgegangen. Unsere Ansprüche an ein gutes Leben waren sehr viel niedriger, als wenn wir heute jung wären.«

Sie entschieden sich bewußt für eine Fernbeziehung. 500 Kilometer lagen meist zwischen der Kaserne und dem Wohnort. Das war ihnen der feste Stützpunkt wert: »Bevor wir unser Nest gebaut hatten, hatten wir nie Freunde außerhalb des Militärs, weil wir immer in Bundeswehr-Siedlungen wohnten.« Der Sohn meckerte: »Wenn ich Freunde finde, ziehen wir ja sowieso wieder um. Ich will gar keine mehr kennenlernen.«

Peter erzog sich in der Kaserne zur Arbeitseffizienz: »Ich habe Dinge, die man sonst während der Woche im Kopf hat, alle abgearbeitet. Wenn ich das Auto aufgesperrt habe, war der Bund nicht mehr existent, schwebte die Arbeit nicht mehr über uns.«

Hilde nutzte die Zeit in der Woche: »Ich bin viel selbstbewußter geworden, das ist so, wie wenn ein Baum allein steht, der kann besser wachsen. Einsam habe ich mich nie gefühlt. Wir können beide sehr gut alleine sein. Wenn es zwischen uns happig wurde, sagte ich mir: Der haut ja wieder ab. Distanz kann in Konflikten etwas sehr Heilsames haben, nach einem Tag weiß man nicht mehr, wieso es ein Problem war.« Ein Nachteil war, daß Hilde in der Woche ohne ihren Mann nicht mehr eingeladen wurde, sie kam sich vor wie das fünfte Rad am Wagen: »Entweder meinten die Gastgeber, jemanden extra für mich abstellen zu müssen, oder die Frauen betrachteten mich auf einmal als Konkurrenz.«

Den Entschluß, auf das Land abseits der Metropolen zu ziehen, haben sie nie bereut: »In der Stadt lebt man nicht, da fährt man hin. Und wenn ich Städter über das reichhaltige Kulturangebot schwärmen höre, frage ich sie, wann sie das letzte Mal im Theater waren. ›Vor zwei Jahren‹, antworten die meisten. Für uns ist die Natur das beste Theater. Wenn ein Fuchs in der Diele steht, ein Eichhörnchen im Nußbaum herumturnt, ein Hermelin sich blicken läßt«, erzählt Hilde.

Die beiden haben die Trennung immer positiv gesehen, beteuert Peter: »Ich habe viele interessante Leute kennengelernt. Die NATO war für mich die große Welt. Sie brachte Spannung in unsere Beziehung. Und wir konnten uns während unserer Trennungsphasen immer fragen: ›Was wollten wir schon immer mal für uns ganz persönlich tun?‹«

Noch wichtiger aber ist der große Vorrat an Gemeinsamkeit. Die beiden haben sich auch nach 38 Jahren noch etwas zu sagen, meint Peter und verrät das Erfolgsgeheimnis: »Ich empfehle jedem Fernliebenpaar, stundenlang in der Natur spazierenzugehen, wo es wenig Ablenkung gibt. Im Wald kann man sich am besten dem anderen öffnen. Dinge sagen, die man sonst im Raum nicht sagt. Unser Rezept: reden, reden und nochmals reden. Wer gut reden kann, kann auch gut schweigen.«

Sie erwartet Trost, Unterstützung, Ansprache, er Freizeit, Spaß, Entspannung. Jeder versteht unter Liebe etwas anderes. Man muß sich zusammensetzen, um sich darüber auseinanderzusetzen. Und das ist während einer Fernliebe nur eingeschränkt möglich, weil man die kostbare Zeit nicht mit schweren Gesprächen belasten will. Dabei ist die Liebe eine Quelle der Mißverständnisse, die Fernliebe im besonderen. Man kann sich nicht in die Augen sehen, wenn man getrennt ist, man kann nicht nach der Hand des anderen greifen, man kann keinen gemeinsamen Spaziergang machen, bei dem der Zorn verraucht.

Was hilft? Streiten, richtig streiten, den Konflikt nicht vertagen. Streit bedeutet Annäherung.

Er kann aber auch zum endgültigen Bruch führen, wenn es keine Streitkultur gibt, wenn Rücksichtslosigkeit und Genervtsein eine unheilvolle Allianz eingehen und verletzende Worte nicht mehr zurückgeholt werden können. Allzu hohe Erwartungen auf der einen Seite, beleidigter Rückzug auf der anderen – das ist eine typische Katastrophen-Konstellation. Der eine Partner empfindet sich nicht mehr als Entlastung, sondern als Belastung und Streßfaktor. Er versteht nicht, daß der andere auch einmal ein Wochenende allein sein will. Da hilft nur das offene Gespräch. Ein konstruktiver Streit ist einem lähmenden Schweigen immer vorzuziehen.

Die Psychotherapeutin Karin Schneider-Henn beschreibt die Falle der Harmonie-Lüge: »Das bißchen Zeit, das man hat, mit Streit vergeuden? Lieber schluckt man den Ärger runter, gibt nach. Und explodiert dann plötzlich bei einer Kleinigkeit. Tip: alles sofort und mit Humor klären. Sich ab und zu zusammensetzen, um die Beziehungskiste zu entrümpeln. Jeder sagt, was er ändern möchte.«

Eine Betroffene, Tanja, philosophiert über das Problem: »In 46 Stunden sitze ich wieder im Zug und weiß, bis dahin muß der Streit gelöst sein. Einige Male ging es nur auf die letzte Minute. Die unterschiedliche Geschwindigkeit ist eine ständige Gefahr: Die eine packt den faulen Zahn und reißt ihn raus, der andere Partner braucht oft mehr Zeit zum Heilen. Da werden Zugbrücken hochgezogen, oder der andere kriegt sie auf den Kopf. Da blitzt der Gedanke auf: ›Wenn du mit Konflikten nicht fertig wirst, kannst du dann überhaupt mein Partner bleiben?‹«

Tanja glaubt, daß viel auf der Strecke bleibt: »Die Probleme stauen sich unterschwellig an, der Versuch der Unterdrückung schlägt fehl, und dann kommt es doch zur heftigen Auseinandersetzung. Früher konnte ich alles sagen, was mir im Kopf war. Jetzt muß ich diese Dinge unter Umständen vier Tage aufschieben.«

Babe Wahl, Persönlichkeitstrainerin in Stuttgart mit langjähriger Fernliebenerfahrung, bietet Seminare zum richtigen Streiten an. Nach zwei gescheiterten Ehen fragte sie sich, warum es soviel Konflikt und Streit in ihrem Leben gibt. Sie fand eine Antwort: »Es begegnet einem doch nur der andere Spiegel, ich hatte meine Aggression nicht gelebt. Wenn ich die Aggression nicht lebe, überträgt sie sich.« Ihr wurde klar: »Jeder bekommt den Partner, den er verdient.«

Die frühere Arzthelferin leitet heute eine Streit-Schule, denn: »Viele Menschen haben das nie gelernt und fügen sich mehr Verletzungen zu als nötig. Es geht darum, das konstruktive Streiten zu lernen, nicht das destruktive.« Ganz wichtig sei die Fähigkeit, sich von der Kränkung, die nahezu jeder Streit mit sich bringe, freizumachen. Wer nicht verzeihen kann, kann schneller krank werden. Der seelische Druck durch dauernden Ärger kann Herz-Kreislauf-Beschwerden, Depressionen, Ängste, Schlafstörungen auslösen. Wichtiger als die Suche nach den Ursachen der Verletzung sei das Aufspüren von Perspektiven für die Zukunft, meint Babe Wahl. Nicht die Bestrafung eines anderen Menschen sei erstrebenswert, sondern der eigene innere Friede.

Die Gefahr bei Konflikten in der Fernbeziehung sieht Babe Wahl vor allem darin, daß sich jeder auf seine Plattform zurückzieht, ohne die Chance zu haben, von Angesicht zu Angesicht die Knackpunkte anzusprechen. »In der Fernliebe wird man weniger manipuliert, aber durch viele Beziehungen ziehen sich kleine Gräben. Schwierig wird es, wenn die Verbindung ungleich ist und die Konfliktfähigkeit sehr unterschiedlich ausgeprägt ist. Viele wünschen sich dann, daß der Partner einem etwas entgegensetzt, kommt das nicht, wird es fälschlicherweise oft als Ausdruck von Gleichgültigkeit interpretiert. Dann kommen Trennungsgedanken hoch, die erschrecken.«

Babe Wahl stellt den Paaren, die zu ihr kommen, erst einmal folgende Fragen: »Sagen Sie, was Sie tatsächlich bewegt, oder taktieren Sie? Lassen Sie sich mit Fragen und Antworten Zeit, hören Sie in sich hinein: Was will ich wirklich wissen und entgegnen? Betrachten Sie Streit als Energie, die transformiert werden kann und entweder mutbringend oder zerstörerisch angewendet werden kann? Mancher Streit kann nicht von heute auf morgen aus der Welt geschafft werden. Wir können uns aber so verhalten, und das zunehmend, daß nicht so viel Geschirr kaputtgeht, daß wir mehr Tassen im Schrank behalten. Richtig streiten beinhaltet, Signale zu geben und zu verstehen. Ich kann den anderen unmöglich beißen und verletzen, wenn ich sehe, höre und dann weiß, was er fühlt. Wenn man die Würde des anderen wahrnimmt, kommt es zu einer Beißhemmung. Auch wenn ein verletzendes Wort gefallen ist, können wir uns sortieren und den Ausbruch unserem Liebsten erklären. Damit hebe ich die Verletzung auf, mache mich anfaßbar. Es entstehen Respekt, Nähe, Würde, Liebe.«

Er hat sich mir entzogen

Martin Driller (30), Fußballer, und Regina Halmich (23), Boxerin

»Streiten muß man lernen, und es gibt Phasen, wo man es einfach nicht kann«, weiß der Fußballstar Martin Driller. In Nürnberg ist er Publikumsliebling, aber 1998 war er von seinem damaligen Trainer ausgemustert worden: Er durfte nur noch zusehen, wenn die anderen spielten.

Der sportliche Mißerfolg, den Sonnyboy Driller erstmals in seiner Karriere erlebte, drückte schwer auf seine Stimmung: »Ich war total mies drauf und gereizt. Leider habe ich meine schlechte Laune und meine Aggressionen an meiner Freundin ausgelassen. Zwar nicht handgreiflich. Aber verbal.«

Das Opfer war Regina Halmich, die Boxweltmeisterin im Juniorfliegengewicht. Weil sie oft in anderen Städten trainierte und noch in Karlsruhe wohnte, war sie nur drei Monate im Jahr zusammenhängend mit Martin zusammen. Ein Problem, das Drillers Frust in der Formkrise verstärkte: »Wenn sie ständig dagewesen wäre, hätten wir vielleicht meine schlechte Stimmung besser auffangen können, so habe ich alles in mich hineingefressen. Regina war mein Halt. Mir war es selbst schon peinlich, daß ich so schlecht drauf war, wenn Regina kam. Ich habe viele Fehler gemacht, das sehe ich heute ganz klar. Sie hatte keinen Bock mehr auf meine Launen, ich war auch körperlich zu einem Rühr-mich-nicht-an geworden und hatte meine Lockerheit verloren.«

Regina Halmich fühlte sich hilflos: »Ich wollte immer wieder mit Martin reden, aber er hat sich mir entzogen. Ich wollte mit ihm streiten, mich auseinandersetzen über die unerträgliche Situation und konnte nicht akzeptieren, daß er Ruhe brauchte, um mit sich selbst klarzukommen. So nahm ich das Problem mit nach Hamburg, wo ich für meine Kämpfe trainierte, und war nie richtig frei davon.«

Trotz dieser schlechten Erfahrung kann sich Regina Halmich durchaus wieder eine Fernliebe vorstellen: »Wenn der richtige Mann kommt, wünsche ich mir zwar keine hundert Kilometer zwischen uns, aber wo die Liebe hinfällt, fällt sie hin. Für den Mann des Lebens wäre ich zu sehr viel bereit. Wichtig ist nur, daß beide es wollen.«

Der Liebesbrief: E-Mail, SMS oder Papier

Jeden Tag gleitet mehrmals ein Lächeln über das Gesicht von Inge, die am Computer arbeitet: »An dem Briefsymbol auf dem Bildschirm sehe ich, daß ich eine E-Mail von ihm bekommen habe. Ich antworte sofort, da lasse ich jede Arbeit liegen. Dadurch entsteht täglich ein kleines Gespräch, das vier, fünf Fortsetzungen hat.«

Viele moderne Partnerschaften beginnen heute im Internet. Oft sind sie grenzüberschreitend, wie es dem Wesen der schönen neuen Computerwelt entspricht, die Partner wohnen in verschiedenen Ländern, manchmal in verschiedenen Kontinenten.

Chatten ist längst zum Volkssport geworden. Manche Fernliebe fing im Internet an. Schal gewordene Nahlieben werden immer häufiger durch Fernlieben ersetzt, die vor dem Bildschirm beginnen. Es sind nicht mehr nur wenige Eingeweihte, die im Netz Kontakte knüpfen. »Im realen Leben hätten wir uns sicher nicht wahrgenommen«, sagt Susanne, »Markus ist 14 Jahre jünger.«

Der besondere Charme des Chattens: Man stellt sich erst einmal verbal vor. Der Charakter, der sich im Wortwitz ausdrücke, stehe im Vordergrund, das Aussehen sei nebensächlich, sagt Michael. Er wohnte in Wien, seine Freundin in Kalifornien. Mittlerweile haben sie geheiratet und wohnen beide in Österreich. Kein Einzelfall. Das Fernlieben produzierende Phänomen geht durch alle sozialen Schichten und Altersgruppen.

Der Tag beginnt mit einem Sonnenstrahl mehr, wenn man bereits am Morgen eine E-Mail erhält. Fernliebenpaare, die virtuos mit dem Computer umgehen können, haben ein zusätzliches Element an Spannung in ihrem Liebespiel. Und das kann auch ziemlich erotisch sein. Die Zeitschrift *Elle* sprach in ihrer Ausgabe im Mai 2000 von Online-Petting: »Wer bei E-Mail seine erotischen Obsessionen auspackt, liebt auch im Schlafzimmer hemmungsloser. In den Blutbahnen konzentrierter Chatter zirkuliert ein Cocktail aus Adrenalin und Endorphinen, den Glückshormonen. Die gleiche Mischung, die bei Zungenküssen das Ganzkörperkribbeln auslöst.« Eine Userin geriet richtig ins Schwärmen: »Ein Glück, daß wir im dritten Jahrtausend leben und nicht wie im 19. Jahrhundert wochenlang schmachten, bis die Postkutsche den Liebesbrief bringt. Bis dahin ist die Leidenschaft längst erkaltet.«

Die Schwester der E-Mail heißt SMS (Short Message Service) – das moderne Poesie-Album, elektronische Mini-Telegramme mit höchstens 160 Zeichen, die in Sekundenschnelle versandt werden. Über 25 Millionen werden täglich verschickt, und wenn das Handy piepst oder pulsiert, leuchten die Augen der Fernliebenden. Es ist ein kleiner Sieg über die Grenzen von Raum und Zeit, ein Indiz für die eigene Wichtigkeit. Ich empfange, also bin ich, ich sende, also habe ich jemanden. Das ist die 15 bis 59 Pfennig, die jede Sendung kostet, schon wert.

Wenn man sich Mühe gibt, kann man kleine Kunstwerke versenden: ein Herz oder funkelnde Sterne aus Sonderzeichen. Gezielte Botschaften, die direkt ins Herz gehen. Und immer wieder abrufbar sind in trüben Stunden: Die SMS-Botschaften können gespeichert werden. So wird das Handy zum Symbol der tragfähigen und poetischen Fernliebe.

Eine andere Möglichkeit, den Liebsten zu erfreuen, sind besprochene Kassetten. Eine Frau über ihre Idee: »Ich habe Liebeslieder aus dem Radio, die auf unsere Situation passen, mit

Gedichten und Gesprochenem gemixt. Das kann er sich anhören, wenn ich mal länger im Urlaub sein sollte oder wir nicht so oft telefonieren können.«

Ihr Freund war begeistert: »Die besprochene und bespielte Kassette war einmalig, ich kann sie mir immer wieder anhören, zum Beispiel, wenn ich im Zug sitze. Es ist richtig spannend, ihre Stimme zwischen den Songs zu hören.«

Es gibt viele originelle Ideen, mit denen man seine Fernliebe erfreuen kann. Überweisen Sie – eine Idee einer Frauenzeitschrift – ihrem Liebsten 1 Mark und tragen auf dem Überweisungsträger ein: »Ich liebe dich.« Was glauben Sie, was Ihr Partner für ein glückliches Gesicht macht, wenn er so eine Liebeserklärung auf dem Kontoauszug liest – da, wo er es garantiert nicht erwartet?

Was auch besonders gut ankommt und wenig aufwendig ist: virtuelle Blumensträuße schicken oder richtige per Fleurop. Das ist ganz altmodisch. Aber für den Menschen, der einem lieb und teuer ist, sollte man schon ab und zu in die Tasche greifen. Wer schenkt, beschenkt sich selbst, wer aufmerksam ist, wird seltener ignoriert.

Der Klassiker ist natürlich der Papierbrief, der vom Postboten gebracht wird: Er ist das größte Kompliment, das man jemandem machen kann. In ihm können Gefühle ausgedrückt werden, die man entweder schwer sagen kann oder nachlesen möchte. Das Gesagte verfliegt oft – egal ob nah- oder fernmündlich. Das Geschriebene bleibt.

Wolfram und Ricarda haben sich fast jeden Tag einen Brief geschrieben, wenn sie getrennt waren. Riesengroß geschriebene Vornamen in Schmuckschrift zierten die Umschläge, den gezeichneten Kußmund gab es in vielen Variationen.

»Briefe waren für mich ein innerer Dialog, eine Form von Intimität, die ich mit anderen Mitteln nicht erreiche«, erklärt Wolfram. Jahre später – die beiden wohnen längst zusammen – kramt er sie wieder hervor, in einer blauen Schachtel mit Glanzpapier hat er sie aufbewahrt. »Damals habe ich den jeweils aktuellen Brief bei mir am Körper getragen und immer wieder gelesen, er war für mich der Beweis unserer Zugehörigkeit. Sehnsucht ist für mich die schönste Fähigkeit des Menschen, beim Briefeschreiben kann man völlig bei sich und dem anderen sein.«

Ich denke an dich, also folge ich dir

Werner (59), Professor

Wissenschaftler sind zuweilen umtriebige Leute. Ständig müssen sie irgendwo lehren, lesen und forschen. Der Karriere wegen sind sie viel unterwegs, und nicht immer kann oder will ihnen die Familie folgen.

Werner, ein Bochumer Professor, heute 59 Jahre alt, hat jahrelang so gelebt. Schon seine erste Ehe war eine Fernliebe. Seine damalige Frau lebte in England, er in Deutschland. Seine Kommilitonen wunderten sich, warum er sich nicht während ihrer langen Abwesenheit andere Geliebte suchte. »Aber das Getrenntsein war für mich kein Problem, wenn man die Zeit richtig füllt. Ich wußte wie der Kleine Prinz, daß das Wesentliche unsichtbar ist, daß auch in der Entfernung Liebe erlebt werden kann. Die Distanz war für mich wie die Dornen einer Rose, das Leid gehört zur Liebe. Außerdem war ich religiös geprägt und hatte eine archaische Vorstellung von Treue. Die räumliche Abwesenheit war für mich kein Grund, die Puppen tanzen zu lassen. Für die Ehe in freier Liebe bin ich nicht geboren, aber für eine Ehe auf Distanz.«

Das Ehepaar hielt Kontakt über Briefe, die beide mit Hingabe schrieben. »Vor allem reizte es uns als Sprachexperten, auch mit der Sprache und den Formulierungen in den Briefen zu spielen.«

Diese Leidenschaft konnte der Professor mit seiner zweiten Frau, die er 1987 in Freiburg auf einem Romanistischen Kongreß kennengelernt hatte, noch intensivieren. »Zusammen sprechen wir zehn Sprachen. Das ist genug Stoff, um in mehreren Sprachen spielerisch in Briefen miteinander zu kommunizieren.«

Gelegenheiten hatte und hat das Paar genug: Denn noch am ersten Tag ihrer Begegnung wollte seine Frau für immer nach Brasilien fliegen. Er mußte für drei Monate nach Kanada, um dort eine Gastprofessur zu übernehmen, wovon letztendlich sein deutscher Lehrstuhl profitierte. Spontan folgte sie ihm für zwei Wochen nach Kanada, um dann für eineinhalb Jahre in São Paulo als Stipendiatin zu leben.

»Fernverkehr ist aller Laster Anfang«, lästert der Professor heute und meint damit nicht nur die entgegenkommenden LKWs. Die Liebe zu seiner Frau beschreibt er als »ständige An-

und Abwesenheit«. Sie sahen sich in den ersten eineinhalb Jahren – sie in Brasilien, er in Kanada, dann in Bonn – aufgrund der über 10 000 Kilometer Distanz eher selten, aber dafür dann länger und nachhaltiger.

Als sie nach Deutschland zurückkam, nahm sie in Freiburg ihre Stelle als wissenschaftliche Hilfskraft wieder auf. So führten sie weiterhin eine Wochenendliebe: Bonn/Bochum und Freiburg. In Bonn lebt Werners erste Familie. Er hatte sich nach der Trennung von seiner ersten Frau wegen seiner Kinder in der Nachbarschaft eine Wohnung genommen, um ihnen so nah wie möglich zu sein. Jeden Arbeitstag pendelt er von Bonn nach Bochum.

Am Wochenende fuhr er stets nach Freiburg. »Meine zweite Frau wollte aber auch eine Familie gründen und brach deshalb ihre Promotion ab. Sie zog zu mir nach Bonn.« Sie bekamen zwei Kinder, die heute zehn und acht Jahre alt sind. Nach zehn Jahren brach seine Frau wieder auf, um eine Stelle als Lehrerin in Stuttgart anzutreten, die sie beruflich ungemein reizte. In der Privatschule sind auch ihre Kinder gut aufgehoben, wenn sie arbeiten muß. Deswegen pendelt der Professor heute wieder in der Woche von Dienstag bis Donnerstag von Bonn nach Bochum und am Wochenende nach Stuttgart.

Die berufliche Selbstverwirklichung ist für beide eine Selbstverständlichkeit. Sie fordern nichts vom und fördern viel beim anderen. Die Ehepartner ergänzen sich trotz des fast 20jährigen Altersunterschieds hervorragend. Sie ist »die geselligere und dynamischere«, er »der ruhigere, der in seiner zurückgezogenen geistigen Arbeit aufgeht«. Sie kommuniziert lieber mündlich, er schriftlich. »Aber man assimiliert sich«.

Konfliktstoff gibt es nur durch die Mehrbelastung seiner Frau, die den Haushalt führt und die Kinder erzieht. Er kümmert sich zwar am Wochenende fürsorglich um seine Familie, aber die Hauptlast trägt sie. »Wenn durch Berufszwänge eine Fernbeziehung geführt werden muß, gibt es automatisch Hindernisse, die nicht zu überbrücken sind. Aber die Risiken der seelischen Entfremdung werden vollauf ausgeglichen: Es ist eine gegenseitige Bereicherung, weil sich jeder selbst entfalten kann«, meint der Professor.

Die Ferne überbrückt das Ehepaar durch die Nähe in den Briefen, die kleine Kunstwerke sind: Sie sind gefühlvoll und literarisch gestaltet. Zum Beispiel mit einem abgewandelten Spruch des französischen Philosophen Descartes: »Je pense à toi, donc je te suis.« Frei übersetzt: »Ich denke an dich, also folge ich dir.« Ein Faxgerät oder eine E-Mail-Adresse haben sie bis heute zu Hause nicht, weil die Handschrift einfach persönlicher und authentischer sei. Ansonsten dominiert zwischen ihnen der Humor, die beiden nehmen sich gern auf die Schippe, Ironie ist eines ihrer Lebensmittel. Er beim Aufbruch nach Bonn/Bochum: »Ich fahr' jetzt wieder Doppelleben führen.« Sie: »Und ich gehe jetzt meiner doppelten Berufstätigkeit nach.«

Und auch am Telefon durften wir Zeugen eines launigen Gesprächs sein. Das Paar sprach sich frohgemut mit den Adelstiteln »Prinz« und »Prinzessin« an.

Die beiden erzählen sich regelmäßig Märchen und Mythen. Zum Beispiel die Legende, die auf dem Leben des Troubadours Jaufré Rudel basiert. Er war ein Edelmann im Mittelalter, der sich aufgrund von Berichten unsterblich in die Gräfin von Tripoli verliebte, ohne sie jemals erblickt zu haben. Ihr Wesen und ihre Schönheit pries er in seinen Liedern. Je nach Auslegung der Legende hat er sie nie oder aber kurz vor seinem Tod noch gesehen.

Das wichtigste Urmuster der Fernliebe ist für den Professor der »Penelopekomplex«. Odysseus mußte in die Ferne, um seine Liebe zu Penelope zu stärken. Der Dichter Homer gab seiner Figur Odysseus die Aufgabe, die Reize der Sirenen und Nixen zu überwinden. Sich der Liebe zu seiner Frau sicher, kehrt Odysseus zurück.

Als Muster der modernen Fernliebe erzählt Werner gern Marguerite Duras' Kurzerzählung von einem Mann und einer Telefonistin, die in Paris wohnen und nur einen Kilometer voneinander entfernt sind. Sie telefonieren jede Nacht eine Stunde lang, ohne sich je zu begegnen, bis eine Person stirbt. Auch in diesem Fall wurde die Liebe nie realisiert, nie in der Nähe erprobt.

Man ist einfach lockerer

Juliane (19), Abiturientin, und Michael (25), Mechaniker

Juliane hört viel Radio. Als Antenne Bayern seine Hörer zum Chatten aufrief, war sie dabei. »Ich war einfach neugierig und dachte mir, ich mache mal ein bißchen Smalltalk mit dem großen Unbekannten. Man gibt sich einen Decknamen und tippt dann wie eine Wilde rein, wenn man jemanden gefunden hat, der einen fesselt. Man erkennt schnell, ob es beim Smalltalk bleibt oder zum tiefgründigen Gespräch wird. Sein Gesicht kann man dabei nicht verlieren, weil es der andere ja nicht sieht. Insofern kann man total ehrlich sein oder aber hochstapeln. Nicht das Aussehen zählt, sondern die Schlagfertigkeit, für die man trotzdem mehr Zeit hat als im richtigen Leben.«

Es gibt ein paar Grundregeln für das Chatten, wußte Juliane: »Kurz und bündig, das Wesentliche zuerst, schreiben, wie man spricht. Ich kann antworten oder meinen Partner ignorieren, wenn es mir zu dumm oder zu anzüglich wird. Und ich kann Gefühle zeigen – mit Smileys, bestimmten Tastenkombinationen aus dem Chat-Alphabet. Für Schüchterne ist das ideal, und so knallhart draufgängerisch war ich auch nicht. Nie im Traum hätte ich daran gedacht, daß man sich verlieben kann. Im Internet tummeln sich ja so viele Idioten, die einem das Blaue vom Himmel runterlügen.«

Michael war anders. In der Rubrik »Flirten über 20« war die Abiturientin auf den Audi-Monteur gestoßen. »Wir haben uns jeden Tag geschrieben, es wurde immer länger. Man ist einfach lockerer, als wenn man jemanden in der Disco kennenlernt. Ich war ziemlich ehrlich, bis auf die Tatsache, daß ich mich zwei Jahre älter gemacht hatte.«

Nach ein paar Tagen schickte Michael seiner Computer-Fernliebe ein Foto – ein blonder Junge auf dem Motorrad. Juliane war zumindest nicht abgeschreckt. »Ich hatte keinen Scanner, um ihm ein Foto zurückzuschicken, aber ich gab ihm meine Telefonnummer, weil sofort eine große Vertrautheit zwischen uns war. Er rief an. Ich hörte zum ersten Mal seine Stimme. Ein breites Oberbayerisch, gewöhnungsbedürftig, aber nicht schlecht.«

In Nürnberg, der geographischen Mitte, trafen sie sich – fünf Tage nach der ersten E-Mail. Zur Sicherheit brachten sie jeweils einen Freund bzw. eine Freundin mit. »Da saßen wir nun zu viert und jeder grinste, das Gespräch war anfangs sehr unbeholfen. Aber dann verloren wir unsere Schüchternheit. Beim Abschied nahm er meine Hand und stieg extra aus seinem Auto aus, um mich zu küssen. Es war ein super Gefühl. Ich hatte mich nicht getäuscht in ihm.«

Daß sich Juliane auf Michael verlassen konnte, merkte sie noch am selben Abend. Auf dem Heimweg vom Rendezvous wurde sie von einem Fremden überfallen. Mit Mühe und Not konnte sie dem Vergewaltiger entfliehen, indem sie ihm das Gesicht zerkratzte. »Ich habe dann sofort Michael angerufen. Von 1.20 Uhr bis 5 Uhr haben wir telefoniert, er hat mich durch die Nacht gebracht. Ich war ihm dankbar, daß er mir in dieser Extremsituation beistand. Ich hatte schlimme Angst, daß ich diesem Monster wieder begegne. Lange Zeit bin ich von der Bushaltestelle bis nach Hause gerannt. Wenn ich im Bad stehe und Michael hüpft um die Ecke, erschrecke ich noch heute.«

Zwei Tage später besuchte Michael seine neue Freundin. »Er spürte, daß ich ihn jetzt ganz besonders brauchte. Am Anfang haben wir viel geredet.«

Per SMS und E-Mail kommunizieren die beiden eifrig weiter. »Wir gehen ganz selbstverständlich mit dem Computer um. Man hat viel mehr Zeit, sich etwas Treffendes und Originelles zu überlegen, im direkten Gespräch muß man spontan schlagfertig sein. Wir haben uns nie gestritten, wir haben es probiert, aber es ging nicht.« Julianes Mutter sah die Beziehung anfangs mit Skepsis. Aber sie vertraute ihrer Tochter und gab ihr das Auto, damit sie ihn besuchen konnte.

Für sie war die Fernbeziehung bisher ideal, meinen Juliane und Michael: »Wir machen beide Abitur. Wenn wir in der Nähe wohnen würden, hätten wir uns nie so auf die Schule konzentrieren können. Natürlich würden wir gerne mal für eine halbe Stunde beim andern vorbeischauen können, aber das nehmen wir in Kauf.«

Ihre Zukunftspläne sind auf Gemeinsamkeit ausgerichtet. Juliane fängt im Herbst aber erst einmal ein Studium in Eichstätt an, ganz in der Nähe von Ingolstadt. Und er wird seine Bundeswehrzeit in Bayreuth antreten, wo Juliane bisher wohnt. Verkehrte Welt.

Das Telefon: Geliebte Stimme

Fernliebenpaare haben es viel leichter als früher: Das Telefonieren ist wesentlich billiger geworden, gerade Auslandsgespräche waren früher unerschwinglich. Diesen Preisverfall sollte man nutzen. Ein Anruf zur richtigen Zeit mit einer kleinen Liebesbotschaft kann einem den ganzen Tag rosig färben.

Aber Telefonieren will gelernt sein. Es ist schon ein Problem, wenn ein Vieltelefonierer mit einem Wenigtelefonierer zusammen ist. Da prallen ganz unterschiedliche Erwartungen aufeinander, über die man sich vorher unbedingt austauschen muß.

Grundsätzlich kann man sagen: Vorsicht vor Geizkrägen. Wer wegen der Einheiten knausert, wird auch in der Liebe kaum großzügig sein. Es kann durchaus in Ordnung sein, wenn ein Paar eine Zeitlang gar nicht telefoniert, es muß nur abgesprochen werden. Auf einen Anruf zu warten ist lähmend. Man verhungert vor dem Hörer, weil man die geliebte Stimme ersehnt.

Genauso destruktiv kann es sein, wenn man zu oft anruft und das Ganze in Liebesterror ausartet. Das richtige Maß können nur beide Menschen im Austausch finden.

Das Telefon kann besonders gefährlich sein, wenn man das Gefühl hat, man stört, berichtet Elke. Sie war schon viel unterwegs: in London Praktikum, in Paris Au-pair-Mädchen, dann Umzug nach Edinburgh. Ihr Freund studiert in Berlin: »Einmal habe ich angerufen und wollte unbedingt hören, wie sehr er mich vermißt und liebt. Da lief bei ihm aber gerade eine Party, im Hintergrund lachten seine Freunde und die Musik war so laut, daß ich kein Wort verstand. Da fühlte ich mich erst recht einsam.«

Florian Felix Weyh beschreibt in seinem Buch »Die ferne Haut«, wie wenig in manchen Situationen das Telefon hilft, Distanzen zu überbrücken: »Tausend Kilometer trennten sie und unterschiedliche Auffassungen vom Leben. Der Streit ging um Kleinigkeiten, doch er war dauerhaft: Weil man sich nur an den Wochenenden sah und nach langer Trennung das Zueinander stärker wog als das Auseinander, lebte der Streit werktags. Er nistete sich im Telefonkabel ein, und kaum daß der eine den anderen angewählt hatte, forderte er seinen Tribut. Gelangten die beiden an den Punkt, da ihre Unstimmigkeit schwand, fehlte es ihnen an Mitteln, das Schwinden der Unstimmigkeit auszudrükken. Hilflos schwiegen sie. Zunächst klang das Schweigen wie eine Pause, dann wie eine Drohung, schließlich wie eine Verzweiflung. In der Pause hörte man noch das Knistern der Zigarette, den Atem der Geliebten; in der Drohung war die Leitung schalltot; in der Verzweiflung nur noch Leitung. Alle zwölf Sekunden rief der fiepende Gebührenimpuls die Dominanz des Mediums ins Bewußtsein, das beide nicht losließ, obgleich es als Medium seine Grenzen erreicht hatte. Wer auflegte, war der Aggressor. Er vereitelte den greifbar nahen Frieden durch sein brachiales Handeln. Doch da war nichts, was man greifen konnte. Am Ende drückte der, dessen Sehnsucht dem Schweigen der Leitung nicht länger gewachsen war, den Finger auf die Gabel.«[17]

Daß man mit einem Mann zwei Stunden telefonieren kann

Inge (34), Beamtin

Inge pflegt zum Telefon ein ganz besonders liebevolles Verhältnis. »Es ist eine wunderbare Erfindung. Erstens arbeite ich bei der Deutschen Telekom, zweitens telefoniere ich jeden Abend mit meinem Freund vor dem Schlafengehen mindestens zehn Minuten und gehe die Tagesereignisse durch. Das ist unser Ritual, da halten wir – komme was wolle – daran fest, das ist uns wichtiger als alles andere. Seine Stimme zu hören ist für mich schon ein großer Trost, ich erkenne genau, in welcher Stimmung er ist, und kann mich ihm auch ziemlich direkt mitteilen. Peinliches Schweigen gibt es bei uns nicht.«

Hans ist Holländer, er lebt in der Nähe von Amsterdam, bis zu Inge sind es rund 700 Kilometer. Kennengelernt haben sich die beiden vor vier Jahren auf einer Tagung europäischer Telekommunikationsunternehmen: »Es ging um eine europaweit einsetzbare Telefonkarte. Das Projekt ist längst gestorben, aber unsere Liebe lebt«, sagt Inge.

Mit einem Blickkontakt begann es, ganz langsam lernten sich die beiden kennen, erzählt sie. »Wir haben auf englisch geflirtet, es war sehr intensiv, aber trotzdem unverbindlich. Wir sind beide keine Draufgänger und ziemlich wählerisch bei der Partnerwahl. Lieber sind wir allein, als zweite oder dritte Wahl zu akzeptieren. Je älter man wird, desto höher werden die Ansprüche gegenüber potentiellen Partnern.«

Inge ist 34 Jahre alt, ihr Freund Hans ebenfalls. Sie steckte gerade in einer unbefriedigenden Beziehung mit ihrem letzten Freund. »Hans, der lange keine Freundin mehr hatte, half mir da heraus. Indem er ganz behutsam und geduldig gezeigt hat, daß er an mir interessiert ist.«

Alle sechs Monate trafen sie sich auf Fachkonferenzen, die Faxe und E-Mails, die hin und her gingen, wurden immer persönlicher. Nach drei Jahren wollten sie sich auch einmal außerhalb der Telekom-Tagungen sehen. Aber das Treffen, das die beiden so lange ersehnt hatten, fiel aus, weil Inge wegen einer Unterleibsoperation ins Krankenhaus mußte. »Er hat sich um mich gekümmert und gesorgt, ich spürte, daß es ihm nicht um Sex, sondern um mich ging. Außerdem wußte ich vorher nicht, daß man mit einem Mann zwei Stunden telefonieren kann. Hans kann prima zuhören. Vorher kannte ich nur Männer, die ausschließlich über sich selbst sprachen.«

Zwei Monate später holten sie dann ihr Treffen nach. »Wir fuhren beide nach Darmstadt, das lag in der Mitte. Eine Riesenspannung lag in der Luft, ich zweifelte daran, ob die Chemie wirklich stimmen würde. Ich hatte Angst davor, daß wir uns idealisiert hatten und zu hohe Erwartungen hegten. Er klopfte an mein Hotelzimmer, ich küßte ihn sehr zurückhaltend auf die Wange. Wir sind nicht sofort übereinander hergefallen, aber beim Essen begannen wir ganz langsam, Händchen zu halten und uns vorsichtig zu küssen. Dann haben wir die Nacht miteinander verbracht. Es war der Urknall unserer Liebe.«

Einmal im Monat sahen sie sich nun, die beiden fühlten sich nicht mehr als Single: »Wir verbrachten den Urlaub miteinander und trafen uns immer wieder in ganz Deutschland. Wir stellten uns auch unseren Familien vor. In seiner spürte ich kein bißchen Feindseligkeit gegen mich als Deutsche.«

Die Fernliebe aus Bequemlichkeitsgründen nicht in Betracht zu ziehen, wäre für Inge verwerflich gewesen: »Wenn ich einen ganz besonderen Menschen kennenlerne, rangiert das Kriterium räumliche Entfernung bei mir nur unter ferner liefen. Hans ist einmalig: Er hat einen ebenso schwarzen Humor wie ich, sieht gut aus, kann gut austeilen und einstecken. Er ist mir noch nie auf die Nerven gegangen.«

Für Inge ist die Fernbeziehung das Beste aus der Kombination von Singleleben und dem Lebensgefühl als Paar: »Erstens erweitert sie ungemein den Horizont, ich lerne jetzt zum Beispiel Holländisch, obwohl ich nicht das Gefühl habe, daß bei unserer Englisch-Konversation etwas auf der Strecke bleibt. Das andere, was mir wichtig ist: Ich muß mich nicht mehr für jemanden ändern, ich kann meinen Hobbys wie Yoga oder Volkshochschul-Kursen nachgehen, die er nicht teilt. Früher hatte ich ein Schuldgefühl, wenn mein Mann zu Hause saß und auf mich wartete. Aber wenn man alles zusammen macht, hat man sich nichts mehr zu erzählen. Hans fährt zum Beispiel gerne Go-Kart, da muß ich nicht immer danebenstehen. Wenn wir uns sehen, geben wir uns 100 Prozent Aufmerksamkeit, selbst am Telefon ist sie da: Da läuft kein Fernseher im Hintergrund, da wird nicht nebenbei Fußball geschaut. Wir haben keinen Alltagstrott, selbst Dinge wie Fernsehen, Einkaufen und Kochen sind mit ihm aufregend.«

Ein Ritual ist besonders spannend: »Wir duschen immer gemeinsam, waschen uns liebevoll die Haare, seifen uns ein. Mit früheren Partnern war das nicht möglich. So etwas schafft Nähe.«

Die Narben auf Inges Bauch, die dabei sichtbar werden, stören Hans nicht. »Sie stammen von einer Krebsoperation, ich kann keine Kinder mehr bekommen. Aber Hans hat dieses Handicap immer ganz sensibel und natürlich gesehen, das hat uns noch enger zusammengebracht.«

Als Single fühlt sich Inge nicht mehr: »Wir sind beide monogam und haben uns sexuelle Treue versprochen, das ist die Grundvoraussetzung. Ich habe gar nicht das Bedürfnis nach anderen Männern und möchte meine Liebe nicht aufs Spiel setzen. Lieber habe ich weniger Sex, aber dafür mit dem Richtigen. In meinen Nahbeziehungen war es doch oft 08/15-Sex.«

Die beiden wissen, daß sie sich total aufeinander verlassen können: »Nach jedem Treffen planen wir gleich das nächste, damit sich die Vorfreude aufbauen kann. Dann genießen wir das ›afterglow‹, wie wir das Nachglühen nennen: Die Intensität ist so hoch, das sie noch ein paar Tage anhält und Arbeitskollegen mich ansprechen, warum ich so beglückt aussehe.«

Natürlich wissen sie, daß ihre Beziehung nicht ewig so weitergehen kann. »Er ist IT-Experte, wir sprechen darüber, daß er nach Deutschland kommt, die Leute werden ja jetzt schon aus Indien und Osteuropa angeworben. Ich komme schlecht weg aus Deutschland, weil ich Beamtin bin. Aber wir wollen zusammen alt werden, das ist unser Traum. Und vielleicht auch mit Kindern, man kann ja welche adoptieren.«

Die Projektion: Wenn man sich ein falsches Bild macht

Die Fernbeziehung kann trügerisch sein. Man idealisiert den Partner, weil man vieles von ihm nicht sieht, was auch zu ihm gehört. Oder man wertet ihn ab und projiziert eigene Enttäuschungen auf ihn: Geht es mir schlecht, soll es ihm auch schlecht gehen, sonst liebt er mich nicht. Besonders oft verpaßt man den Anschluß an die Entwicklung des anderen. Oder man ist selbst nicht mehr da, wo einen der andere vermutet.

Was kann man gegen die Verankerung des Trugbildes vom anderen Menschen tun? Der Psychotherapeut Michael Lukas Moeller setzt auf die Kraft des regelmäßigen Zwiegesprächs: »Läßt ein Paar wesentliche Bedürfnisse unausgesprochen, kann es diese nicht aufeinander abstimmen. Man muß ein Prinzip begreifen: Ich bin nicht du und weiß dich nicht. Die verbreitete Illusion, der andere sei gar nicht anders als man selbst, rechtfertigt nämlich seine Vereinnahmung. Verzichten wir auf diese Kolonialisierung, können wir hingegen erkennen, daß wir höchstens uns selbst, jedoch nie den Partner zu ändern imstande sind.«[18]

Da ist ein großes Loch, das man auffüllt mit Mythen

Lars (29), Student

Lars studiert heute Spanisch auf Lehramt. Sein Interesse für diese Sprache erweckte Nuria, eine Spanierin aus Madrid, die er im August 1989 in einem kleinen andalusischen Dorf am Meer kennengelernt hatte.

Es war sein erster Urlaub ohne Eltern mit Freunden. Nuria jobbte damals während der Ferien in der Disco des Strandortes. Sie war Schülerin und verbrachte jeden Sommer mit ihrer Familie im Ferienhaus, um der Hitze Madrids zu entfliehen. Lars ging mit seinen Freunden jeden Abend in diese Disco, sah am zweiten Tag Nuria und dachte sich sofort: »Das wird meine zukünftige Frau. Seltsam, wie sicher ich mir bin.«

Lars war hin und weg. Und schüchtern. Er wagte nur, sie anzuschauen. Bis Nuria das Eis brach und die ganze Clique von Lars zu einem Drink auf einer Beachparty einlud. Lars war »verzaubert«. Sie lernten sich kennen, aber wagten keine sexuelle Annäherung.

Dann war der Urlaub vorbei. Er fuhr ab und wußte nur ihren Namen. In Deutschland war er traurig, weil er nicht nach ihrer Adresse gefragt hatte. Zum Glück konnte er in seiner Heimatstadt einen Freund ausfindig machen, der sie kannte. Zwei Monate später schrieb er ihr. Ein reger Briefverkehr begann. Nuria war für Lars die große Muse. Er schrieb ihr Liebesgedichte und Lieder, die er selbst, begleitet von Klavier oder Keyboard, sang und ihr auf Kassette zuschickte.

Einen Sommer später reiste Lars wieder nach Andalusien. Diesmal war er vom ersten bis zum letzten Tag mit Nuria zusammen. Sie liebten sich. Lars sparte und jobbte in Deutschland, so daß er sie auch außerhalb der Sommerferien sehen konnte. Viermal besuchten sie sich gegenseitig im Jahr. Jede Begegnung verlief sehr, sehr harmonisch. Im Sommer 1994 trafen sie sich auch, obwohl sich jeder in seinem Land verliebt hatte. »Es war komisch, wir fühlten uns unsicher, keiner wußte, wie er mit dem anderen umzugehen hatte«, erinnert sich Lars.

»Das ist das Restrisiko jeder Liebe. Wir sind nicht allein auf der Welt, und wir sind nicht die einzigen liebenswerten Menschen für liebenswerte Menschen«, meint er im Rückblick.

Erst im Oktober ’95 zogen sie einen Schlußstrich, als Lars Nuria an ihrem Geburtstag in Madrid besuchte und sie eine feste Beziehung zu Paco hatte. Paco war ein Freund von Lars, er gönnte ihnen das Glück. Im Guten gingen sie auseinander. Sie schrieben sich auch nicht mehr. Von Freunden in Deutschland hörte er, daß sie Paco heiratete, weil ein Kind unterwegs war. Aber diese Verbindung ging nicht lange gut.

Als Lars Nuria drei Jahre später wieder besuchte, lebte sie schon von ihrem Mann getrennt bei ihren Eltern. Sie war froh, Lars wiederzusehen. Aus dem kurzen Besuch wurde ein langer. Die Liebe flammte wieder auf. Ein Nostalgie-Effekt.

Wieder in Deutschland, merkte Lars, daß er nicht mehr so unbefangen war. Er konnte ihr nicht mehr so wie früher glühende Liebesbotschaften schreiben. Er begriff, daß er sie »zu einem Mythos verklärt hatte«. In ihm war »ein Bild von ihr entstanden, das keine Wirklichkeit hatte. Erst wenn man zusammenkommt, merkt man, das Bild hat ja überhaupt keinen Bestand. Wenn man sich selten sieht, versucht man die Zeit so harmonisch wie möglich zu verbringen, dem Streit aus dem Weg zu gehen. Was damals ging, klappte nun nicht mehr.«

Sie hatten sich auseinandergelebt. Nuria, die ihre Freiheit über alles liebte, mußte lernen, mit den Zwängen der Erziehung eines Kindes umzugehen. Beide merkten, daß sie auf Dauer keine gemeinsame Perspektive hatten. Nachdem die zweite Auflage der Fernliebe zwei Jahre angehalten hatte, konnte Lars die Entfernung nicht mehr ertragen. Er fuhr nach Madrid zu ihrer Silvesterverabredung zum Millenium, aber schon vorher kündigte er ihr in einem Brief an, daß sich etwas ändern müsse. Zur Jahrtausendwende trennten sie sich für immer. Ohne Streit und schalen Nachgeschmack.

Zurück bleibt für Lars das Bewußtsein einer tollen Erfahrung: »Ich habe ihr viel zu verdanken. Ich habe durch sie das Schreiben und Musizieren gelernt, wegen ihr studiere ich Spanisch, eine wunderbare Sprache. Ich fand es immer sehr romantisch, daß 1 000 Kilometer von mir weg eine Frau an mich denkt. Ich genoß auch ihre Lebensart, sie dachte nie an die Zukunft, nur an den Moment. Materialistische Dinge interessierten sie nicht.«

Heute hat Lars eine Freundin in seinem Heimatort und freut sich auf das tägliche Wiedersehen. Er ist mit ihr glücklicher. Nie mehr möchte er eine Fernliebe führen, auch nicht innerhalb Deutschlands: »Das geht nicht gut. Wenn man sich selten trifft, sieht man den Partner mit falschen Augen. Es gibt keine Nähe. Nur punktuell. Dazwischen ist ein großes Loch, das man auffüllt mit Mythen oder/und Affären.«

Die Fernliebe hat das Problem verzögert

Brigitte (34), Cheflektorin

Brigitte ist eine selbstbewußte Frau. Als Programmchefin eines Buchverlages hat sie sich souverän durchgesetzt, beruflich stehen der 34jährigen viele Türen offen. Keiner sieht ihr die Horror-Fernbeziehung an, die sie in den neunziger Jahren erlebt hat: »Mein Leben war eine emotionale Müllhalde, ich erkenne mich heute kaum wieder.«

Das spanische Drama begann 1989: Die Studentin erhielt ein Stipendium vom Deutschen Akademischen Auslandsdienst und durfte als Deutschlehrerin in Madrid an einer Schule unterrichten. »Es war damals für mich eine erlösende Flucht, weil ich unter einer fürchterlichen Nahbeziehung litt: Mein langjähriger Freund wollte nicht verstehen, daß die Liebe vorbei war. Er war ein Psychopath und drohte mit Suizid. Er versuchte mich sogar umzubringen, indem er Messer nach mir warf oder mit dem Auto auf Hindernisse zufuhr. Ich wußte mir nicht anders zu helfen, als kurzzeitig auszuwandern. Aber kaum war ich in Spanien, stand er schon eine Woche später vor der Tür. Gott sei Dank hatte er nicht soviel Geld, um das zu wiederholen.«

In Madrid lernte Brigitte Juan kennen, einen spanischen Draufgänger, dem sie umso mehr verfiel, je schlechter er sie behandelte. »Er war rattendreist und nistete sich sofort in meiner Wohnung ein, leerte mir den Kühlschrank und ließ sich bedienen. Wie eine Krake hing er an mir. Ich fand das sogar toll und dachte mir, solche Männer müsse man sich erstmal leisten können. Ich empfand mich als emanzipiert, da ich ihn finanziell aushielt und damit das traditionelle Rollenmodell umkehrte.«

Was Brigitte zusätzlich an ihn band: »Ich fühlte mich in seiner Familie sehr wohl, es waren Kommunisten, die früher in Leipzig studiert hatten. Besonders zur Oma hatte ich ein herzliches Verhältnis. Ich spürte da eine Wärme, die ich in meiner eigenen Familie immer vermißt hatte.«

Nach einem Jahr in Madrid kehrte Brigitte nach Deutschland zurück. Ihr Freund folgte ihr nach sechs Monaten, um in Heilbronn einen Tourismus-Master-Abschluß zu machen: »Wir sahen uns nur am Wochenende. Es war furchtbar. Als er noch in Madrid gewesen war, hatten wir jeden Tag telefoniert, meine Telefonrechnung betrug manchmal 600 Mark im Monat, jetzt war er für mich nicht mehr erreichbar. Ich saß stundenlang neben dem Telefon und wurde halb wahnsinnig. Heute weiß ich, daß er sich mit anderen Frauen herumgetrieben hat oder mit seiner Clique. Ich durfte ihn dort nicht besuchen. Als ich es doch einmal tat, schauten mich alle fragend an und fragten: ›Wer bist du denn?‹ Er hatte ihnen nichts von mir erzählt. Das war demütigend, nicht zuletzt, weil ich ihn immer noch finanzierte.«

Brigitte fühlte sich liebessüchtig: »Obwohl er mich widerlich behandelte, wie ich es heute nie mehr mit mir machen lassen würde, hing ich an ihm. An den Werktagen unserer Wochenendbeziehung lief ich wie ein Tiger im Käfig durch die Wohnung und dachte mir auf dem Balkon des Hochhauses: ›Springst du da jetzt runter?‹ Ich litt entsetzlich unter seiner Lieblosigkeit. Einmal schmiß er die vielen Briefe, die ich ihm unter Tränen geschrieben hatte, in den Altpapiercontainer.«

Nachdem Juan wieder nach Madrid zurückgegangen war, erfuhr die Fernliebe neue Höhepunkte der Demütigung: Wenn sie ihn besuchte, wartete sie am Flughafen zunächst vergeblich auf ihn, meistens kam er erst nach einer Stunde. Brigitte war völlig verstört. Aber immer noch dachte sie, das würde vorübergehen. Sie ging davon aus, daß er einen guten Kern habe und der Mann ihres Lebens sei. Daß er immer noch von ihr lebte, erklärte sie sich damit, daß er aus einer kommunistischen Familie stammte, wo alles geteilt wurde.

Frauen sind zum Leiden geboren, Männer zum Vergnügen – das hatte Brigitte verinnerlicht. Aber irgendwann endet jedes Leiden: »Als er mir eines Tages eröffnete, daß er lieber mit seinem Freund Motorrad fährt, als mit mir Urlaub zu machen, hat es plötzlich plopp gemacht: Der Zauber war weg, dieser Macho war mir egal.«

Auf einmal kehrte sich die ungleiche Liebe um: »Er setzte sich sofort ins Auto und fuhr von Madrid nach Nürnberg, aber es war zu spät. Er jammerte eine Woche lang, wie wahnsinnig er mich liebe, das hat mich nur noch mehr angeödet. Am lächerlichsten fand ich seine Forderung, ich möge ihm 7000 Mark als seelisches Schmerzensgeld überlassen, weil er jetzt sicher ein halbes Jahr nicht arbeiten könne. Ich drohte ihm, diese Unverschämtheit seiner Oma zu erzählen, das wirkte.«

Die Familienbande brachen übrigens sofort ab, die Spanier verziehen es der Deutschen nicht, daß sie Juan so einfach verließ – das Sippendenken brach durch. Und auch Brigittes Eltern, denen er bis heute Postkarten schickt, verstanden ihre Tochter kaum: »Er war doch so ein netter Junge«, sagten sie, die verwundete Seele Brigittes nahmen sie kaum wahr.

Hätte sich Brigitte früher von ihrem Unterdrücker getrennt, wenn es eine Nahliebe gewesen wäre? »Ich glaube schon, die Fernliebe hat das Problem verzögert und romantischer gemacht, als es war. Man darf sich von Blumensträußen, die hin und her gehen, nicht täuschen lassen.«

Brigitte war lernfähig. Jetzt hat sie eine Mini-Fernliebe mit einem Architekten, der 70 Kilometer entfernt wohnt: Sie führen auch nur eine Wochenendehe, weil beide sehr viel arbeiten. Aber wenn sie wollten, könnten sie sich innerhalb einer Stunde sehen, das ist ein entscheidender Unterschied. Brigitte hatte kürzlich ein Angebot aus Wien, dort hätte sie wesentlich mehr verdient. Doch sie verzichtete auch deshalb darauf, »weil ich die Beziehung für zu kostbar halte.«

Zärtlichkeit und Sex: Jetzt oder nie

Entschuldigen Sie, ich wollte ihnen nicht zu nahe treten, sagen wir, wenn wir jemanden im Gewühl streifen. Es ist uns peinlich, schließlich leben wir in einer Distanzkultur, in der Berührungen nur in den Bereich der Intimität gehören.

Vom richtigen Menschen angefaßt zu werden, ist dagegen das größte Glück. Und das größte Manko in einer Fernliebe. Unsere Haut wird vernachlässigt, unser Tastsinn bleibt ungenutzt, unsere Schleimhäute vertrocknen. Jemanden mit Händen zu begreifen heißt, ihn erst wirklich zu begreifen. Uns berührt, was uns berührt, aber zwischen Knopfdruck und Mausklick, Flughafen und Bahnhof geht uns der Tastsinn abhanden.

Viel entgeht einem in der Woche, wenn man auf Streicheleinheiten verzichten muß, wenn man ungekrault und ungeküßt ins Bett wankt. Das Kribbeln auf der Haut, das so gesund ist, wenn jemand Hand bei uns anlegt – wir vermissen es schrecklich. Man kann es einen Zauber nennen oder einfach nur einen Biologen zu Wort kommen lassen: »Die Hormonproduktion wird stimuliert, die Muskeln entspannen sich, das Gehirn schüttet die Glücksboten (Endorphine) aus, der Blutdruck sinkt, die Immunabwehr wird gestärkt, der Mensch beginnt zu schnurren.« Es gibt in einer intakten Beziehung kaum etwas Schöneres als zusammenzuliegen. Das muß gar nicht vordergründig sexuell sein. Eine Massage zu zweit ist mindestens so entspannend wie guter Sex, das bestätigen viele Paare. Weil sie so leicht ist, so mühelos daherkommt und trotzdem sehr viel Konzentration dahintersteckt, aber eben kein Leistungsdruck.

Wenn sich zwei Menschen im Bett verstehen, werden sie sich immer wieder suchen, egal, wie weit sie voneinander getrennt sind. Auch wenn die Phantasie oft erregender ist als die Praxis: Guter Sex bindet zwei Menschen wie kaum etwas anderes. Andererseits kann Sex als bedrohlich erlebt werden, wenn die Bedürfnisse nicht übereinstimmen. Sex wird hier als Arbeit erlebt, die getan werden muß, weil es eben dazugehört.

Sex hat für Fernliebende manchmal etwas Gezwungenes, meint Iris, eine 30jährige Bankerin: »Wir wußten, wenn wir jetzt nicht Liebe machen, müssen wir wieder eine Woche warten. Mal sind wir übereinander hergefallen, mal waren wir zu erschöpft. Es war nicht mehr ganz so spontan wie früher. Es kann ja sein, das ich am Dienstag mehr Lust als am Samstag habe. Lust ist nicht auf Knopfdruck da.«

Eines steht fest: In der Fernliebe nutzt sich der Sex nicht so ab. Durch eine Verringerung des Angebots steigt die Nachfrage, dieses Gesetz der Marktwirtschaft gilt oft auch in der körperlichen Anziehung. Eine Garantie ist das allerdings nicht. Bei Paaren, denen körperliche Hingabe nie so wichtig war, kann sie in der Distanz auch einschlafen. Oder sich anderen Personen zuwenden.

Eine Illusion sollte man sich abschminken: Sex auf Vorrat. Der wird nie lange halten und eher zu größeren Überforderungen und Entzugserscheinungen führen. Je heftiger die Erlebnisse, desto schmerzlicher die Erinnerung.

Homosexuellen Paaren wird gern ein besonders ausschweifendes Sexualleben unterstellt. Fünf bis zehn Prozent der Bevölkerung sind schwul oder lesbisch, so lauten seriöse Schätzungen von Sexualwissenschaftlern. Weil sie beruflich oft sehr erfolgreich sind, sind sie auch mobiler als der Durchschnitt der Heterosexuellen. Natürlich entstehen dabei viele Fernlieben. Im Prinzip haben sie die gleichen Probleme wie Heteros auch: Die sexuellen Bedürfnisse sind unterschiedlich verteilt. Der eine braucht mehr Sex, der andere weniger, die eine muß sich ständig ausprobieren und herumspielen, die andere kann sich nur auf einen Menschen beziehen.

Sexualität sei häufig der Grund, weswegen Paare zusammenkommen, meint die Paartherapeutin Maria Schneiders. Auf Dauer aber müsse Sexualität in ein Gesamtkonzept der Paarliebe integriert werden. Dafür brauche es die Pflege der drei »Gs«: Gedanken (Kopf) – Gefühle (Herz) – Geschlechtlichkeit (Unterleib). Anziehungskraft, Bezogenheit, Zeit, Vertrautheit, Alltäglichkeit, Verläßlichkeit und Gewohnheit seien notwendig. Fernliebenpaare haben es da nicht leicht, weil die Zeit der bewußten Bezogenheit aufeinander knapp ist.

Es hatte sich so viel Spannung aufgebaut
Britta (52), Pharmareferentin
19 Jahre lang war Britta eine unglücklich verheiratete Mutter: »Nach außen hin waren wir eine glückliche Familie, mein Mann kam jeden Abend nach Hause und behandelte mich aber von Jahr zu Jahr liebloser. Ich weiß heute nicht mehr, warum ich das so lange ertrug. Eigentlich suchte ich immer nach einem anderen Leben.« Das bekam die Pharmareferentin aus Regensburg nach ihrer Scheidung. Als Vertreterin für Arzneimittel war sie täglich 200 Kilometer unterwegs und hatte enormen beruflichen Erfolg.

Britta arbeitete hart und verdiente gut. Vier jährliche Kurzurlaube gönnte sie sich. In einem Luxushotel auf Lanzarote traf sie Günter. »Anfangs übersah ich ihn, ich war viel zu müde für einen Flirt. Aber er war hartnäckig. Dann spürte ich, daß der Mann Charme und Leidenschaft hatte. Die nächsten drei Urlaubstage verbrachten wir miteinander. Und zum Schluß hab ich ihm am Aufzug einen Kuß der Marke ›Du sollst mich nie vergessen‹ verpaßt.«

Genau das ist passiert. Bereits am nächsten Wochenende kreuzte Günter bei Britta auf. Und wollte da weitermachen, wo sie aufgehört hatten. »Wir waren so aufgeregt wie kleine Kinder. Und verbrachten zum ersten Mal eine Nacht miteinander«, erzählt Britta.

Zwei Wochen später der Gegenbesuch: Günter hatte am Flughafen ein Ticket hinterlegt, Britta flog nach Düsseldorf. »In einem edlen Hotel hatte er die beste Suite gebucht, der Tisch bog sich vor roten Rosen, auf dem Servierwagen stand der teuerste Champagner – ich fühlte mich wie Pretty Woman. Sexuell war es eine Explosion, es hatte sich so viel Spannung aufgebaut. Mit Günter habe ich zum erstenmal erfahren, was Liebe ist. Die Zuwendung, die Leidenschaft, der Sex – alles paßte«, erzählt Britta. Sie war beeindruckt von seinem Einfühlungsvermögen, das an telepathische Fähigkeiten grenzte: »Er wußte genau, was ich fühle, ohne daß ich vorher mit ihm gesprochen hatte. Wenn ich Schmerzen hatte, spürte er es 500 Kilometer weiter entfernt. Er konnte mir auf die Stunde sagen, wann ich meine Tage hatte.«

Der Sex war für beide enorm wichtig: »Wir knutschten ständig herum, auch in der Öffentlichkeit. Im Restaurant wollte er immer neben mir sitzen, nicht gegenüber. Ich war nie sicher vor ihm, er zeigte mir, daß ich eine Frau bin, die er tief begehrte. Unter dem Motto ›Wenn die wüßten‹ trieben wir es an den unmöglichsten Orten: in der Düsseldorfer Königstraße, am Straßenrand in einem Mosel-Touristendorf, in der Flugzeug-Toilette oder auf den Sitzen ganz hinten.«

Heute meint Britta, daß man schon von einer leichten Sexsucht sprechen kann: »Wenn wir uns zwei Wochen nicht gesehen hatten, mußten wir es dreimal am Tag machen. Wenn wir mal länger schliefen oder einkaufen gingen, hatten wir weniger Sex.«

Alle 14 Tage sahen sie sich nun. Eine andere Perspektive als eine Fernliebe war gar nicht denkbar: Günter war Chef eines Einzelhandelsbetriebs, Britta wollte ihren ganzen Freundeskreis und den Kundenstamm, den sie sich als Außendienstlerin aufgebaut hatte, nicht verlieren. »Der Beruf ist für mich extrem wichtig, ohne ihn habe ich lange nicht so viel Selbstwertgefühl.«

Günter war deutlich anhänglicher als die selbstbewußte Britta. Es war ein gemischtes Vergnügen für die Vertreterin: Fünfmal am Tag rief er an. Zum Teil waren es Kontrollanrufe, seine Fürsorge war manchmal wirklich aufdringlich. »Ich kam gar nicht dazu, selbst einmal den Hörer zu nehmen, er war immer schneller«, erinnert sich Britta.

Daß Günter eine dunkle Seite hatte, merkte sie an kleinen Ausbrüchen. »Ich weiß nicht, ob es die Fernliebe war, aber seine Nerven lagen manchmal wirklich blank. Er war jähzornig und machte mich schon mal dafür verantwortlich, wenn wir im Restaurant keinen Platz bekamen. Das Schlimmste aber war seine Eifersucht. Im Restaurant schnauzte er Männer an, die mich freundlich anblickten: ›Willst du ein Paßbild von meiner Frau?‹«

Britta konnte die Eifersucht nicht nachvollziehen: »Ich war ihm fünf Jahre lang treu, aber er nervte mit nächtlichen Anrufen: Warum ich denn noch nicht zu Hause sei? Fünfmal rief er nach Mitternacht an, mit jedem Mal wurde die Stimme aggressiver. Er wußte, daß ich ein geselliger Typ bin. Wahrscheinlich dachte er, ich hole mir während seiner Abwesenheit das, was mir sexuell mit ihm fehlt.«

Die extremen Gefühle zwischen Hingabe und ungestillter Bedürftigkeit überschwemmten die beiden, sie wurden mit der Situation nicht fertig, daß sie immer zuwenig voneinander bekamen und doch nicht ihr Leben verändern wollten. Mit einem

Schlag wurde die Beziehung dann beendet. Günter hatte Silvester auf Fuerteventura ein Luxushotel gebucht. Für Britta war es eine Horror-Nacht. »In einer alkoholisierten Stimmung brachen ungeheure Aggressionen in ihm durch. Er schlug mit den Fäusten auf mich ein. Ich flüchtete, aber alle Zimmer im Hotel waren ausgebucht. Eine Freundin bot mir Unterschlupf. Es war demütigend, auch für ihn. Als er mich am nächsten Morgen mit dem Veilchen sah, weinte er stundenlang. Aber ich ließ mich nicht erweichen. Ich wußte, ein Mann, der so etwas tut, macht es immer wieder. Mein Vertrauen war futsch. Liebe heißt zwar verzeihen, aber es war der Anfang vom Ende. Ich sah immer wieder das Brutale in seinem Gesicht. Er konnte mir nie erklären, wie es soweit gekommen war.«

Nach einigen Monaten schickte Britta Günter ein SMS: »Laß mich in Ruhe, ich will zu mir finden, dich vergessen. Ich möchte, daß meine Gefühle einschlafen.«

Günter respektierte das einige Zeit, bis er wieder anrief. Er schickt bis heute Blumen an das »Muggelchen«, mit dem er so muggelige (westfälisch für kuschelig) Stunden verbracht hat. Und meldet sich prompt, wenn es ihr schlecht geht. Weil er es offenbar immer noch intuitiv spürt.

Seine Begierden sind sanft entschlafen

Carola (32), Schauspielerin

Carola hat viele verführerische Frauenrollen in ihrem Repertoire: Ob Shakespeares Julia, Goethes Gretchen oder Putzi aus »Wer hat Angst vor Virginia Woolf«, immer ist die brünette zierliche Frau ein Blickfang, deren Schauspielkunst die Zuschauer in Bann zieht. Vor einem Jahr hat es die 32jährige ins Ruhrgebiet verschlagen, am Theater einer mittleren Großstadt hat sie ein Engagement bekommen. An ein Leben auf Wanderschaft ist sie gewöhnt, die Künstlerverträge werden immer nur kurzfristig geschlossen. »Das muß man einfach wissen, wenn man diesen Beruf ergreift, das hat ja Konsequenzen für das Privatleben«, sagt die ebenso pragmatische wie leidgeprüfte Mimin.

Carola wohnte zuvor in Bayern. Dort lernte sie vor vier Jahren die Liebe ihres Lebens kennen: ein Feuilletonist in München, Otto, der »dort mit Leib und Seele eingebunden« ist.

»Wir hatten eine wunderbare Zeit zusammen«, erinnert sich Carola. »Leider mußte ich weg, weil ich dort keine vernünftige

Arbeit nach meinem abgelaufenen Engagement gefunden habe.«

Ihr Freund sah darin nicht das Ende der Beziehung. »Ist es auch im Grunde nicht«, meint Carola, »wir beide können gut mit der Distanz umgehen, weil wir das aus früheren Beziehungen gewöhnt sind und jeder von uns bis zur Erschöpfung arbeitet. Da bekommt man gar nicht so schnell das Gefühl der Entbehrung.«

Sexuell ist das anders, Carola hätte gern mehr Nähe, Intimität, Hingabe, Leidenschaft, aber eben nur von dem, den sie liebt. »Für lockere Affären bin ich nicht geboren, obwohl man das von einer Schauspielerin, der wegen ihrer Emotionalität und Erotik gerne Triebhaftigkeit unterstellt wird, nicht vermutet.«

Verehrer hat Carola genug, »bei öffentlichen Premierenfeiern werde ich von Männern angesprochen, die eher die Frau als die Schauspielerin kennenlernen wollen, manche schicken mir Blumen in die Garderobe. Aber meine Arbeit ist so intensiv und abwechslungsreich, daß ich im Privaten eher das Stabile suche. Persönlich bin ich so launisch und sensibel, daß ich meine extremen Gefühlsschwankungen nicht an ahnungslosen Männern auslassen will. Deren Verwirrung würde mich noch mehr durcheinanderbringen, mein Freund weiß da schon eher, wie er meine emotionalen Sprünge zu nehmen hat.«

Die monatlichen Zusammenkünfte mit ihm beschreibt sie als harmonisch, »aber Harmonie ist manchmal das Gegenteil von erotischer Spannung. Seine Begierden sind sanft entschlafen, wir haben entweder lausigen, bemühten Sex, der in Arbeit ausartet, oder verzichten ganz darauf. Streß ist bei ihm der Liebeskiller, er ist von seiner Arbeit so überlastet, daß er dabei ganz die Lust verloren hat. Ich habe öfters versucht, ihn zu verführen. Aber was soll eine Frau machen, wenn ihr blutleerer Liebster nun mal partout nicht will?«

»Vielleicht«, so Carola, »war ich auch die ersten Monate zu fordernd, weil ich mich so auf die paar Tage gefreut habe und Sehnsucht nach ihm hatte. Aber da war von ihm aus nicht daran zu denken. Er wollte sich immer nur ausruhen, im Bett liegen, lesen, fernsehen, kuscheln, turteln. Nach dem Abschied war ich zwar emotional wieder aufgeladen, aber in puncto Sex bitter enttäuscht. Ich saß im Zug und fragte mich, wie ich das weiterhin aushalten soll. Ich gebe soviel Energien von mir auf der Bühne ab, irgendwo muß ich die doch auch aufbauen. Ich wußte schon gar nicht mehr, wie man das Wort Orgasmus schreibt, ich konnte es mir doch nicht immer selbst machen.«

Zwischenzeitlich hat sich Carola an die tote Hose im Bett gewöhnt. Sie versucht einfach, nicht mehr darüber nachzudenken. »Vielleicht fehlt auch das Alltägliche und Spontane. Ob wir darüber sprechen oder nicht, über uns hängt bei jedem Treffen, das maximal zwei Tage dauert, das Damoklesschwert: ›Machen wir es heute oder nicht‹, so daß schon keiner mehr anfängt, den anderen verführen zu wollen.«

Die beiden haben das schwierige Thema nicht tabuisiert. Er meint, er sei derzeit so überlastet, daß er einfach nicht den Wunsch verspüre, und vertröstet sie auf spätere Tage. Carola hat es schon mit Provokation versucht, zum Beispiel, indem sie ihm erotische Literatur kommentarlos in die Hand drückte, aber der Erfolg blieb aus.

Wie lange sie ihren Mangelzustand aushalten wird, kann sie nicht beantworten. »Ich habe mir schon Bücher gekauft in der Art ›Wie verführe ich meinen Mann‹, aber ich finde es ziemlich idiotisch, ein paar Kilo abzunehmen, mir ganz modisch die Schamhaare zu rasieren oder bei Beate Uhse Negligés zu bestellen.«

Trotzdem bleibt sie mit Otto zusammen, erzählt Carola: »Irgendwas hält mich an ihm, und wenn es nur die schönen Jahre vorher waren. Da waren wir nicht verkrampft, weil wir uns täglich sehen konnten und es dadurch mehr Gelegenheiten gab, uns mal kurz ohne jeden Zeitdruck auf das Bett zu werfen und das schönste Spiel der Welt zu spielen. Wenn aus diesem Spiel ernst geworden ist, fällt es schwer, die Leichtigkeit wiederzufinden.«

Die Eifersucht: Das Gespenst der Ängstlichen

Jedes Liebespaar muß sich damit auseinandersetzen: Wieviel Freiheit gönne ich dem anderen? Wo ist die Grenze zum Betrug? Wann verliere ich das Vertrauen? Bin ich zu mißtrauisch?

Eifersucht ist einerseits ein normales Gefühl, mit dem man auch spielerisch umgehen kann, wenn man souverän genug ist. Dann kitzelt es nur angenehm, dann wird es richtig eingeordnet: als Begleiterscheinung der Liebe, aber nicht als Zentrum der Beziehung. Andererseits kann Eifersucht zur krankhaften Erscheinung werden. Fernliebenpaare haben im Normalfall eine höhere Toleranz als Menschen, die ganz nah zusammenleben, sie können sowieso nur auf das Prinzip Vertrauen setzen. Die Angst, daß da jemand auftaucht, der näher, bequemer, attraktiver ist, hat oft damit zu tun, daß man sich selbst nicht so überzeugend findet. »Ich-Schwäche« nennen das Psychologen, in vielen Menschen ist zumindest unterbewußt ein Minderwertigkeitskomplex, der die Eifersucht wachkitzelt. Eifersucht ist das Gespenst der Ängstlichen, die sich tief im Innern vom Vergleich mit anderen bedroht fühlen oder einen übersteigerten Narzißmus haben.

Wenn man selbstbewußt in sich ruht, ist eine lockere Einstellung zu Seitensprüngen eher möglich, wie bei einer Journalistin aus Schwaben:

»Ich wollte meine Affäre nicht verstecken und sagte es ihm. Er hat sich nicht gerächt, indem er sofort mit einer anderen ins Bett stieg. Ich würde auch darunter leiden, wenn er das Intimste noch mit einer anderen Frau teilt, aber nicht an Trennung denken. Meine Liebe ist größer. Ich finde, man darf keine Verbotsschilder aufstellen: Du darfst nicht – dagegen bin ich. Ich möchte nicht, daß jemand nur aufgrund von Treueschwüren auf wesentliche Erfahrungen verzichtet.«

Sie sieht keinen Unterschied zwischen einem geistigen und einem körperlichen Seitensprung: »Der gedankliche kann viel gefährlicher sein, weil er immer wieder kommt, der körperliche ist oft rasch ausgelebt. Ich glaube, daß viel Leid daher kommt, daß Bedürfnisse auf einen einzelnen Menschen konzentriert werden und nicht auf viele Schultern verteilt werden. Die Forderung, einer hat für mein Glück zu sorgen, geht selten gut.«

Ein Seitensprung als Schnellimbiß zwischendurch
Peter (34), Radiomoderator, und Felix (22), Designer
Peter mag Frauen, er fährt sogar mit ihnen in Urlaub. Der gutaussehende Radiomann, der ganz offen schwul lebt, hatte seine Freundin Ulla zu einem Italienisch-Sprachkurs auf Sizilien mitgenommen. Eine Idee, die sein Leben verändern sollte. Weil er Felix traf, einen 22jährigen Norddeutschen. Auch der war mit einer Frau unterwegs: seiner Schwester.

Peter hatte gleich gemerkt, daß da etwas in der Luft lag: »Wir hatten einen Blickkontakt, bei dem ich mir dachte: ›Hoppla, was ist das denn?‹ Aber er schaute verschämt wieder weg, und ich glaubte, es sei Einbildung. Ich hielt ja anfangs seine Schwester für seine Freundin, bei ihm war es angesichts meiner Begleitung ähnlich.«

Eines Abends fuhren sie zu viert in eine Pizzeria und kamen sich näher: »Es war so eng in dem Restaurant, daß sich unsere Knie berührten. Wir fuhren zu einem super romantischen Ort auf eine kleine Halbinsel. Es gab ein Wetterleuchten, und wir sahen wunderbare Sterne. Die beiden Frauen gingen spazieren, und wir saßen unentschlossen da. Er fragte mich auf italienisch: ›Sie ist doch nicht deine Freundin, oder?‹«

Danach ging es schnell: Peter und Felix hatten Sex am Strand, ein berauschendes Erlebnis, vor allem für Felix. Er hatte noch nie mit einem Mann geschlafen, es war sein Coming-out.

Dabei hätte es bleiben können. Felix mußte zurück, Peter reiste zehn Tage später heim. Und fand einen Brief seines Lovers vor: der Beginn einer Fernliebe. Peter, mit 34 Jahren zwölf Jahre älter als sein Freund, wehrte sich lange dagegen: »Ich zählte alle rationalen Argumente gegen diese Beziehung auf: Es ist zu weit, er ist zu jung, wahre Liebe ist so unwahrscheinlich. Aber unsere Gefühle waren stärker.«

Alle zwei Wochen sahen sie sich nun, abwechselnd fuhren sie zueinander. Was man sich mündlich nicht oder noch nicht mitteilen konnte, wurde geschrieben. Felix: »Ich weiß, ich soll es nicht sagen, deshalb schreibe ich es klein: Ich liebe dich.« Immer wieder schickten sich die beiden Briefe, Liebesbotschaften, die sie bis heute als kleine Kostbarkeiten gesammelt haben: »Sie sind viel persönlicher als E-Mails und werden nicht so leicht falsch verstanden, weil man mehr nachdenkt. Allein die Handschrift von einem Menschen zu lesen ist ein Wert an sich.«

Felix' Hartnäckigkeit überzeugte Peter, der sich nicht auf eine verbindliche Beziehung einlassen wollte. »Er klagte, daß ich seine Gefühle nicht ernst nehmen würde. Ich wollte abwarten. Aber dann dachte ich mir: ›Was will ich mir noch Zeit lassen? Eigentlich bin ich mittendrin.‹«

Alles hätte so schön sein können. Wenn Peter nicht ein kleines Problem mit seiner Libido hätte: »Ab und zu muß ich mich mit einer schnellen Nummer erleichtern. Bei Felix hat es von allen Männern am längsten gedauert, bis es soweit war. Ein Seitensprung als rein sexueller Schnellimbiß zwischendurch, der mit der Liebe zu ihm überhaupt nichts zu tun hatte.«

Aber leider sah Felix das anders. Peter erzählte ihm von der kleinen Ausschweifung, er wollte ausprobieren, wie ehrlich er sein kann. Felix reagierte verärgert, ein Beziehungsdrama war die Folge, erinnert sich Peter: »Felix ging zwei Wochen auf Tauchstation, er fühlte sich minderwertig und nicht angenommen. Er verstand nicht, daß ich mir anderswo Befriedigung verschaffen konnte.« Dabei ist sich Peter sicher, daß es nicht passiert wäre, wenn er dagewesen wäre. »Wenn Felix nicht bei mir ist, befriedige ich mich dreimal am Tag selbst, wenn er da ist, schlafen wir in drei Tagen vielleicht nur zweimal miteinander. Allein seine Nähe und das Küssen und das Händchenhalten geben mir sehr viel. Wenn ich ihn entbehre, habe ich viel mehr sexuelle Phantasien. Ich leide sehr unter der Distanz, er kann es besser verarbeiten.«

Peter entschuldigte sich für den Seitensprung und versprach, sich zu bessern, wenn er ihm auch nichts garantieren konnte. Beide haben sich in ihren Vorstellungen aneinander angeglichen und versuchen, mit den unterschiedlichen Bedürfnissen umzugehen.

Als Ersatzbefriedigung betreibt Peter – mit Wissen von Felix – ab und an Cybersex: »Ich flirte mit Männern im Internet, gebe mein Profil durch, eröffne einen Privatraum, schicke Fotos. So habe ich jemanden optisch vor mir. Gefallen muß er mir schon. Und dann reibe ich mich an dem virtuellen Gegenüber.«

Auch in Zukunft wird es bei der Fernliebe bleiben, dessen ist sich Peter sicher: »Wir reden nicht mehr viel darüber und haben uns erst einmal damit abgefunden.« Felix wird als zukünftiger Designer natürlich in die Metropolen müssen: Paris, London, Mailand. Peter hat neben der anstrengenden Arbeit beim Radio noch eine Konzertagentur und singt in einer A-cappella-Band. Mit der Gruppe tritt er oft am Wochenende auf. Peter genießt es, wenn Felix ab und zu dabeisein kann. »Felix akzeptiert es, daß ich auf der Bühne stehen will«, sagt Peter und fügt hinzu: »Eine Beziehung hat nur dann eine Chance, wenn die Arbeit des anderen anerkannt wird. Würde er mich vor die Wahl stellen, ich oder die Bühne, wäre es im nächsten Moment aus. Auf emotionale Erpressungen würde ich mich nicht einlassen.«

Der Seitensprung: Die große Katastrophe?

Der Seitensprung passiert nicht von ungefähr. Manche lassen sich darauf ein, wenn ihnen in ihrer Beziehung etwas fehlt. Manche dagegen haben eher Appetit auf ein kleines Häppchen, ein sexuelles Abenteuer. Sie können Partnerschaft und Seitensprung, also Liebe und Sex, trennen.

In jedem Fall steht es besser um den, der auf die Seite gesprungen ist. Ihn plagt vielleicht ein schlechtes Gewissen, der andere aber fühlt sich als der Betrogene. Nur wenige Menschen haben die glückliche Gabe, mit einem Seitensprung souverän und sachlich umgehen zu können. Die meisten werden von ihren Gefühlen gemartert und gefoltert – oft auch gegen rationale Toleranz. Da gibt es kein Gegenmittel, nur Gespräche, Relativierungen, Ablenkung und die Zeit, die alle Wunden heilt.

Von jedem dritten Interviewpartner haben wir die Aussage gehört: »Wenn ich merke, daß mein Partner fremdgeht, verlasse ich ihn.« Solch drastische Worte machen klar, daß derjenige nicht in der Lage ist, seine Gefühle der Eifersucht, der Erniedrigung, der Verletzung im Zaum zu halten. Aus welchen Gründen auch immer. Die Gefühle beim »Betrogenen« können so stark sein, daß wirklich nichts anderes übrigbleibt, als den »Betrüger« zu verlassen.

Die Psychologin Ruth Limmer vom Bamberger Staatsinstitut für Familienforschung rät, sich so früh wie möglich mit dem Problem zu befassen: »Was mache ich, wenn er oder sie mir einen Seitensprung beichtet? Will ich es überhaupt so genau wissen? Wo beginnt der Betrug?«

Man muß ja nicht gleich die ganze Kuh kaufen, wenn man ein Glas Milch will. So denken Männer und Frauen, die sich einen

Seitensprung gönnen und trotzdem an der Basis-Beziehung mit ihrem Partner festhalten wollen. Der Seitensprung als erotische Abwechslung und Selbstbestätigungskick – diese Variante muß die Liebe nicht mehr gefährden, als wenn jemand seine Wünsche unterdrückt und Aggressionen gegen den Partner aufbaut, weil der sofort mit dem Ende der Beziehung droht, wenn der andere kurzzeitig in anderen Armen liegt. Der Frust auf den Partner wächst. Er wird immer mehr als Wärter empfunden, der den anderen einsperrt.

Die Fernliebe bietet größere Freiheit, eine Kultur des Seitensprungs zu entwickeln, weil man in zwei Welten lebt und ein Doppelleben leichter zu organisieren ist. Eine gute Beziehung und dosiertes Fremdgehen schließen sich keineswegs aus, meint der erfahrene Münchner Psychotherapeut Wolfgang Schmidbauer in seinem Buch »Die heimliche Liebe – Ausrutscher, Seitensprung, Doppelleben«.

Schmidbauer plädiert für die hohe Kunst der Geheimnisbewahrung: »Man muß nicht alles voneinander wissen. Ich glaube, es ist für eine Beziehung besser, wenn ich mich nicht für das interessiere, was mein Partner für sich behalten will. Es also nicht als Bedrohung sehe, sondern sagen kann: Er hat seinen Bereich, ich meinen, und im gemeinsamen sind wir liebevoll zueinander. Die durchschnittlich gute Partnerschaft kann ohne weiteres einige heimliche Liebschaften verkraften. Eine Affäre ist nicht von vornherein etwas Zerstörerisches.«[19]

Schmidbauer hält Seitensprünge für Grenzgänge, aber er ist eindeutig gegen Wahrheitsfanatismus, der die meisten Menschen überfordert. Diskretion und die Kunst der humanen Lüge scheinen ihm sinnvoller zu sein: »Lügen sollten in Liebesbeziehungen so verwendet werden wie Penizillin bei einer Lungenentzündung. Sie müssen ausreichend dosiert werden, um wirklich die Zweifel des Partners zu besiegen. Wer Penizillin zu niedrig dosiert, riskiert, daß er die Entzündung nicht besiegt, wohl aber resistente Erreger züchtet. Wer nicht gründlich und überlegt genug lügt, riskiert, daß seine Glaubwürdigkeit verlorengeht, ohne daß er sich die Heimlichkeit erhalten kann. Die Lüge dient dem Schutz der Intimsphäre und Intimität. Sie ist schlechter mit Liebe zu vereinbaren als Wahrheit, aber besser als Kontrolle. Wer in einer Liebesbeziehung Kontrollfragen stellt, beteiligt sich mit 50 Prozent an einer soeben gegründeten Übergriff-Ausflucht-

GmbH. Wer Liebesangelegenheiten einer solchen Firma anvertraut, muß sich über Pleiten nicht wundern.«[20]

Bernd und Antje ist Mißtrauen fremd. Sie leben freizügig und unverklemmt, definieren Intimität nicht zwangsläufig erotisch, können sich Erfahrungen gönnen, weil sie glauben, daß ihre eigene Beziehung dadurch nichts verliert, sondern bereichert wird. Sie küssen mit gutem Gewissen.

Risiken bleiben, selbst bei ihnen. Die meisten Menschen fühlen anders als unser Paar, das sich der freien Liebe verpflichtet fühlt. Der normale fremdgehende Mensch hat Skrupel und ist mit der Frage konfrontiert: Soll ich dem Menschen, den ich liebe, treu sein oder mir beziehungsweise meinen Gelüsten? Kann man mehr als einen Menschen lieben? Wie verhält man sich, wenn es ernst wird, wenn einem ein anderer genauso viel bedeutet wie der eigentliche Partner? Wie geht man mit der Zerrissenheit um? Hat derjenige, der näher ist, automatisch die besseren Karten? Solche Fragen gehören zu den existenziellen Problemen einer Fernliebe. Auf Dauer hilft es nur, alles offen auf den Tisch zu legen und zu bilanzieren: Was kann man tolerieren?

Es war ein Vertrauensbruch, der mich zerstörte

Carla (24), Studentin

Es sollte nur ein Südafrika-Urlaub sein, den ihr Freund Claus plante. Carla war überhaupt nicht beunruhigt, als er für ein paar Wochen aufbrach. »Er sagte mir immer wieder, daß ich das schönste Geschenk für ihn sei und er ständig mein Foto mit sich herumtrage. Am Anfang schrieb er häufig, dann rief er meistens nur noch kurz an. Nach dem letzten Brief wußte ich intuitiv, daß etwas nicht in Ordnung war. Das ›Ich liebe dich‹ am Schluß seines Briefes hatte er nicht mehr geschrieben, das war sehr beunruhigend.«

Zwei Monate lang erhielt Carla kein Lebenszeichen: »Ich wußte nicht, wo er war, ob er tot in der Steppe lag. Dann meldete er sich und gestand mir, daß er mit einer Frau unterwegs gewesen war und jetzt Zeit brauche. Ich spürte, daß auch das noch nicht die ganze Wahrheit war.«

Sie bohrte und bedrängte ihn, bis er damit herausrückte: »Er hatte ein Verhältnis im fernen Südafrika begonnen, und, noch schlimmer, die Frau war schwanger geworden. Er wollte mich damit besänftigen, daß sie das Kind abgetrieben hatte, aber in mir war längst jedes Gefühl für ihn zerbrochen. Ich wollte ihn nicht mehr haben. Es war ein Vertrauensbruch, der mich zerstörte. Es gibt Sachen, die kann man nicht verzeihen.«

Die verzweifelten Erklärungen von Claus erreichten sie nicht mehr: »Er wollte mir weismachen, daß es einfach so passiert wäre, als sie im Zelt nebeneinander gelegen waren. Aber ich lege mich halt nicht mit einer attraktiven Frau ins Bett und das noch ohne Kondom wie ein unaufgeklärter Pennäler, das ist die Höhe.« Carla zog ihre Konsequenzen und beendete die Beziehung sofort: »Er hatte keinen Respekt vor unserer Liebe gehabt. Er hatte seine Triebe nicht im Griff gehabt, so viel konnte ich ihm also nicht wert gewesen sein.« Auch Carla war in seiner Abwesenheit nicht lammfromm gewesen, erzählt sie, sie habe auch geflirtet. »Aber ich habe nach dem Schmusen die Notbremse gezogen, Sex wollte ich nur mit Claus teilen.«

Inzwischen hat Carla einen neuen Freund, wieder eine Fernliebe. »Es läuft prima, aber wenn er für längere Zeit weg wäre, käme die alte Angst wieder hoch, das Trauma.«

Jeder kann tun, was er will

Martin (33), Pressereferent, und Sylvia (31), Hausfrau

13 Jahre sind Martin und Sylvia zusammen, gerade haben sie ihr zweites Kind bekommen. Was auf den ersten Blick wie ein trautes Durchschnittspaar aussieht, hat eine ganz besondere Geschichte. Martin und Sylvia waren fast immer getrennt, es ist ihre Lebensform, die sie längst ohne Murren akzeptiert haben: »Wären wir uns immer ganz nah, gäbe es uns als Paar schon lange nicht mehr.«

Angefangen hatte die ungewöhnliche Dauer-Distanzbeziehung 1987 auf dem Kirchentag in Frankfurt: Der schüchterne Provinzjunge aus Ludwigstadt, einem Nest an der bayerischen Grenze zur DDR, hatte die aufgeweckte Hamburgerin auf einem Karton sitzen sehen. In der »Halle der Stille« schmusten der Student der Literaturwissenschaft und die gelernte Erzieherin.

Vier Wochen danach besuchte sie ihn zum ersten Mal und erlitt einen Kulturschock: »Seine Eltern waren sehr konservativ und kleinbürgerlich. Die waren zum Beispiel schockiert, daß wir in einem Zimmer schliefen. Martin unterstellten sie, daß er mir sexuell hörig war.«

Als Martin zum ersten Mal in Hamburg war, mußte auch er befremdliche Erfahrungen machen: Von ihren Eltern wurde er als »Knödelhuber« verunglimpft. Die Bayern-Klischees steckten tief in den Köpfen der Nordlichter.

Für Martin war es die erste Liebe, Sylvia hatte, obwohl zwei Jahre jünger, reichlich Erfahrung mit Männern. Sie war ein Flirttyp, der sich gern auch vor seinen Augen ausprobierte. Martin duldete es zähneknirschend: »Ich hatte Angst, sie zu verlieren, wenn ich auf den Tisch haute und ihr eine wüste Szene machte. Ich war ihr ja absolut treu und verstand nicht, warum sie andere Männer brauchte. Ich fragte mich, ob ich sexuell nicht attraktiv genug wäre. Es zehrte gewaltig an meinem Selbstvertrauen. Ich habe es ja oft geahnt, wenn etwas war, manchmal habe ich es sogar geträumt. Sylvia gab es prompt zu, sie hat nie gelogen. Wie oft hat sie gesagt: ›Martin, ich muß dir was beichten, ich habe mich verliebt.‹ 800 Kilometer entfernt fühlte ich mich hilflos, konnte kaum eingreifen.«

Die Konsequenz des gehörnten Liebhabers: Er wechselte seinen Studienplatz und zog nach Hamburg. Ein Experiment, das nur ein paar Monate dauerte: »Ich kam in der Großstadt nicht zurecht, meine Freunde fehlten mir. Sylvia wollte nicht, daß ich zu ihr ziehe, sie hätte sich erdrückt gefühlt.«

Martins Rückzug hätte das Ende der ungleichen Beziehung sein können, aber nun zog Sylvia nach Bayern. »Martin war für mich der Mann, ein fester Fels. Ich wollte rauskriegen, was wirklich zwischen uns ist. Das habe ich auch geschafft. Kaum war ich bei ihm, wurde ich schwanger. Und verliebte mich trotzdem in einen Arbeitskollegen.«

Mühevolle Dreiergespräche folgten. Der Nebenbuhler trat freiwillig zurück. Die Beziehung wurde gekittet. Bis zur nächsten Krise. Diesmal war es der Freund von Sylvias Bruder in Hamburg, mit dem sie liebäugelte. Das war einer zuviel. Endlich trennten sich Sylvia und Martin. Sie nahm eine Fernbeziehung mit dem Hamburger auf.

Martin hatte inzwischen eine Stelle als Pressereferent eines Landkreises in Thüringen bekommen. Das gab ihm neues Selbstvertrauen. Jetzt hatte der Mann, der sich längst wie der ältere, vernünftige Bruder seiner quirligen Freundin fühlte, auch Affären mit anderen Frauen. Und das machte ihn wieder interessant für die Mutter seines Kindes: »Ich war wirklich empört, daß er sich das gleiche wie ich herausnahm. Ich hatte da eine seltsame Doppelmoral. Ich merkte, daß ich Martin immer noch liebte, und deshalb kamen wir wieder zusammen«, erinnert sich Sylvia.

Mit der Fernliebe – 120 Kilometer trennen die beiden – haben beide längst zu leben gelernt: »Wir leben am Wochenende Normalität, es ist viel Vertrautheit zwischen uns, wir fühlen uns nicht von einer übermäßigen Sehnsucht erdrückt. Wir haben Perspektive, sonst hätten wir nicht ein zweites Kind in die Welt gesetzt.«

Für Martin ist die Fernbeziehung eine progressive Beziehungsform. »Wir sind dem Großteil der Menschen voraus. Warum gehen denn die meisten Ehen kaputt? Weil die Menschen stur zu dicht aufeinander kleben. Wir leben da viel flexibler und schonender, sogar getrennte Schlafzimmer haben wir eingeführt. Nicht die Quantität, sondern die Qualität ist entscheidend. Es gibt Phasen, wo ich innerlich nicht frei bin, da bin ich froh, wenn ich alleine bin. Da meine Frau ständig zu sehen, würde auf die Familie negativ ausstrahlen.«

Natürlich gibt es keinen Gewinn ohne Verlust, erzählt Martin: »Bei unserem Sohn habe ich sicher einen Autoritätsverlust erlitten. Er traut sich bei mir Sperenzchen, die er seiner Mutter nie zumuten würde.«

Trotzdem ist Martin absolut von den Vorzügen der Fernliebe überzeugt: »Jeder kann tun, was er will, das ist die Grundlage unserer stabilen Beziehung. Jeder hat sein Reich, in dem er König ist. Ich habe keine Angst mehr, daß sie mich verläßt, deshalb kann ich loslassen.«

Sylvia klagt im Gegenzug nicht über ihre Rolle als Quasi-Alleinerziehende. »Wenn ich mit Freundinnen weggehen will, tue ich das, wozu gibt es Babysitter? Ich möchte nicht mit meinen Nachbarinnen tauschen, wo der Mann jeden Tag um fünf Uhr heimkommt und versorgt werden will. Für mich ist es gerade nach Streitereien ein wichtiges Gefühl zu wissen: Er fährt wieder. Da kann man die Wut runterregeln, wo man sonst weiterpowern würde.«

An einen Komplett-Umzug hat Sylvia übrigens nie gedacht: »Ich möchte nicht im Osten wohnen.«

Peter ist örtlich einfach näher dran

Jana (30), Doktorandin

Für Afrika interessiert sich Jana brennend. Ihre Doktorarbeit schreibt sie über »Südafrika und Namibia«, im Frühjahr '99 fuhr sie für Feldforschungen nach Südafrika. Über die deutsche Botschaft wurde ihr ein Experte genannt: John, 43 Jahre, ein gutaussehender Intellektueller. Er half ihr bei ihrer Arbeit, zeigte ihr Johannisburg bei Nacht, zog mit ihr durch die vielen Musikclubs, in denen Ethno-Jazz live gespielt wird.

Das Gespräch floß zwischen den beiden, auch über Liebe redeten sie viel. Jana erzählte ihm, sie habe in Deutschland einen Freund, der leider nie mit ihr im Ausland leben wolle, was ihr größter Wunsch sei. John berichtete von seiner Scheidung. Und vom Befreiungskampf für die Schwarzen, an dem er aktiv beteiligt gewesen war.

Viele »Gegensätze« taten sich auf. Er hat eine kriegerische, politisch bewegte Vergangenheit. Sie eine friedliche. Er ist Jude. Sie Deutsche. Er lebt elitär, wohnt in einem sicheren wohlhabenden europäischen Viertel von Johannisburg. Sie haust lediglich in einer Studentenbude. Er ist Berater für das Ministerium, sie Doktorandin. Er ist reich, sie arm.

Obwohl sie in zwei völlig verschiedenen kulturellen Kontexten lebten, kamen sie sich an diesem Abend geistig und seelisch sehr nahe. Trotzdem fuhr sie nach Hause zu ihrem Bruder, der schon seit zweieinhalb Jahren in Johannisburg wohnte: »Das habe ich meinem deutschen Freund zuliebe gemacht, eigentlich wäre ich gern bei John geblieben. Es war brutal, mich von ihm zu lösen, wir waren da schon eine Einheit.«

Auf dem Heimweg rief sie John noch per Handy an und sagte ihm, wie wunderschön der Abend gewesen war. Sie bekam ihn nicht mehr aus dem Kopf. Viele Situationen und Sätze hallten in ihr nach. »Ich mußte wissen, was ich für diesen Mann empfinde. Und das ging nur, indem ich ihn an mich heranließ.«

Es war kein Fehler. Die beiden hatten eine wunderbare Zeit. Und dennoch schaltete sich wieder Janas Kopf ein: Eigentlich wollte sie keine Dreiecksbeziehung, eigentlich fühlte sie sich ihrem Freund in Deutschland verpflichtet. So sagte sie John zum Abschied, alles sei nur eine Affäre gewesen, und verabschiedete sich. Erst als er weg war, merkte sie, es war gelogen. Sie konnte ihn aber per Handy nicht mehr erreichen, weil es in Südafrika zu viele Funklöcher gibt, und flog unter Tränen nach Deutschland.

Peter freute sich, Jana wiederzusehen. Sie konnte ihn aber kaum berühren. Als John anrief, brach sie in einen Heulkrampf aus und wurde Peter gegenüber aggressiv. Irgendwie wollte sie die Beziehung zu Peter halten, aber die andere nicht lassen, ganz nach dem Motto: »Wasch mir den Pelz, aber mach mich nicht naß.«

Ihre Doktorarbeit war durch ihre Gefühlswallungen vollkommen lahmgelegt. Sie konnte nicht mehr über ihre Gefühle urteilen. War John, der ihr den nächsten Flug nach Südafrika zahlen wollte, der Richtige? Oder doch Peter?

Bis Silvester saß sie ständig vor dem Computer und studierte die Flugpläne nach Johannisburg. Sie entschied sich für Peter und verbrachte den Jahreswechsel streitend mit ihm. Um Mitternacht telefonierte sie mit John. Eine Woche später beendete sie die Beziehung zu Peter. Das Chaos ihrer Gefühle wurde größer und sie arbeitsunfähiger. Obwohl oder gerade weil beide Männer beteuerten, daß sie ihr bei der wissenschaftlichen Arbeit unter die Arme greifen wollten. John bot an, nach Deutschland zu kommen. Jana willigte ein. Es war wunderbar und intensiv. Vor allem, wenn sie ihre gemeinschaftliche Zigarre rauchten, die zum Ritual ihrer Liebe wurde.

Nach der Woche mit John war Jana aber nicht klarer in ihrer Entscheidung. Ihre Gefühle wurden instabiler. An manchen Tagen fand sie nicht einmal mehr den Weg von der Arbeitsstelle nach Hause. Sie wußte weder ein noch aus. »Die Liebesgefühle waren zu komplex, um sie zu beantworten. Eine Woche lang versuchte ich, ohne Kontakt zu beiden auszukommen, aber es half nicht.«

Sie entschied sich dafür, es noch einmal mit John zu versuchen und buchte einen Flug, den sie darauf stornierte und wieder buchte. Dann flog sie für zwei Wochen. Es war eine Zeit heftigster Auseinandersetzung ohne gegenseitige Zerfleischung. Freunde von John warfen ihm vor, daß er mit einer Deutschen zusammen war. Er wolle wohl seine Opfer-Täter-Rolle aufarbeiten, höhnten sie. Johns Eltern aber erklärten sich bereit, Jana kennenzulernen, obwohl sie als Juden nie wieder mit Deutschen hatten sprechen wollen.

In diesen Wochen dachten sie sich gemeinsame Lebensprojekte aus. Aber schon auf dem Weg vom deutschen Flughafen nach Hause bemerkte Jana wieder ihr Gespaltensein. In Südafrika könnte sie nie ein normales Leben führen. Sie hatte dort keine Freunde. Sie bekam Angst vor dem Altersunterschied. Der Auslandsaufenthalt wäre dann keine Vision mehr, sondern Realität. Die E-Mails, die sie John schrieb, empfand sie mehr und mehr als Fiktion. »Wie kann ich einer E-Mail-Adresse sagen, daß ich sie liebe. Das ist doch absolut irreal«, dachte sie sich.

Ein paar Tage später suchte Peter sie ganz spontan in ihrem Büro auf. Sie hatten dort leidenschaftlichen Sex. Das veränderte alles. Jana gab Peter wieder eine Chance und mailte John, daß sie jetzt Schluß mache. John konnte es nicht fassen, bat sie, die Mail zu widerrufen und schrieb ihr ein Gedicht, in dem es hieß: »Du kannst mit jedem Sex haben, aber nicht mit jedem einschlafen. Ich hasse dich, weil du mit mir eingeschlafen bist.«

Heute sagt Jana, wäre Peter nicht ins Büro gekommen, wäre sie noch mit John zusammen.

In einem Jahr soll sie ihre Doktorarbeit fertig haben, drei Monate hat sie jetzt im Liebeschaos verbracht. »Da muß Ordnung rein. Peter ist einfach örtlich näher dran. Den kann ich körperlich spüren.«

Aber Spuren bleiben. Die Kette, die John ihr geschenkt hat, legt sie bis heute nicht ab. Keine Sekunde. Jana traut sich nicht mehr, sich bei ihm zu melden, weil sie Angst hat, im neuen Chaos zu versumpfen. Täglich arbeitet sie aber mit seinen Materialien und seinem Namen. Im Internet sucht sie seine Web-Site, um Kontakt mit ihm aufzunehmen, ohne daß er es merkt. In einer Lehrveranstaltung zeigte sie einen Film über Südafrika. Plötzlich entdeckte sie in einer Menschenmenge John. Mit dem Video ging sie nach Hause und sah ihn sich ständig an, spulte immer wieder die Stelle zurück.

Die Fotos, die sie von John machte, ließ sie noch nicht entwickeln, trägt sie aber immer in der Tasche bei sich. Das letzte Wort mit John ist noch nicht gesprochen.

Die Freunde: Unverständnis und Bewunderung

Fernlieben polarisieren die Umwelt. Die einen beneiden diese Paare, weil sie scheinbar nur Sonnenschein-Tage miteinander erleben, der stillschweigende Vergleich der dynamischen Distanzbeziehung mit der eigenen, vielleicht »eingeschlafenen« Ehe kann schlecht ausfallen. Die anderen verachten die Fernliebenden und versuchen, ihnen ein schlechtes Gewissen zu machen, sie als verantwortungslose Egozentriker darzustellen. Oft werden – zumindest in der älteren Generation – die am Ort zurückgebliebenen Frauen nicht mehr eingeladen, weil sie als Provokation oder Bedrohung empfunden werden.

Für Fernliebende ist es oft schwer, Freundschaften zu pflegen. Die Distanzbeziehung kostet nicht selten viel Zeit und Energie, da bleibt wenig übrig für andere. Und die wenige Zeit, die sie sich sehen, wollen sie vielleicht allein verbringen. Das kann kränkend sein für die Freunde, wenn sie sich als Ersatz benutzt fühlen. Die Paartherapeutin Maria Schneiders rät: »Freundschaften können den geliebten Menschen nicht ersetzen, sie haben eine eigene Bedeutung. Bestehende Freundschaften entlasten und befruchten jedoch eine Partnerschaft enorm.«

Ich will lieber Achterbahn fahren statt Karussell

Edith (34), Erzieherin

In einem laubfroschgrünen Kleid kommt sie zum Interview, die 34jährige Erzieherin Edith sieht in keiner Weise wie eine graue Maus aus. Wenn sie von der Fernliebe spricht, kommen ihr nicht die Tränen. Selbstmitleid ist ihr fremd, Redensarten wie »es geht so« haßt sie. »Es geht mir gut damit, ich bin glücklich. Das ist mehr, als nur zufrieden zu sein.«

120 Kilometer ist ihr Ehemann, mit dem sie seit zwölf Jahren verheiratet ist, entfernt, er leitet eine Klinik. Seit fünf Jahren ist es die klassische Wochenendehe, die Edith schätzen gelernt hat: »Ich habe beides, was mir wichtig ist: eine feste Bindung, in der ich mich geborgen fühle, und die Möglichkeit, unter der Woche meinen zeitaufwendigen Hobbys nachzugehen.«

Eines davon ist das Theaterspielen, im letzten Stück verkörperte Edith die Zeit und ließ sich mit einem Uhrenmuster bemalen. Klar, daß sie sich damit auseinandergesetzt hat: »Sie schlägt

Wunden und heilt, sie schleicht und eilt, heißt es in dem Stück. Jeder hat gleich viel davon und ist dafür verantwortlich, was er damit macht. In der Fernliebe habe ich nicht das Gefühl, daß wir wegen Zeitmangel viel verpassen. Es geht nicht darum, möglichst viele Stunden miteinander zu verbringen, sondern wenige effektiv.« Ihr Mann sieht das inzwischen genauso. Aber ihre Zeit bedarf gewisser Planung. Wenn er am Freitag kommt, trinken sie erst mal Kaffee und planen mit der Tochter das Wochenende, damit keiner zu kurz kommt.

Es war ein langer Weg dorthin. Heinz hatte während ihres Zusammenwohnens Phasen, in denen er sich wie ein Macho benahm, erzählt Edith. »Er wollte, daß ich komplett für den Haushalt zuständig bin. Als wir uns kennenlernten, war ich an einer Venen-Thrombose erkrankt und mußte ein halbes Jahr zu Hause bleiben. Natürlich empfing ich ihn mit dem Essen und kümmerte mich um die Wohnung, aber es war eher ein Zeitvertreib. Aber er mißverstand meine Schwäche, er warf mir später sogar vor, ich hätte ihm anfangs etwas vorgespielt, nur um ihn mir zu krallen. Als ich wieder arbeitete, rebellierte ich dagegen, daß ausschließlich ich für die Hausarbeit zuständig sein sollte. Sie macht mir nämlich keinen Spaß, ich glaube nicht, daß Frauen dafür geboren sind.«

Diese erste Beziehungskrise überstanden die beiden, die nächste kam nach der Geburt der heute zehn Jahre alten Tochter: »Da war ich wieder zwei Jahre zu Hause und das alte Muster – die graue Hausmaus an der Seite des dominanten Mannes – etablierte sich erneut. Die körperliche Nähe brachte uns nicht mehr emotional zusammen. Ich war wahnsinnig enttäuscht und wollte mich scheiden lassen.« Als es schon fast zu spät war, willigte Heinz in die Eheberatung ein, die er vorher strikt nach dem Motto »ich kann mir schon selbst helfen« abgelehnt hatte. Edith stimmte zu, weil sie sich nicht den Vorwurf machen wollte, sie hätte nicht alles versucht. »Heinz drehte sich um 360 Grad, es war ergreifend«, erzählt Edith. Sie begriff, daß die Krise konstruktiv sein konnte und die Ehe nicht gleich auf den Müll geschmissen werden mußte. Das Paar bekam eine neue »Gebrauchsanweisung« füreinander und lernte, miteinander zu sprechen. »Er war vorher so wortkarg gewesen und hatte nach dem Prinzip agiert: Meine Frau soll riechen, was ich denke«, erinnert sich Edith.

Die beiden fanden wieder zusammen, weil ihre Beziehung genug Substanz hatte. Er akzeptierte ihre Freiheiten und verstand, daß man so eine muntere Frau nicht einsperren konnte. Sie begriff, daß sie auch für Defizite verantwortlich war, wenn sie sich nicht laut genug artikulierte.

Sicherheit ist Edith wichtig, sie will einen Fels in der Brandung: »Aber ich will mich anlehnen, weil ich es mir selbst gestatte, nicht, weil ich ständig vor Schwäche umfalle. Ich brauche Vertrauen genauso wie Freiheit. Ich bin mit einem Mann zusammen, weil ich mit ihm zusammen sein will, nicht, weil ich ohne ihn nicht leben kann. Ich will in der Liebe lieber Achterbahn fahren und nicht Karussell.«

Das Schlimmste an der Fernliebe war für sie nicht die Ferne, sondern die Reaktion ihres Umfeldes, wenn sie die Suggestiv-Frage »Aber du vermißt ihn schon?« verneinte.

Gerade die Frauen verstanden Edith nicht, klagt sie: »Da sind Freundschaften zerbrochen, weil sie mir Messer in den Rücken warfen. Meine unkonventionelle Beziehung wurde leidenschaftlich debattiert und als minderwertige Ehe in den Schmutz gezogen. Mein Mann wurde als armer Kerl mit einer selbstsüchtigen Frau bemitleidet, nur weil ich an seinen Tennisabenden die Frechheit besaß, in meine Theatergruppe zu gehen, anstatt brav daheim auf ihn zu warten. Er selbst erzählte mir das lachend. Sie versuchten ihn an seiner Männlichkeit zu packen, indem sie ihn fragten: ›Was bist du denn für ein Kerl, daß du deine Frau nicht unter Kontrolle hast?‹ Selbst bei meinem Geburtstag klatschten sie über mich, als ich das Zimmer verlassen hatte. Als ich wieder reinkam, verstummte das Gespräch unter den Frauen, die schon eine Krise kriegen, wenn ihr Mann für drei Tage auf Fortbildung ist.« Vielleicht, meint Edith, sei sie auch zu ehrlich zu ihnen gewesen: »Ich hatte ihnen klargemacht, daß mich ihre Beziehungen langweilen würden und daß ich sie nicht geschenkt haben möchte. So auf das Häusliche reduziert möchte ich vielleicht mit 86 Jahren leben. Aber jetzt bin ich noch eine Spielernatur, eine Entdeckerin.«

Edith flirtet gern. Auf eine längerfristige Liebesgeschichte würde sie sich nicht einlassen, das ist für sie die Grenze: »Dafür bringt mir mein Mann zuviel entgegen, das hat er nicht verdient. Ich will unser perfektes Arrangement nicht leichtfertig zerstören. Aber natürlich sind kleine Flirts und Grenzüberschreitungen möglich, diese Freiheit nehme ich mir. Als es kriselte, habe ich meinen Marktwert getestet, das hat mir gutgetan.«

Viele Männer hätten Probleme, sich in einer Fernliebe auf eine eigenständige Frau einzulassen, meint Edith: »Sie wollen am Abend spontan weggehen und eine verfügbare Frau haben, um sie zum Beispiel in der Clique zu präsentieren und da einen guten Stand zu haben. Sie soll den Platz der Mutter einnehmen, die Wäsche machen und eine tolle Wohnungsatmosphäre zaubern. Aber sie sollte um Gottes Willen nicht zu selbstbewußt und eigenwillig sein. Und diese Haltung ist keine Frage des Alters.«

Die Freunde rufen schon gar nicht mehr an

Wolfgang Kreissl-Dörfler (50), Politiker

Flugzeuge kann Wolfgang Kreißl-Dörfler manchmal nicht mehr sehen, und das liegt nicht daran, daß er ein Grüner ist. Seit 1994 sitzt der Münchner für die einstige Alternativ-Partei im Europaparlament. »Eigentlich ist das nicht mit einer festen Beziehung in Einklang zu bringen, meine Freundin stöhnt über meine 80- bis 90-Stunden-Woche. Und wenn ich da bin, bin ich so erschöpft, daß ich nicht mal mehr ins Kino gehen will. Die 43 Sitzungswochen, die wir haben, sind fast doppelt soviel wie im Bundestag. Das bedeutet 43mal Koffer auspacken, Koffer einpacken. Es gibt Wochen, da sehen wir uns in 14 Tagen nur einen Tag. Man kriegt keine Kontinuität rein.«

Kreissl-Dörfler ist als Globalisierungsexperte auf vielen Podien und Tagungen gefragt: »Die Verantwortung gegenüber der Wählerschaft mit der Verantwortung gegenüber meiner Freundin in Einklang zu bringen ist ein ständiger Interessenkonflikt. Sich aus der Politik auszuklinken ist eigentlich nur legitim, wenn einen eine Krankheit erwischt. Politik, so wie sie heute organisiert ist, läßt einem kaum mehr Zeit zum grundlegenden Nachdenken. Wie wollen solche Menschen Politik machen, wenn sie selber nicht mehr richtig Mensch sein können?«

Manchmal nimmt der Politiker seine Lebensgefährtin auf eine Dienstreise mit: »Wir waren schon mal in Taiwan, das muß sie natürlich selbst bezahlen. Richtig ausspannen können wir nur im Urlaub. Wenn wir zu Hause bleiben, ist das unmöglich, weil irgendein Telefon immer klingelt. Im Urlaub bin ich dann wirklich unerreichbar. Da gehe ich gern in die Berge. Dort wird mir klar, wie unwichtig viele politische Papiere sind.«

Nicht nur die Liebe leidet durch den enormen Arbeitsaufwand, gerade auch die Freunde kommen zu kurz: »Das Beziehungskonto ist hoffnungslos im Minus, meinen Freund in Brasilien treffe ich auf Dienstreisen häufiger als manchen Kumpel von früher. Ich hatte in München einen großen Freundeskreis, der langsam schrumpft. Man trifft sich nicht mehr so einfach zum Kartenspielen, miteinander spontan in den Biergarten zu gehen ist nicht mehr drin. Wenn wir uns sehen wollen, müssen wir uns langfristig verabreden, was selten klappt. Die Freunde rufen schon gar nicht mehr an, weil sie davon ausgehen, daß ich sowieso keine Zeit habe. Manchen habe ich aus den Augen verloren, das ist ein schleichender Prozeß. Bei manchen allerdings kann man auch nach zwei Jahren Pause sofort wieder an alte Zeiten anknüpfen.«

Vergangenheit verbindet. Das spürt der Politiker bei seinem anstrengenden Full-time-Job, wenn er neue Menschen kennenlernt: »Man hat nicht mehr die Zeit, sich intensiv zu begegnen. Das sind Bekanntschaften, aber zusammen gelebte Vergangenheit ist ein unbezahlbares Kapital für eine Freundschaft. Tiefe Gespräche und nächtelange Diskussionen auf einem gemeinsamen Niveau sind derzeit kaum möglich. Dabei ist es so wichtig, andere Meinungen zu hören, sich in einem anderen Menschen zu spiegeln, der einem kritische Sympathie entgegenbringt. Normalerweise sagt keiner einem Politiker die Meinung ehrlich ins Gesicht, Freunde und meine Lebensgefährtin tun das.«

In der Politik gibt es auch bei Parteifreunden keinen Ersatz für gewachsene Freundschaften, hat der Politiker erfahren: »Das sind Funktions-Freundschaften, wo man sich gegenseitig nützt, aber letztlich konkurriert man miteinander und bleibt immer etwas auf Distanz, ich habe da keinen Seelenfreund gefunden.«

Als 50jähriger denkt Kreissl-Dörfler jetzt schon ans Alter: »Da braucht man Freunde, wenn man nicht alleine sein will.«

Er hat gute Vorsätze gefaßt. »Ein Freund von mir, der im Rollstuhl sitzt, ist Vater geworden. Für dieses Patenkind will ich mir Zeit nehmen.«

Die Vision: Gemeinsame Ziele

Wie lebt man besser? Einfach spontan in den Tag hinein und völlig im Hier und Jetzt? Oder doch mit einem großen Ziel, einer Perspektive, einer Vision?

Letzte ist sicher ein starkes Bindemittel für die Fernbeziehung, vorausgesetzt, man erreicht es und hechelt nicht vergeblich irrationalen Plänen hinterher. Man sollte sich also durchaus Ziele stecken, aber je realistischer sie sind, desto besser. Träumen darf man natürlich zusätzlich. Vom alten Bauernhaus mit riesigem Garten, von der vielköpfigen Kindermeute, davon, täglich miteinander aufzuwachen und einzuschlafen.

Der Züricher Paar- und Familientherapeut Jürg Willi glaubt fest daran, daß die beste Voraussetzung für dauerhafte Liebe ist, »sich gemeinsam eine eigene Welt zu schaffen und in ihr einzurichten«.[21] Visionen und Pläne sind nach Meinung des Paar-Kenners die größten Garanten für die Zukunft einer Beziehung.

Es können langfristige Visionen über gemeinsames Altwerden an einem bestimmten Ort sein oder kurzfristige wie Urlaubs- oder Wochenendpläne. Um Visionen zu konkretisieren, helfen Absprachen in der beruflichen Karriereplanung oder über die Dauer einer Fernbeziehung. Am besten manifestiert sich eine gemeinsame Welt in einem eigenen Heim: einem Ort, der gemeinsam eingerichtet und gepflegt werden muß, mit dem man vertraut ist, an dem man sich zurückziehen kann, den man stolz Freunden und Familie als Bild für die Zweisamkeit präsentieren kann. Daß für eine gemeinsame Wohnung eine Liebe auf Distanz kein Hinderungsgrund sein muß, erzählt die folgende Geschichte.

Deshalb haben wir uns ein Haus gekauft

Anna (34), Marketingexpertin, und Michael (38), Softwarespezialist

Michael ist ein Schumi-Fan, die Formel 1 fasziniert ihn und hat ihm zusätzlich noch Glück gebracht: Beim Rennen in Monza lernte er seine Braut vor neun Monaten kennen, mit der er vor zwölf Wochen ein Haus gekauft hat. Eine Turbo-Liebe.

Beide sind in der Softwarebranche tätig, Michael in der Informations- und Kommunikationstechnik, Anna im Marketingbereich. Die beiden Erfolgsmenschen arbeiten deutlich mehr als zehn Stunden täglich. Michael in Bochum, Anna in München. Das Haus haben sie sich in München gekauft, weil Anna dort eine feste Stelle hat. Für Michael ist es eher unwahrscheinlich, daß er in Bayern seine Karriere fortsetzen kann. Er arbeitet in seiner Branche mit Dreijahresverträgen. Wohin ihn der nächste Vertrag in eineinhalb Jahren hinverschlagen wird, weiß er noch nicht. Es interessiert ihn auch nicht sehr. In München wird er mit hoher Wahrscheinlichkeit nicht landen, dort gebe es kein passendes Unternehmen für ihn, meint er.

Weil die besten Worte Taten sind, gehen die beiden gern Risiken ein und setzen ein Zeichen dafür, daß ihre Beziehung trotz der Distanz auf Dauer angelegt ist: »Deshalb haben wir uns ein Haus gekauft. Anna wohnt die ganze Woche darin und ich an den Wochenenden. Es ist eine langfristige Zukunftsinvestition. Wir hatten beide Ersparnisse, die wir anlegen wollten«, erzählt Michael.

Das gemeinsame Heim ist ihnen nicht genug. Allen widrigen Umständen zum Trotz verkündet das Paar: »Wir wollen heiraten, weil wir uns sicher sind. Wir wußten gleich, daß es zwischen uns kein Larifari ist, kein belangloser Flirt, wir sind ja schon relativ alt. Ob eine Ehe gut läuft, hängt nicht davon ab, wie lange man sich kennt. Es ist ein Bauch-Entschluß. Wir mögen schnelle Entscheidungen. Wir lassen uns auch von niemandem verwirren. Wenn sich die Situation mal ändern sollte, müssen wir uns eben den neuen Herausforderungen stellen.«

Ein Defizit sehen sie beide: Michael und Anna haben sich bisher nur an Wochenenden und in gemeinsam verbrachten Urlauben gesehen. Alltagserfahrungen konnten sie nur in den zwei Wochen sammeln, in denen Michael in München war und Anna arbeiten mußte.

»Ein gutes Zeitmanagement und eine gute Organisation sind das A und O für eine Ehe«, meint Michael, »wir machen uns die Wochenenden nicht mit Büroterminen kaputt. Die Samstage und Sonntage sind für uns da. Auch wenn wir wenig Zeit haben, müssen wir nicht immer zusammenkleben. Wer Rückzug braucht, macht das einfach. Ganz wichtig ist ein offener und direkter Umgang. Wir stimmen unsere Wünsche aufeinander ab. Information bekommt man durch Fragen, nicht durch Reden. Wir halten es mit dem Motto aus der ›Sesamstraße‹: ›Wer nicht fragt, bleibt doof.‹ Ein klares Wort hilft oft mehr, als meine Gefühle 27mal zu zeigen.«

Die 750 Kilometer Entfernung haben Anna und Michael nie abgeschreckt: »Mit dem Flugzeug ist es ein Katzensprung, außerdem sind wir das Reisen gewohnt. Und schließlich sind wir beide erprobt in Wochenendbeziehungen.«

Ein Wochenende ohne den anderen ist für sie kaum mehr vorstellbar. Gemeinsam viel unterwegs zu sein, das ist für sie Lebensqualität. »Man darf nie das Gefühl haben, etwas zu verlieren oder zu versäumen. Wenn wir ihre oder meine Freunde besuchen, komme ich nie zu kurz. Wir erleben ja die Zeit zusammen«, erklärt Michael.

In der Woche haben beide kaum Zeit für Privates. »Deswegen müssen wir am Wochenende die Balance finden zwischen Freunden und unseren ganz intimen Stunden, die nur uns gehören. Unsere Lebensdevise heißt: investieren, ans Verlieren verschwenden wir keinen Gedanken. Nach vorne schauen, nicht nach hinten. Es gibt keine Probleme, nur Lösungen.«

Die Distanzbeziehung des Doppelkarrierepaares hat eine gute Perspektive, meint Michael: »Ein Freund erklärte mir neulich, daß Liebe nicht nur auf Gefühlen, sondern einem klaren Verstand beruht. Die drei Säulen einer guten Ehe sind: gemeinsame Ziele, gute Kommunikation und viel Investition. Das sind eher rationale Dinge, und ich kann dieser Theorie im Moment nur recht geben. Denn durch das Rationale funktioniert auch das Emotionale.«

Die Kinder: Einer wird zum Alleinerziehenden

Karikaturen verzerren die Wirklichkeit bis zur Kenntlichkeit: Ein etwas verwirrt aussehender Mann vertraut seinem trinkenden Nachbarn an: »Meine Firma hat mich nach New York geschickt. Meine Frau wurde nach Denver versetzt. Wo die Kinder sind, weiß ich nicht.«

Ganz so chaotisch geht es bei Fernliebenpaaren, die Kinder haben, nicht zu. Mütter oder Väter, die häufig weg sind, müssen wahrlich keine schlechteren Eltern sein. Aber natürlich gibt es Defizite: Kinder verändern sich rasch, wöchentlich, täglich, sogar stündlich. Der Partner, der weg ist, bekommt die Entwicklungsschübe nicht mit. Manchmal fühlt er sich machtlos »wie ein Schluck Wasser in der Kurve«.

Auf dem, der zu Hause bleibt, liegt die ganze Belastung der Familienarbeit.

Ich hatte mein Leben als Alleinerziehende perfekt organisiert
Ulla (42), Pressereferentin, und Udo (40), Journalist
Ulla hat hohe Ansprüche. Auf Männer würde sie sich nie mehr halbherzig einlassen, das hat sie zu oft ausprobiert. Aber Schwierigkeiten mit dem Richtigen zu meistern, davor hat sie keine Angst. »Getrennt, zusammen, getrennt – ich habe alles mit dem Mann ausprobiert, mit dem ich alt werden möchte.«

Ihren Ehemann Udo lernte die PR-Frau auf einer Pressereise kennen. »Es war Liebe auf den ersten Blick, daß er in Hamburg wohnte und ich in München, störte mich anfangs nicht. Das Pendeln steigerte den Reiz, wir fielen an unseren zwei Tagen übereinander her, wenn wir uns bei ihm trafen, dann verbrachten wir viel Zeit auf vier Quadratmetern im Bett, das war unsere kleine Fluchtwelt. Es waren Festtage, den Alltag konnte ich in die Woche reinpacken.« Außerdem verstand sich Udo sehr gut mit ihrem Sohn, ein weiterer Pluspunkt für ihn.

Ulla genoß die Fernliebe in vollen Zügen, die Bahn benutzte sie oft, keine Mühe war ihr zuviel, um zu ihrem fernen Freund zu kommen. »Wir hatten uns immer etwas zu sagen. Vor allem hatten wir einen regen Liebesbriefwechsel. Ich habe vier Schuhschachteln mit dem guten alten Liebesbrief, es floß mir richtig aus der Feder. Noch heute schreibe ich ihm Briefe, wenn ich in einem Café sitze, und stecke sie ihm unter das Kopfkissen oder in das Buch, das er gerade liest. Wahrscheinlich ist das ein Frauentick.«

Grundsätzlich waren sich beide darin einig, daß sie ein gemeinsames Kind wollten, aber als es kam, war es nicht geplant. Eine Abtreibung kam für Ulla dennoch nicht in Frage. Daß sie während der Schwangerschaft allein war, schmerzte sie, aber auch ihren Mann: »Er fühlte sich wie ein Buhmann und hatte ein schlechtes Gewissen. Ich wohnte im fünften Stock und arbeitete weiter, drei Wochen vor der Geburt zog ich erst zu Udo nach Hamburg.«

Zwei Jahre lebten die beiden dann zusammen, bis Udo ein ungeheuer attraktives Angebot als Sportjournalist in Berlin erhielt. Ulla bestärkte ihn darin, es anzunehmen: »Man muß sich weiterentwickeln, und für mich gehörte es immer zum A und O der Liebe, daß man sich nicht an einen anderen ketten darf.«

Udo hoffte, daß Ulla mit umzieht, aber zu viele Gründe sprachen aus ihrer Sicht dagegen: »Ich hatte mich gerade erst in Hamburg eingelebt und hätte mein gesamtes soziales Umfeld wieder erneuern müssen, das war mir in diesem Moment zu hart. Außerdem war mir klar, daß Udo in Berlin so viel arbeiten mußte, daß wir nicht viel Zeit zusammen gehabt hätten.«

Zwei Jahre lang führten die beiden eine Samstagsehe: Udo musste am Sonntag wieder in seiner Sportredaktion arbeiten, deshalb kam er oft schon am Freitag. Natürlich hingen dann sofort die Kinder an ihm, sie platzten vor Neugierde, ihn zu sehen, für Ulla blieb kaum mehr Platz, erzählt sie: »Da konnte ich mich nicht auch noch hinschmiegen. Diese Zeit war hart, Narben sind geblieben. Es verliert sich ein Stück Vertrautheit, die Fähigkeit zum Beispiel, den Blick deuten zu können.«

Udo kam sich ausgeschlossen vor, wie ein Gast auf der Durchreise. Und Ullas Bekannte lästerten über ihn: »Ich wurde bewundert, weil ich alles alleine hinkriege. Udo wurde von Frauen vorgeworfen, er hätte die Familie verlassen, was für ein Quatsch! Noch absurder war die Annahme einiger Männer, er würde sich in Berlin ein super Singleleben mit vielen Affären gönnen. An so was hatte er doch gar kein Interesse.«

Heute leben sie wieder in Hamburg zusammen, Udo hat einen neuen Job, Ulla freut sich darüber: »Wir haben uns wieder zusammengerauft, was nicht so ganz einfach war. Ich hatte mein Leben als Alleinerziehende in der Woche so perfekt organisiert, daß Udo sich manchmal fragte, warum er eigentlich hier sei. Das hat sich normalisiert«, sagt Ulla. Was ihr bleibt, ist die Gewißheit, auch allein gut zurechtzukommen: »Der einzige Grund, warum ich mit Udo zusammen bin, ist, daß ich ihn liebe.«

Die Fernbeziehung als Erfahrung möchte Ulla nicht missen. »Sie hat uns gezeigt, daß wir zusammengehören und schwierige Phasen überstehen können. Und sie hat uns viele schöne Momente beschert. Für uns war es doch immer ein Wunder, wenn der eine neben dem anderen aufwachte, oder wenn man mal zusammen eine Flasche Wein trinken konnte. In vielen Nahbeziehungen geht das verloren, wird selbstverständlich und damit nicht mehr so wertvoll.«

Am Wochenende erhoffte ich mir Entlastung

Monika (40), Hausfrau

Wenn Monika an die Wende denkt, kommen ihr nicht nur angenehme Gedanken: »Danach kam eine Zerreißprobe für meine Ehe, die härteste Zeit meines Lebens.«

Monikas Mann war Wirtschaftsanwalt in Niedersachsen, solche Aufbauhelfer brauchten die neuen Länder. Er ließ sich von einem Angebot nach Dresden locken, die berufliche Herausforderung war sehr attraktiv.

Dreieinhalb Jahre führte die Leiterin einer Behörde eine Wochenendehe mit ihrem Mann. »An gemütliche Essen bei Kerzenschein, die ich früher so gern gemocht hatte, war nicht mehr zu denken.« Außerdem quälte sie immer die Angst, daß sie sich entfremden würden und ihr Mann anderen Reizen erliegen könnte. Sie vertraute ihm zwar, aber wohl war ihr trotzdem nicht dabei. »20 Ehen habe ich gesehen, die auseinandergebrochen sind, bei dreien habe ich es sehr bedauert. Die Männer sind in ihr Junggesellen-Leben zurückgefallen. Meinen Mann hat es angeekelt.«

Daß die Fernliebe sehr problematisch war, lag auch daran, daß die beiden nicht mehr allein waren. Die Familienplanung fiel genau in diese Phase. Monika brachte ein Frühchen zur Welt, das zum Sorgenkind wurde. »Es hatte Magen-Darm-Blutungen und war so oft krank, daß ich total erschöpft war. 300 Notfalleinsätze gab es, oft mußte mich der Nachbar ins Krankenhaus fahren, denn ich brauchte alle Hände frei, mein Kind wäre sonst an Erbrochenem erstickt. Natürlich fühlte ich mich völlig alleine: nie gab es Hilfe, nie Unterstützung. Am Wochenende erhoffte ich mir Entlastung von meinem Mann, aber der war viel zu erschöpft und hätte selbst Entspannung gebraucht. Unter der Woche war er kaum zu erreichen: Er war permanent in Besprechungen.« In dieser Zeit empfanden die beiden die Familie nicht als Quell der Freude, sondern als Hort der Katastrophen. Ihre Nerven lagen blank, das Kind schrie nahezu 14 Monate lang ununterbrochen. Als es einmal vier Stunden am Stück schlief, fürchtete Monika, es sei tot. »Ich drückte es meinem Mann in die Hand, wenn er heimgekommen war, weil ich nur noch schlafen wollte. An eine Gestaltung unserer Beziehung war nicht mehr zu denken. Mein Mann war froh, als er wieder los konnte«, erzählt Monika. Es kam so weit, daß er unter Vorwänden schon am Sonntagnachmittag wieder fuhr, weil er es zu Hause nicht mehr aushielt. Monika fragte bei seiner Sekretärin nach und erfuhr, daß er gar keine Termine hatte.

Drei Jahre sollte der Ausflug in den Osten dauern, sieben wurden daraus. Monika, die mittlerweile noch eine Tochter bekommen hatte, ertrug es nicht mehr und zog nach Dresden. »Da hatte ich zwar meinen Mann bei mir, aber mir gefiel es dort nicht. Ich war 15 Jahre älter als die Mütter dort, beim Friseur zahlte ich zehn Mark Westzuschlag und mußte mir anhören, daß ich die Karten für die Semperoper wegnehme.« Monika konnte sich nicht einleben, sie fühlte sich unfreundlich oder gar feindselig behandelt.

Wie kann man eine Fernliebe auf Zeit überstehen? Monika gibt ihre Erfahrung gern weiter: »Natürlich kommen Vorwürfe und Fragen hoch: ›Früher warst du ganz anders!‹ – ›Du verstehst mich nicht!‹ – ›Was weißt du schon von meinem Leben?‹ Der Grundzustand der Ehe muß gut sein, die Paare, die vorwiegend aus sexueller Anziehung zusammen waren, haben sich alle getrennt, weil guter Sex in Streßzeiten fast unmöglich ist. Wir wollten nicht so schnell auseinanderrennen, eine Patchwork-Familie mit Stiefeltern wollte ich meinen Kindern nicht antun.«

Die beiden haben es geschafft, heute leben sie mit ihren Kindern in Bayern so zusammen, wie sie es sich immer gewünscht haben. Die Fernbeziehung war die große Prüfung ihres Lebens. Sie haben sie bestanden.

Das Fazit aus heutiger Sicht ist positiv: »Die Fernbeziehung hat uns unheimlich gestärkt, uns kann nichts mehr auseinanderbringen.«

Natürlich habe ich immer ein schlechtes Gewissen

Dagmar Wöhrl (46), Politikerin

Dagmar Wöhrl ist eine Sehenswürdigkeit. Die 46jährige Bundestagsabgeordnete aus Nürnberg hat als Modell 15 Jahre lang auf den Laufstegen gearbeitet, das sieht man noch heute. Sie strahlt von innen heraus und hat ein ansteckendes Wesen: erfrischend, fröhlich, offen, natürlich, unverbiestert. Eine Eigenschaft geht ihr völlig ab: Selbstmitleid. »Ich habe ein breites Kreuz und komme aus einem bäuerlichen Geschlecht, das an viel Arbeit gewöhnt war.« Die Liste ihrer Jobs neben Mutter und Ehefrau ist enorm: Wirtschaftspolitische Sprecherin der CSU-Landesgruppe im Bundestag, Vorsitzende des Arbeitskreises der CSU-Landesgruppe für Wirtschaft, Technologie, Tourismus, Landwirtschaft, Verkehr, Bau- und Wohnungswesen, Landesschatzmeisterin, Präsidentin des Handelsverbandes für Mittel- und Großbetriebe, Präsidentin des Tierschutzvereins Nürnberg, Kuratoriumsmitglied der Bayerischen Aidsstiftung. In der Realität ihres Berliner Alltags heißt das: abends viele Termine mit Lobbyisten, tagsüber Parlamentsarbeit in den Ausschüssen, morgens geht es bereits um 7.30 Uhr los mit Arbeitsfrühstücken, bei denen sie Verbandsvertretern gegenübersitzt, »die nicht so lustvoll sind«.

Dagmar Wöhrl ist enorm streßresistent und diszipliniert. Die Seiteneinsteigerin, die mit 32 Jahren eine eigene Anwaltskanzlei hatte, ist eine Ausnahmeerscheinung im Bundestag, der Beweis, daß sich Mutterschaft und Karriere nicht ausschließen müssen: »Ich habe zwei pubertierende Söhne (11 und 14 Jahre), um die ich mich kümmern muß, meine männlichen Kollegen haben entweder größere Kinder oder überlassen die Erziehung getrost der Frau daheim.«

Den Lebenspartner als Hausmann einzuspannen wäre Dagmar Wöhrl kaum möglich, ihr Mann Hans Rudolf Wöhrl ist der Leiter der Wöhrl-Modehauskette und selbst viel auf Achse. Ohne eine Haushaltskraft und die Oma, die ab und zu die Kinder beaufsichtigt, wäre die Betreuung der Söhne nicht gewährleistet. Natürlich sind die Wöhrls in dieser Beziehung privilegiert, Geld spielt keine Rolle.

Wöhrl erzieht während der Sitzungswochen in Berlin ihre Kinder quasi am Telefon, selbst Latein und Physik paukt sie telefonisch mit dem Nachwuchs, weil die sich weigern, mit einem Nachhilfelehrer vorliebzunehmen. »Manchmal rufen sie 100mal am Tag an. Das Telefonat vor dem Zubettgehen ist ein Ritual, nur wenn die Pokémons laufen, ist mein Anruf nicht erwünscht. Früher hat mein Größerer gegen mein Wegsein rebelliert, der Kleine kennt es nicht anders.«

Hilflos fühlt sich Dagmar Wöhrl nur in Extremsituationen. »Wenn sich Kinder zum Beispiel erstmals mit dem Tod auseinandersetzen müssen, weil der Hamster gestorben ist, da möchte ich sie in den Arm nehmen. Natürlich habe ich dabei immer ein bißchen ein schlechtes Gewissen, auch in den sitzungsfreien

Wochen kann ich keine festen Familientage reservieren. Aber ich bin für meine Kinder fast immer ansprechbar. Das Wichtigste für ein Kind ist das Gefühl, daß es geliebt wird. Ich selbst war ein Omakind: Meine Eltern waren beide berufstätig, ich wuchs bei der Großmutter auf. Es hat mir nicht geschadet, sondern früh mehr Selbständigkeit gebracht. Meine Großmutter war für mich die außergewöhnlichste Frau, für die gab es nichts Böses auf der Welt. Von ihr habe ich meine Strahlentheorie: Wenn man positive Strahlen aussendet, kommen auch positive Strahlen zurück. Das ist meine Lebensphilosophie.«

Ihren Mann sieht Dagmar Wöhrl manchmal eher in der Firma – sie leitet die Rechtsabteilung der Modehauskette – als zu Hause, sie muß nur über den Gang gehen: »Er versucht, seine geschäftlichen Termine so zu legen, daß einer von uns bei den Kindern ist. Manchmal kommen zwei bis drei Wochen zusammen, in denen wir getrennt sind. Wir streben an, das wieder auszugleichen, indem wir kleine Kurzurlaube von drei, vier Tagen machen, wo wir die Kinder natürlich mitnehmen.«

Ein Drittel des Jahres ist Dagmar Wöhrl nicht in Nürnberg. Die Ehepartner telefonieren täglich, aber es gibt eine feste Regel: »Nicht nach 24 Uhr. Wir holen uns dann nicht mehr aus dem Bett.«

Was verbirgt sich hinter der Umtriebigkeit von Dagmar Wöhrl? Ihre Eltern, einfache Angestellte bei Siemens, waren nur einmal in ihrem Leben im Urlaub, lebten häuslich, bodenständig, immobil. Die Tochter schlug etwas aus der Art: »Ich bin zwar auch immer in der Region Nürnberg geblieben, aber ich war nie der Typ, der nur zu Hause sein wollte. Dafür bin ich zu unruhig.« Dagmar Wöhrl bedauert, daß immer noch viele Männer auf erfolgreiche Frauen Druck ausüben, manche hätten ein grundsätzliches Problem mit deren Karrieren, meint sie. »Wenn eine Frau abends bis zehn Uhr arbeitet und nicht für den Mann da ist, werden viele Herren sauer. Da muß sich auch bei manchen meiner Parteifreunde etwas ändern.« Die Fernbeziehung ist für sie in dieser Hinsicht ein Ausweg, weil man ohne schlechtes Gewissen lange arbeiten könne: »Ich habe das doch bei mir gesehen: In meiner Nürnberger Kanzlei habe ich schon um vier auf die Uhr gesehen, weil ich an das Essenkochen für die Familie gedacht habe.«

Daß ihr manche nicht abnehmen, daß eine Fernliebe durchaus glücklich sein kann, weiß sie inzwischen aus einer bösen Erfahrung: »Ich habe mal in Nürnberg erzählt, daß ich in Berlin jetzt nicht mehr im Hotel wohne, sondern mir eine Wohnung nehme. Sofort wurde das Gerücht verbreitet, ich hätte mich von meinem Mann getrennt. Bodenloser Unsinn. Ich hatte vorher in Berlin im Hotel gelebt.«

Im Juni war Dagmar Wöhrl eine Woche im Krankenhaus, sie hat es genossen. »Weil ich da endlich mal ausspannen konnte, himmlisch. Leider kann man sich als Politikerin keine Auszeit nehmen. Ich sage jetzt schon viele Auslandsreisen ab, wo ich eigentlich hinmüßte. Aber mir ist es wichtiger, die rare Zeit intensiv mit meiner Familie zu verbringen.«

Einen Ausstieg aus der Politik kann sich Dagmar Wöhrl in naher Zukunft nicht vorstellen: »Nur wenn ich das Gefühl hätte, meine Kinder würden seelisch krank werden und unter dieser Situation leiden. Aber sie haben sich an die häufige Abwesenheit gewöhnt. Und wenn ich zu Hause bin, ist alles viel intensiver als in Familien, wo beide Elternteile ständig da sind.«

Gemeinsame Interessen, zwei starke, eigenständige Charaktere und viel gegenseitiges Vertrauen – das sind Dagmar Wöhrls Rezepte für eine glückliche Fernehe. »Wir haben immer irgend etwas zu reden. Uns ist nie langweilig.«

Ihre romantische Zukunftsvision hat Dagmar Wöhrl nicht aufgegeben: »Wir wollen als Rentner im Stadtpark nebeneinander auf einer Bank sitzen und Händchen halten.«

Du störst hier, du bist nur genervt

Horst (49), Politiker, und Christa Friedrich (48), Hausfrau

Wenn Horst Friedrich nach Kilometergeld bezahlt werden würde, wäre er ein besonders reicher Politiker. Er ist verkehrspolitischer Sprecher der FDP, daß er in dieser Funktion viel unterwegs sein muß, ist klar. »Die Mobilität, die abverlangt wird, ist enorm. Früher war ich freier Handelsvertreter und bin am Tag 200 Kilometer gefahren, aber das war eine Erholung im Vergleich zu heute. Wenn ich nicht in Berlin bin, habe ich einen riesigen Aktionsradius: Ich bin Betreuungsabgeordneter für ganz Nordbayern, weil die anderen vier bayerischen FDP-Abgeordneten alle in Südbayern leben. Mit meiner Frau, mit der ich seit 27 Jahren verheiratet bin, führe ich eine Sonntagsehe.«

Vorstellen konnte sich Friedrich nicht, was als Abgeordneter auf ihn zukommen würde. »Erst nach und nach wurde mir klar, daß das Leben dadurch auch ärmer wird. Es ist ja nicht so wie bei manch anderem Kollegen, daß ich meine Frau ungern sehe. Wir führen immer noch eine tolle Ehe.« Seine Frau nickt, sie sieht immerhin einen Vorteil in den häufigen Abwesenheiten ihres Mannes: »Ich bin viel selbständiger geworden. Als mein Mann nach Bonn ging, hatte ich zwei kleine Kinder und mußte Vater und Mutter spielen. Ich kam aus einem völlig behüteten Elternhaus in die Ehe, auf einmal mußte ich alles allein machen.«

Wenn er zu Hause ist, dreht sich alles um Horst Friedrich, sagt seine Frau: »So komisch sich das anhört: Wir sind oft froh, wenn er nicht da ist. Ein geregeltes Leben ist nicht mehr möglich, wir müssen ständig auf ihn warten, weil er ein Leben nach Terminkalender führt und häufig im Stau steckt. Früher haben wir alles gemeinsam gemacht.« Eine Gefahr für die Beziehung sieht sie allerdings: Man lebt mehr nebeneinander, nicht mehr miteinander, der Mann ist nur noch Gast und bringt dreckige Wäsche heim. Manchmal fragt sie sich, ob sie überhaupt noch verheiratet ist oder nicht längst nur mehr eine Sekretärin, die Anrufe abwimmelt, eine Putzfrau und eine Haushälterin.

Zwei Bedingungen nennt Christa Friedrich dafür, daß es immer wieder weitergeht: »Absolute Offenheit und Vertrautheit, wenn ich das Gefühl hätte, daß er mich mit seiner Sekretärin betrügt, wäre es aus.«

Horst Friedrich ist dankbar dafür, daß seine Frau an ihm festhält: »Unsere Ehe funktioniert nicht nur bei schönem Wetter, mit diesem Pfund können wir wuchern.«

Schwierig war es für die Kinder. Den Autoritätsverlust hat Horst Friedrich, der gerne ein engagierter Vater wäre, durchaus gespürt. »Ich hörte schon mal von den Kindern: ›Du störst hier, du bist nur genervt.‹ Und als meine Tochter krank wurde, war ich hilflos. Aus der Distanz kann man kaum etwas tun. Aber wenn es wirklich brennt, ist klar, was vorrangig ist. Als der Vater meiner Frau starb, sagte ich sofort alle Termine ab und reiste aus Berlin an.«

Politik ist für den FDP-Mann nicht mehr alles: »Wenn meine Frau mir signalisiert, daß sie mit diesem Leben nicht mehr klarkommt, ist Schluß. Ich muß nicht aus dem Bundestag herausgetragen werden. Nach der vierten Wahlperiode höre ich definitiv auf. Mir geht es nicht so wie anderen Kollegen, bei denen die Frau panische Angst hat, daß ihr Mann jetzt ständig am Küchentisch sitzt und unter Entzugserscheinungen leidet. Noch reden wir uns nicht mit Mama und Papa an.«

Zusammenziehen: Das Übergangsknirschen

Ein lang ersehnter Traum für viele Fernliebenpaare: endlich zusammen an einem Ort, eine gemeinsame Wohnung, jeden Tag die Möglichkeit haben, sich zu sehen. Die Beziehung verändert sich, manchmal stärker als gedacht oder gar gefürchtet. Die Therapeutin Berit Brockhausen spricht vom »Übergangsknirschen«, wenn man wieder oder erstmals zusammenzieht. Das Paar entdeckt neue Seiten an sich, viele Konfliktpunkte, die im Alltag auftreten können, waren durch die Distanz ausgeklammert gewesen, etwa der gemeinsame Haushalt oder die Zeitplanung in der Woche. Das Zusammenleben erfordert Toleranz und die Bereitschaft, Kompromisse zu schließen. Das fällt nicht allen leicht.

Fernliebenpaare kennen diesen Spruch und können darüber lachen: »Früher oder später kriege ich dich, hatte er versprochen. Der Alltag.« Wer trägt den Müll runter? Warum schraubt er die Zahnpastatube nicht zu? Wieso braucht sie so lange im Bad? Warum greift er nicht zum Schrubber? Das sind nur ein paar Problembereiche, die jedem einfallen.

Es gibt verschiedene Sichtweisen auf den Alltag: Er bindet und schafft Gemeinsamkeit. Er macht Spaß, wenn zwei Menschen mit ähnlichen Werten zusammen sind. Er zeigt uns den Menschen, wie er wirklich ist.

Eine andere: Der Alltag ist das Gegenteil von Abenteuer. Er legt die Gegensätze erbarmungslos bloß. Der Alltag tötet die Libido. Trotzdem sehnen sich Fernliebende nach ihm, aber wenn sie ihn haben, kommt es mitunter zur Ernüchterung, erzählt eine Frau: »In meiner eigenen Wohnung hatte ich immer davon geträumt, jede Nacht in Geralds Schulterkuhle einzuschlafen. Jetzt träume ich von einer Nacht alleine im Bett. Kein Mensch verabredet sich mit jemandem, der sowieso zu Hause wartet. Keiner fällt über seinen Sozialpartner her, wenn er ohnehin jede Woche im Bett neben einem liegt.«

Es war vernünftiger, sich zu trennen

Inge (47), Politologin, und Heiner (50), Unternehmer

Udo Lindenberg war in der DDR bekannt. Zwar hatte er Auftrittsverbot, aber seine Lieder kannten viele. Vor allem das »Mädchen aus Ost-Berlin«: »Stell dir vor, du kommst nach Ost-Berlin, und da triffst du ein ganz heißes Mädchen, so ein ganz heißes Mädchen aus Pankow, und du findest sie sehr bedeutend und sie dich auch. Doch plötzlich ist es schon zehn nach elf, und sie sagt ey, du mußt ja spätestens um zwölf wieder drüben sein, sonst gibt's die größten Nervereien, denn du hast ja nur 'nen Tagesschein. Mädchen aus Ostberlin, das war wirklich schwer, ich mußte geh'n, obwohl ich so gern noch geblieben wär'. Wir wollen doch einfach nur zusammensein, vielleicht auch mal etwas länger, vielleicht auch mal etwas enger.«

Lindenbergs Wunsch hat sich erfüllt, der »antifaschistische Schutzwall«, der die Liebe behinderte, ist Vergangenheit. Für viele Ost-West-Lieben, die unter dem Druck der politischen Verhältnisse stabil waren, schienen nach dem 9. November 1989 paradiesische Verhältnisse anzubrechen. Zum Beispiel für Inge und Heiner. Sie haben Lindenbergs Lied nicht nur gehört, sondern erlebt.

Fernweh hatte die heute 47jährige Ostberlinerin immer. »Sonst hätte ich nicht zu DDR-Zeiten versucht, an die Akademie der Wissenschaften zu kommen und für westliche Staaten zuständig zu sein, wir konnten sogar den *Spiegel* und andere Westblätter lesen, auch Bücher von Solschenizyn und Orwell. Ein Reisekader wurde ich allerdings nie. Unser Gebäude war direkt gegenüber vom Reichstag, ein Irrsinn, wie nah und wie fern das alles war, denke ich mir heute beim Vorbeilaufen.«

Aus Inge hätte eine verdiente Mitarbeiterin des sozialistischen Kollektivs werden können, wenn sie nicht Heiner getroffen hätte. Ein Westberliner, der Volkswirtschaft studierte und sich für die DDR-Verhältnisse im allgemeinen und für Inge im besonderen interessierte. Die beiden wurden ein Ost-West-Paar, damals gar nicht so selten. Ungewöhnlich war nur, daß sie so lange zusammenblieben und zwei Kinder in die geteilte Welt setzten.

Kennengelernt hatten sie sich 1972 bei den Weltjugendfestspielen, rasch wurde eine regelmäßige Fernbeziehung daraus. Heiner besuchte sie mal mit einem Tagesvisum, mal mit einer

Einladung, die – um das Ganze nicht zu auffällig werden zu lassen – von Inges Freunden kam. »Wir haben viel diskutiert und hatten keine Alltagsprobleme. Und wir haben uns immer wahnsinnig aufeinander gefreut, weil es etwas ganz Besonderes war. In unserm Herzen war ja keine Mauer.«

1980 wurde die erste Tochter geboren, »ein Kind der Liebe«, sagt Heiner. »Wir machten uns nicht so einen Kopf und wußten, daß die DDR an Kindern interessiert war und ledige Mütter keine Existenzangst haben mußten.«

Inge gab den Westler nicht als Vater an, weil sie Probleme befürchtete, schließlich hatte sie sich mit einem Vertreter des Klassenfeindes eingelassen. »Viele Väter wurden mir angedichtet, es gingen Gerüchte um, ich hätte einen Mann, der in den Westen abgehauen sei. Die Stasi wußte wohl genauer Bescheid. Der Psychoterror begann, man stänkerte massiv gegen mich, ich hatte nicht mehr die Kraft, meine Doktorarbeit zu vollenden, die, ausgerechnet, vom Übergang von der Diktatur zur Demokratie handelte – allerdings am Beispiel von Spanien.«

1983 kündigte Inge, sie lebte nur noch vom Westgeld, das Heiner mitbrachte. »Sozialhilfe im westlichen Sinne gab es nicht, ich hatte auch keine Lust, erpreßbar zu werden. Die Gefahr bestand nur darin, als ›asozial‹ abgestempelt zu werden und eventuell sogar noch das Kind abgenommen zu kriegen. Aber das hat man sich dann doch nicht getraut. Es war die Phase, wo Erich Honecker gern noch mal in den Westen reisen wollte, um in das Geschichtsbuch zu kommen.«

Heiner kam oft, er hatte einen Westberliner Reisepaß und einen aus dem Bundesgebiet. »Das waren in manchen Jahren bis zu 300 Besuche, die DDR hat das geduldet. Sie war zwar nicht an menschlicher Annäherung, aber an Devisen interessiert. Manche von Inges Freunden haben schon vermutet, daß ich für die Stasi arbeiten würde, weil ich so oft rübermachte, sie beäugten mich mißtrauisch«, erzählt Heiner.

Inge war hocherfreut über Heiners Zuverlässigkeit: »Er kam bei Wind und Wetter. Lange konnten wir ja nicht mal telefonieren, weil ich keinen Anschluß hatte. Die Grundlage unserer Beziehung waren gemeinsame politische Anschauungen. Ich war eine überzeugte Sozialistin, die zwar Reformen wollte, aber keinen Kapitalismus.« Rückblickend meint Inge, daß es natürlich naiv gewesen sei, eine Familie zu gründen, aber sie dachten sich:

»Wir machen es einfach, das Menschliche zwischen uns ist das Wichtige, nicht die Mauer.«

In den Osten ziehen wollte Heiner »bei aller Liebe« auf keinen Fall: »Ich hatte die DDR anfangs romantisiert. Dann habe ich den Unterschied zwischen Anspruch und Wirklichkeit erlebt, das war keine bessere Gesellschaft, sondern eine kleinbürgerliche Machtausübung von pseudosozialistischen Spießern. Ich hätte sie sicher rausheiraten können, es gab ja damals sogar viele Scheinehen, aber Inge war in ihrem Freundeskreis zu verwurzelt, um einen Ausreiseantrag zu stellen, auch die Furcht vor Repressalien für ihre Familie schwang mit.«

1989 war sie von ihrem ständigen Doppelleben zermürbt und wußte, daß sich irgend etwas ändern müsse. Es war das Jahr, in dem sie das zweite Kind bekommen hatte. Dann folgte die Wende. »Am 9. November hatten wir Heiners Eltern zu Besuch, ich ging mit ihnen in ein Café, um ihnen zu zeigen, daß man im Osten nicht verhungern muß. Zum Abendbrot tranken wir roten Sekt. Danach stellte ich den Fernseher an und sah die unglaublichen Bilder. Am liebsten wäre ich sofort hinübergerannt, aber ich konnte ja mein Baby nicht im Stich lassen. Am nächsten Tag sah ich zum ersten Mal die Wohnung von Heiner, die ich nur aus Erzählungen und von Fotos kannte. Ich war überglücklich – alles hatte sich über Nacht verändert. Ein Zöllner entschuldigte sich sogar bei Heiner für die rüde Behandlung durch einen Kollegen, früher hätte der uns nie angesprochen.«

Mehr Nähe ist mehr Glück – diese schlichte Gleichung ging für das Ost-West-Liebespaar leider nur kurzfristig auf. Heiner und Inge zogen zusammen, 1991 heirateten sie. Er wohnte bei ihr, die Wohnung war klein, Inge fühlte sich von ihm abhängig, weil sie keinen ihrer Ausbildung entsprechenden Job bekam. Heiner, der eine kleine Druckerei leitete, war gestreßt, Inge auch, beide beharrten dickschädelig auf ihren Vorstellungen. Es dauerte einige Zeit, bis sie begriffen hatten, daß sie offenbar doch nicht für ein Leben miteinander geschaffen waren. Inge hat es verkraftet: »Es war vernünftiger, sich zu trennen, auch für die Kinder war die Trennung besser, weil sie so die Spannungen zwischen uns nicht mehr erleben mußten. Im nachhinein muß ich sagen, daß die Fernbeziehung über weite Phasen unsere glücklichste Zeit war. Wir haben uns länger geliebt als viele andere.«

Rational teilt Heiner diese positive Bilanz, aber emotional kaut er bis heute daran: »1997 hatte ich einen lebensgefährlichen Unfall, den habe ich als nicht so schlimm empfunden wie die Trennung von der Familie. Für mich war das ein schwerer Schock, 20 Jahre Liebe kann man nicht so einfach wegwischen, wir haben ja beide bis heute noch keine neue. Das sagt doch alles über unsere Verbundenheit.«

Das wird nichts mit uns

Stefanie (34), Reiseverkehrsfrau, und Ute (34), Krankenschwester

Stefanie aus Erlangen ist im Sternzeichen Stier geboren: »Eigentlich stand ich immer mit beiden Beinen fest auf dem Boden, ich hatte einen sicheren Job in einem Tourismusbüro und war gar nicht mal unglücklich mit meinem Mann verheiratet. Mein Leben wäre so weitergegangen, wenn ich an diesem Abend nicht im Internet gewesen wäre.«

Dort traf Stefanie aus Bayern Ute aus Nordrhein-Westfalen, sie kommunizierten unter den Decknamen »sunshine« und »moonlight«.

»Es ging ganz harmlos los. Wir erzählten uns in einem privaten Fenster im Netz bis morgens um halb vier von Hobbys und redeten über Gott und die Welt. Irgendwann sagte Ute, sei nicht schockiert, aber ich stehe auf Frauen«, erinnert sich Stefanie. Sie war es keineswegs: »Es erregte meine Neugier, weil ich bisher keine Erfahrung in der Liebe zu Frauen besaß, ich hatte da moralisch kein Problem damit.« Ihr Mann schon eher. »Paß auf, die will dir an die Wäsche«, warnte er seine Frau.

Die beiden Frauen wurden von Tag zu Tag süchtiger nach dem Austausch ihrer Gedanken und Gefühle – ganz wie im Hollywood-Film »E-Mail für dich«. Die Liebe ihres Lebens war nur einen Mausklick entfernt, diese Überzeugung einte sie. Nach ein paar Tagen tauschten sie ihre Telefonnummern aus. »Ihre dunkle Stimme faszinierte mich sofort«, erzählt Stefanie, »es war so ein vertrautes Gefühl, als säße dein Seelenpartner am anderen Computer, als hättest du dich in einem früheren Leben verloren und wiedergefunden. Ich habe es körperlich gespürt, wenn sie an mich dachte. Es war, wie wenn das entscheidende Stück in deinem Lebenspuzzle plötzlich da ist. Wir dürfen uns jetzt nicht verlieren, das versprachen wir uns.«

Die Erlangerin erkannte sich kaum wieder: »Es war wie ein Ausbruch aus meinem bisherigen, ziemlich geradlinigen Leben. Mit meinem Mann war ich zufrieden gewesen, aber nicht glücklich.«

Dann trafen sich die beiden zum ersten Mal, es war überwältigend, erzählt Stefanie: »Wir gingen ins Hotel, meinem Mann konnte ich das nicht zumuten.« Später sagte sie ihm ganz ehrlich, daß sie ihm nicht das entgegenbringen könne, was sie für diese Frau empfindet.

Das Ehepaar trennte sich, und die Fernliebe wurde rasch zu einer Nahliebe. Nur vier Wochen nach dem ersten Klick zogen die beiden Frauen zusammen, ein Lastwagen holte das alte Leben von Stefanie aus Erlangen ab. »Uns war klar, daß das naiv war und ein großes Risiko, weil wir uns kaum kannten. Aber wir wußten, selbst wenn wir scheitern, müssen wir es versuchen.«

Sie scheiterten. Schon nach ein paar Tagen erkannte Stefanie in der gemeinsamen neuen Wohnung in Köln, daß ihr Schwarm sich kaum an der Hausarbeit beteiligte. Und Ute sagte nur ein paar vernichtende Worte: »Das wird nichts mit uns.«

Die Frau aus Bayern, die nur der Liebe wegen kam, gab ihr recht: »Wir paßten im Alltag nicht zusammen, außerdem gab es noch Utes Ex-Freundin, an der sie hing. Die war bequemer für sie, ich setzte ihr etwas entgegen. Aber ein Dreiecksverhältnis wollte ich auf Dauer nicht.«

Das Happy End war so nicht möglich. Dennoch bereut Stefanie nichts, auch wenn sie ihre Gefühle abtöten mußte, um aus dem »tiefen Loch« wieder herauszukommen, wie sie erzählt. Heute sind die beiden nur noch Freundinnen, die sich zwar immer noch wie Magneten anziehen, aber aus Vernunftgründen voneinander lassen. Stefanie kann die Situation sehr pragmatisch sehen: »Lieber ein Ende mit Schrecken als ein Schrecken ohne Ende. Wenn wir die Fernbeziehung weitergeführt hätten, wären wir noch unglücklicher geworden. Wir wollten, daß es zwischen uns perfekt ist, das führte zur Verkrampfung.«

Trotzdem hat die Fränkin der Sprung in das Rheinland bereichert: »Obwohl es mir an manchen Tagen total dreckig ging, bin ich selbstbewußter geworden, ein Zurück nach Erlangen stand nie zur Debatte. Ich habe in einer Computerfirma einen neuen Job und kann für mich sorgen, das ist das Wichtigste. Ich war mir immer selbst der wichtigste Mensch.«

Die Trennung: Der Traum ist aus

Fernlieben sind eine hochriskante Lebensform, Nahlieben allerdings auch. Eine Binsenweisheit, die aber nicht jedem klar ist. Fakt ist: Viele Fernlieben zerbrechen nicht an der Distanz, sondern aus anderen Gründen: falsche Partnerwahl, Unvereinbarkeit von Lebensentwürfen, zu wenig Zeit und Einsatz für die Liebe, Sprachlosigkeit. Die Entfernung verstärkt diese Ursachen und kann der Auslöser für das Auslaufen einer Liebe sein, selten ist sie aber der Hauptgrund für das Scheitern.

Eine Beziehung, die an Zeit- und Erlebnismangel leidet, ist auf Dauer nicht zu halten. Sie geht ein wie eine Pflanze, die kein Wasser bekommt. Menschen sind keine Kakteen, sie brauchen Zuwendung, Verläßlichkeit, Berührung.

Viele Faktoren können die Trennung fördern: Der Partner, der gegangen ist, lebt sich am neuen Ort viel besser ein, als dem Zurückgebliebenen lieb ist. Aus dem »Wir« werden zwei »Ichs«, die sich unabhängig und eben oft auch konträr voneinander entwickeln. Der Schwächere kann sich im doppelten Sinn als »zurückgeblieben« in der Entwicklung fühlen, abgekoppelt, auf ein Abstellgleis geschoben. Schwierig wird es, wenn Krankheiten dazukommen, Phasen, in denen man den anderen wirklich braucht, Ausnahmezustände, die, wenn sie zusammen gemeistert werden, auch enorme Bindungen schaffen können. Diese unerfreulichen Seiten gehören zu einem Menschenleben: Der eine kann sich nicht kümmern, weil er weit weg ist, der andere teilt sich gar nicht mehr mit, weil es ja sowieso sinnlos ist. Viele Beziehungen halten das nicht aus.

Wenn man getrennt lebe, könne die Trennung leichter fallen, meint die Therapeutin Anna Schoch: »Man bleibt einfach weg. Das Ende ist vergleichsweise kurz und schmerzlos. Seelisch braucht man zwar einige Zeit, wenn die große Leere kommt, aber die Distanz macht vieles leichter. Man hat viel weniger Existenzängste, weil man die Fähigkeit zum Alleinleben bewiesen hat.

Sie weiß das aus eigener Erfahrung: »Ich habe zwei anstrengende, aber schöne Fernbeziehungen geführt, eine in die Schweiz, eine nach Düsseldorf. Die eine endete durch den Tod meines Freundes, die andere wegen einer Affäre des Mannes. Das wollte ich nicht hinnehmen, ich bestehe auf sexueller Exklusivität, schon aus hygienischen Gründen. Ich wollte ja nicht auf Biegen und Brechen mit einem Mann zusammensein, ich kam sehr gut alleine zurecht.«

Ich hatte keine Sehnsucht mehr nach Volker

Christa (37), Ärztin, und Volker (35), Schauspieler

Zuviel Arbeit kann teuer kommen. So wie bei Volker und Christa, die gerade die Scherben ihrer Liebe zusammenkehren. Elf Jahre waren sie zusammengewesen, er als Schauspieler an einem Stadttheater, sie als Ärztin. Eine Anstellung fand sie nur an einem Krankenhaus, das 300 Kilometer entfernt war. Die beiden beschlossen, ein Zeichen zu setzen und vor der räumlichen Trennung zu heiraten. Ein Hauch von Jetzt-erst-recht-Stimmung lag darin. Nach außen hin signalisierten sie: Wir gehören zusammen.

Innerlich entfremdeten sie sich im Laufe der Jahre immer mehr, die »normative Kraft des Faktischen«, wie Philosophen die Realität nennen, löste die Ideale auf.

Volker mußte oft am Wochenende auftreten, das reduzierte die karge Paarzeit noch einmal drastisch. Sein Künstlerleben ist verplant, er ist fast jeden Tag mit Terminen ausgelastet. Als Schauspieler verdient er so wenig, daß er die Zusatzjobs in seinem Metier dankbar annimmt. Außerdem bringen sie ihm neue Erfahrungen.

Christa litt viel heftiger unter der Trennung als er. Schon die Autofahrt nach einer harten Arbeitswoche strengte sie unheimlich an. Da half auch der beste Sportwagen nicht. Das Wochenende verging für sie flugs »mit Familie, Freunde-Besuchen und Wäsche – das bißchen Haushalt eben«. Die Wohnung an ihrem Arbeitsplatz war für sie nur ein Schlafplatz.

Zum großen Krach kam es, als Volker auf einer Gastspielreise eine Affäre hatte, die nicht seine erste in der Zeit der Partnerschaft war. Die Verletzung war groß. Ihr wurde klar: »Ich liebe dich, aber es reicht nicht für eine Beziehung.« Daß sie überhaupt eifersüchtig war, hatte sie ihrem Mann früher nie gestanden.

Aber da war nicht nur Schmollen und Opferhaltung, sie schlug zurück: Christa tröstete sich mit einem ehemaligen Kollegen ihres Mannes, der kurz zuvor von seiner Frau verlassen worden war. Volker erkannte seine Frau nicht mehr, sie hatte sich um 180 Grad gedreht. Doch er tat alles, um seine Ehe zu kitten. Auch in puncto »Treue« meinte er, sich »ändern zu können«. Doch Christa konnte sich zunächst nicht entscheiden: Mal wollte sie zurück, dann doch wieder nicht. Am Ende blieb sie bei ihrem neuen Freund, um mit ihm »ein neues Leben mit einem roten Faden zu beginnen, unbelastet von der Vergangenheit«. Der andere Grund für Christas Entschluß: »Ich hatte keine Sehnsucht mehr nach Volker. Es war nicht mehr so wie früher, wo ich die ganze Zeit an ihn dachte und den Moment des Wiedersehens herbeiflehte.«

Wenn er heute anruft, läßt sie sich auf kein Gespräch mehr ein. Die Fernliebe hat für sie keine Perspektive mehr, weil sie zuviel Chaos in ihr auslöste und zuwenig Glücksgefühle bescherte.

Die Distanz war für mich eine Erlösung

Claudia (33), Romanistin

Manche Menschen kommen schwer voneinander los. Sie spüren, daß in ihrer Beziehung der Wurm ist, daß die Leidenschaft sich längst verflüchtigt hat. Aber den Mut, sich zu trennen, bringen beide nicht auf. Weil sie sich irgendwie doch noch mögen, weil die Zukunft ohne einander ungewiß zu sein scheint, weil kein neuer Partner griffbereit ist. Eine räumliche Trennung kann für Klarheit sorgen. Sich aus der Ferne zu trennen, fällt erheblich leichter, weiß Claudia. Die 33jährige hat ihren Freund zu Beginn ihrer Studienzeit in Bochum getroffen: »Wir waren beide Erstsemester. Ich vermittelte ihm ein Zimmer in dem Haus, in dem ich schon wohnte. Zuerst war es eine reine Zweckfreundschaft: Im Hörsaal waren wir in eine anonyme Schicksalsgemeinschaft unter 1 000 Leute gekippt worden.«

Nach einer Party, bei der viel getrunken wurde, kamen sie sich näher, erinnert sich Claudia: »Mir war klar, es ist nicht besonders aufregend, aber stabil, harmonisch, zuverlässig. Ich hatte noch nicht mal Herzklopfen, wenn ich ihn küßte.« Sie blieben trotzdem während des ganzen Studiums zusammen.

Jens war ein Semester früher mit dem Studium fertig und ging nach Berlin. Claudia war eher erleichtert, als daß sie in Panik geriet: »Er hätte auch etwas in Köln finden können, aber ich war nicht traurig, daß er so weit weg ging und machte ihm keine Vorwürfe.«

Jens' Arbeitgeber spendierte ihm und ihr Freiflüge. Das beflügelte die Beziehung erst einmal. »Es wurde zwar wieder spannender zwischen uns, aber mir war klar, daß ich ihm nie nachziehen wollte. Die Distanz war für mich eine Erlösung. Durch die Entfernung kam ich dahinter, wie verwachsen wir waren, wie sehr ich mich in ihm verloren hatte: Ich hatte ihn ja sogar zu Motorradurlauben begleitet, obwohl sie mich angeödet hatten. Ich spürte, daß er nicht mehr attraktiv für mich war. Sex hatten wir nur noch alle acht Wochen. Als er mir mal die Haare an den Beinen rasierte und es nicht prickelte, wußte ich: Das war es dann wohl endgültig.«

Nach zwei Jahren wollte Claudia nicht mehr nach Berlin fliegen – trotz der Freiflüge. »Es war mir zu umständlich: packen, die Katze versorgen, andere Freunde hängenlassen. Ich stellte mir die Sinnfrage.« Die beiden trennten sich – in beiderseitigem Einvernehmen. Von Claudia fiel ein »riesiger Rucksack« ab: »Endlich konnte ich guten Gewissens andere Männer ausprobieren, sogar bei einer Partnerschaftsvermittlung wurde ich fündig, das hätte ich mich früher nie getraut. Während der zehnjährigen Beziehung hatte ich keine einzige Affäre gehabt.«

Heute haben die beiden keinen Kontakt mehr miteinander, Claudia bedauert es nicht. Mittlerweile hat sie ihre große Liebe gefunden und wohnt mit ihr zusammen. Ein Computerexperte, der häufig auf Reisen ist, macht sie jetzt glücklich. »In diesem Menschen bin ich verwurzelt. Ich schaue andere Männer an und sehe sie gar nicht richtig – das war früher anders. Er ist ebenso wie ich absolut monogam, wenn er in Indien ist, hat er mein absolutes Vertrauen. Eifersüchtig bin ich da gar nicht. Ich weiß, daß er den ganzen Tag arbeitet und abends viel zu müde ist, um sich anderen Frauen zu widmen. An Silvester war ich alleine, aber ich litt nicht: Ich habe mir das Feinste zum Essen gekauft und mit mir darauf angestoßen, daß mein jahrelanges diffuses Leiden vorbei ist.« Die Fernbeziehung, stellt sie im Rückblick fest, war die Voraussetzung, um sich wirklich von Jens zu lösen – sie war das Beste, was ihr passieren konnte. Heute ist ihr Anspruch an eine lebendige Liebesbeziehung, jeden Tag so zu leben, daß sie im Notfall auch allein existieren könnte – finanziell und emotional. Ihr jetziger Freund sieht das genauso. Das ist für sie die Basis ihrer Liebe.

Ich war schockiert, daß er einen ganzen Zoo hatte
Eva (49), Lehrerin
Gelegenheit macht Liebe. Vor allem bei Menschen, die viel unterwegs sind. Eva weiß, wovon sie redet. Die 49jährige verfügt über eine breite Erfahrung an Distanz-Beziehungen. »Zuerst waren es zwei Vertreter. Ich war Lehrerin und total verschossen in einen Studenten, der unter der Woche für einen Buchklub in der Gegend herumfuhr. Er nannte mich Bärchen, weil ich mit zweitem Namen Ursula – die kleine Bärin – heiße. Wir führten tolle Gespräche und hatten viel Spaß im Bett. Bis ich im Handschuhfach seines Autos einen Brief von Lämmchen fand. Ich war schockiert darüber, daß er offenbar einen ganzen Zoo hatte.«

Der nächste Liebhaber war ebenfalls ein Vertreter: »Er hatte einen weißen Mercedes, verkaufte Aussteuer-Bettwäsche und verwöhnte mich mit Telegrammen und dicken Blumensträußen. Daß er aus Österreich stammte und viele hundert Kilometer entfernt wohnte, störte mich nicht. Bis ich dahinterkam, daß auch er noch eine andere Frau hatte. Und zwar nicht etwa zu Hause, sondern an meinem Wohnort.«

Eva machte sofort Schluß: »Ich bin an sich ein sehr emotionaler Mensch. Wenn es aber ans Eingemachte geht, fühle ich mich wie im Innern eines Hurrikans, da gibt es einen Punkt, wo alles ganz ruhig wird, wo die Gefühle ausgeklinkt sind.«

Nie wieder Fernliebe, dachte sie sich eine Weile, in einer Nahbeziehung wären solche Affären viel früher aufgeflogen. Für sich selbst konnte sie so etwas ausschließen: »Ich mußte nicht aus allen Töpfen Honig schlecken. Wenn ich wirklich an jemanden gebunden bin, kann der in China sein, und ich würde trotzdem keinen anderen an mich heranlassen.«

Der Mann, den sie schließlich heiratete, dachte ähnlich. Ein erfolgreicher Arzt, der nicht immer nur der zweite Mann in einer Klinik sein wollte und von Bayern nach Nordrhein-Westfalen zog. Es war der Anfang vom Ende, erinnert sich Eva: »Mein Mann war beruflich ein Profi, aber emotional ein Amateur. Seine Mutter beherrschte ihn, er war völlig unselbständig. Ich hatte ein emotionales Kind geheiratet. Er wollte, daß ich ihn als Ehefrau weiter bemuttere. Aber aus der Distanz heraus war das schwer möglich. Ich hatte drei Mode-Geschäfte aufgebaut, die ich nicht einfach auflösen konnte und wollte. Daß sein Karrieredrang mein Leben völlig durcheinanderbrachte, kümmerte ihn nicht.« Von ihrer Schwiegermutter konnte sie keine Unterstützung erhoffen, im Gegenteil. Sie setzte sie zusätzlich unter Druck mit Sätzen wie: »Was willst du mit deinen Klamotten, dein Mann rettet jeden Tag Leben.« Evas Verhalten war für sie »ehewidrig«.

Eva versuchte den unmöglichen Spagat zwischen Ehe und ihrem beruflichen Erfolg: »Die Hälfte des Monats war ich bei ihm, 750 Kilometer waren das einfach. Er hätte es lieber gesehen, wenn ich finanziell total abhängig von ihm gewesen wäre. Statt mein Hin- und Herpendeln zu honorieren, jammerte er, daß ich nur halb da sei. Er verübelte mir, daß ich nicht ganz zu ihm zog und an meinem Leben, das ich mir selbst aufgebaut hatte, festhielt. Ich merkte es daran, daß wir langsam eine Josefs-Ehe führten: Er trat offensichtlich in den Sexstreik. Manchmal ertappte ich ihn im Bad bei einer Erektion, dann drehte er sich zur Seite. Wenn ich Zärtlichkeiten suchte, behandelte er mich wie eine Empfängerin von Almosen, die ich mir gar nicht verdient hätte.«

Drei Jahre lang dauerte dieser Horror: »Ich bin immer wieder mit schlechtem Gewissen losgefahren. Für meine Geschäfte hatte ich zuwenig Zeit, für meinen Mann sowieso. Aber er war ja auch gestreßt: Er verdiente jetzt dreimal soviel Geld wie früher, doch selbst wenn ich da war, schlief er nach der Tagesschau ein.«

Eva verließ ihren Gatten, ohne einen Pfennig Unterhalt zu beanspruchen. Danach geriet sie an einen 300 Kilometer entfernt lebenden Mann, der ihr enorm viel Aufmerksamkeit widmete, aber krankhaft eifersüchtig war. »Das kam daher, weil er seine Frau mit seinem besten Freund in flagranti überrascht hatte. Diese Angst übertrug er auf mich. Wenn der Kellner zu mir freundlich war, fragte er mich, warum ich schon mal hier gewesen sei und mit wem. Ich wurde wütend, für solchen Schwachsinn hatte ich kein Verständnis.« Sie trennten sich.

Heute sucht Eva wieder eine männliche Ergänzung: »Gern auch eine Fernliebe, die Vorstellung, jemanden penetrant um mich zu haben, stört mich. Trotzdem möchte ich ab und zu einen Zweibeiner an meiner Seite, den ich fragen kann: ›Hast du die Sternschnuppe gesehen?‹«

Immer wieder in die Maschine einsteigen nervte mich
Monika (38), Vertreterin
Einmal im Leben die chinesische Mauer besteigen – das war ihr Traum. Günter und Monika waren zufällig in derselben Reisegruppe gelandet, die Silvester in China feiern wollte.

Die beiden Powertypen merkten schnell, daß sie mehr füreinander empfanden. Im Raum stand nur eine Frage: »Wie soll man künftig die 800 Kilometer zwischen Hamburg, wo Günter arbeitete, und München bewältigen?«

Die beiden versuchten es wacker. Monika, die im Direktvertrieb von Kosmetika tätig ist, und Günter wurden zu eifrigen Kunden der Lufthansa. Drei Monate im voraus buchten sie bereits die Tickets, weil sie so Rabatte bekamen. 10 000 Mark verflog jeder im Jahr, um in eineinhalb Stunden beim Liebsten zu sein.

Aber Monika mochte diesen »unnatürlichen Rhythmus« nicht: »Immer wieder in die Maschine einsteigen, wo alle anderen Passagiere auch zu ihrer Fernliebe flogen, nervte mich. Am Flughafen drückte mir ein Mitflieger, den ich schon kannte, eines Tages sein Ticket in die Hand. Der Grund für seine Reise hatte sich nach sieben Jahren erledigt.« Das war für sie der Auslöser, auch nachzudenken, ob sich die ganzen Strapazen und das viele Geld wirklich lohnten.

Es passierte schon mal, daß Monika zu Günter flog, sich mit ihm verkrachte, dann in einem teuren Hotel für 300 Mark übernachtete und zum überhöhten Preis wieder heimflog. »Manchmal kam ich auch zu spät zum Flughafen, um ihn abzuholen, und war fix und fertig. Er wiederum reagierte gereizt. Da knackt das Getriebe. Ich hatte auch keine Lust mehr, im Urlaub wegzufahren, weil ich schon wieder unterwegs gewesen wäre, das terminierte mich, das war Fremdbestimmung.«

Monika war vom Reisen und dem dahinterstehenden Beziehungsmodell erschöpft: »Die Distanz produziert ein geschöntes Bild vom anderen. Spontaneität ist nicht drin, wenn ich Sex wollte, war er oft nicht da. Man braucht schon ein ziemlich dickes Fell, um diese programmierten Enttäuschungen zu ertragen. Wenn es Unstimmigkeiten gibt, werden sie oft verdrängt. Der Flieger geht eben um 9 Uhr. Jeder kehrt in seine Welt zurück. Und diese Problemverdrängung summiert sich. Viele Kleinigkeiten, die nie abgearbeitet werden, sind dann der Auslöser zum Knall.«

Wenn es nach Günter gegangen wäre, wären sie noch heute zusammen – in einer Stadt. Aber Monika, die vor einem neuen beruflichen Aufstieg stand, wollte sich nicht mehr um einen Mann kümmern müssen. Günter bot ihr sogar an, sie zu heiraten, aber ein paar Ecken weiter zu wohnen. Monika lehnte ab: »Das war mir zuviel Verantwortung. Er wäre ein Störfaktor für mein Leben gewesen.«

Er hat nicht mehr in mein Leben reingepaßt
Anita (26), Studentin
Anita und Martin lernten sich an ihrem 20. Geburtstag kennen. Sie hatte ihr erstes Semester an der Uni hinter sich und war zu ihren Eltern nach Heilbronn gefahren. Innerhalb von Sekunden hatte sie sich in ihn verliebt, erinnert sich Anita. »Er war in seiner Güte, seiner Lebenslust und seiner Intelligenz einzigartig. Bis heute habe ich keinen Menschen getroffen, der sich mit ihm vergleichen läßt.«

Nach ein paar traumhaften Wochen, die sie zusammen verbringen konnten, ging das Semester wieder los – 250 Kilometer entfernt. Anita ist sehr ungern gefahren, weil sie sich am Studienort noch nicht eingelebt hatte und sich dort fremd und verloren fühlte. Das änderte sich, als sie mit Studienkollegen zu einem Surfkurs nach Spanien fuhr. Dort schmolz ihre Zurückhaltung und Introvertiertheit. Sie gehörte jetzt dazu, hatte neue Freunde, eine neue Clique gefunden. »Klar habe ich Martin vermißt«, erinnert sie sich. Aber zugleich genoß sie die Verbundenheit mit ihren Studienkolleginnen und -kollegen.

Für Anita begann nun das, was man gemeinhin und zu Recht als die wilde Studentenzeit bezeichnet. Martin war zu einem großen Teil in dieses Leben integrierbar. Er kam sie oft besuchen, und ihre Freunde hatten ihn so ins Herz geschlossen, daß sie richtig enttäuscht waren, wenn er am Wochenende mal nicht kam. »Die Tage ohne ihn gingen schnell vorbei, vor lauter Lernen, Seminararbeiten, Sport und Partys hatte ich gar keine Zeit, ihn zu vermissen«, sagt Anita. Sie fuhr alle 14 Tage nach Hause, eine gemeinsame Wohnung wurde eingerichtet.

Irgendwann hätte sie sich dann wohl zu sehr eingelebt, meint Anita, zu sehr für ihre Liebe. Bayreuth war zu ihrem Lebenszentrum geworden, in Heilbronn fühlte sie sich als Gast. Sie zog in eine Wohngemeinschaft, es war »ihre« Welt, in der Martin nur noch als Randfigur vorkam. »Er hat nicht mehr in mein Leben reingepaßt. Seine Welt – er war Schlosser – hat sich mit meiner gebissen, seine Freunde waren nicht meine.« Als Martin Anitas Abkühlung bemerkte, reagierte er panisch. Er bekam ein Alkoholproblem und ein Magengeschwür. Anita war allerdings noch lange nicht bereit, ihn aufzugeben: »Er gab mir ein Gefühl von Sicherheit und Geborgenheit, das ich in dem oberflächlichen Studentenleben nicht fand. Und so pendelte ich zwischen den beiden Welten. Keine davon konnte ohne die andere existieren. Manchmal habe ich mich so schwach gefühlt, daß ich nur bei Martin sein wollte, manchmal war ich so stark, daß ich mit der Funktion als Lebensgefährtin nicht zurechtkam. Wie konnte ich während der Woche die selbstbewußte, motorradfahrende Sportstudentin sein und am Wochenende in Heilbronn bloß noch die Freundin von Martin?«

Rückblickend weiß sie, daß sie ihn schon lange nicht mehr geliebt hatte. »Wir hatten sexuelle Probleme. Ich wollte einfach nicht mehr mit ihm schlafen. Es wurde mir lästig, wenn er am Wochenende kam. Ich hatte zahllose oberflächliche Affären, ich wollte mich ausprobieren. Danach bin ich trostsuchend zu Martin gegangen. Er hat alles ertragen. Er ist ruhig geblieben, hat mich immer wieder aufgenommen. Heute bewundere ich ihn für seine Fähigkeit, wirklich selbstlos zu lieben. Damals fand ich ihn schwach«, erzählt Anita.

Als sie 23 Jahre alt wurde, lernte sie Udo kennen, auch einen Sportökonomie-Studenten. Sie beendete die Beziehung zu Martin. Drei Jahre später mußte sie erkennen, daß Udo genau den gleichen, unverzeihlichen Fehler begangen hatte wie sie: »Er war nur aus Bequemlichkeit die ganzen Jahre bei mir geblieben.«

Wie ich mich verändert habe, hat ihn gar nicht interessiert

Sabine (30), Theologin

Sabine glaubte, das große Los gezogen zu haben. Dieser Mann, den sie da als 19jährige auf einer Party kennengelernt hatte, schien ihr so intelligent und führungsstark zu sein. Ein Wissenschaftler, dem eine große Karriere an der Uni bevorstand. Ein Mann, der sie nur weiterbringen konnte, wie sie meinte.

Heute ist Sabine 30 Jahre alt und lebt mit ihrer Tochter in zwei kleinen Zimmern. Aus der ehelichen Wohnung ist sie ausgezogen und will die Scheidung einreichen, weil sie es nicht mehr ertrug, daß ihr Mann ständig unterwegs war. »Ich glaube, er ist vor mir geflohen«, sagt Sabine rückblickend. Ihr Mann war monatelang in Asien und hatte dort eine Gastprofessur, zuerst für ein halbes Jahr, dann jeweils in den Semesterferien. Sabine blieb zu Hause und wartete. »Für ihn war ich wohl immer das Heimchen, das nicht aufmuckt.«

Ihr Verhältnis war von Anfang an ungleichgewichtig: »Ich war, als wir uns kennenlernten, naiv, leicht führbar, biegsam, weil ich einen dominanten Vater hatte und einen väterlichen Freund suchte. Er paßte genau auf diese unbewußte Planstelle, sie kam seinen Bedürfnissen entgegen. Er brauchte es, mich klein zu halten.« Erst aus der Distanz merkte sie, daß sie auch stark sein konnte. Ihr Mann nahm das nicht wahr, er war fast nie da. Neben seiner Professorentätigkeit gab er Wochenendseminare als Unternehmensberater und kümmerte sich wenig um Sabine. Er dachte wohl, der sichere Familienhafen verschwinde nicht und man müsse sich auch nicht viel damit abgeben, vermutet sie.

Sabine hat Anton nicht zurückgehalten. »Ich genoß es, meine Ruhe zu haben und mich entfalten zu können, es war mir lieber, als wenn er mir ständig über die Schulter geschaut hätte. Eine Beziehung besteht aus Geben und Nehmen, sein Geben beschränkte sich auf die materielle Sicherheit, ich war frei, frei auch für andere Männer. Ich habe mich ausprobiert – ohne jedes schlechte Gewissen. Sex mit ihm gab es kaum mehr, er mußte mich ja auch da beherrschen. Meine Bedürfnisse haben ihn nie interessiert.«

Nach der Geburt der Tochter stieg Sabine wieder an der Uni ein und studierte Theologie. Sie hatte sich bewußt etwas ausgesucht, wovon er keine Ahnung hatte. Anton hielt nichts davon, auch wenn er sich vor Kollegen mit seiner studierenden Frau brüstete, erinnert sich Sabine: »Er war stolz auf mich und fühlte sich gleichzeitig bedroht. ›Wozu mußt du eine Ausbildung machen, willst du etwa arbeiten gehen?‹ Er hielt das für eine Art Beschäftigungstherapie einer nicht ausgelasteten Frau.« Als sie Zeit für das Examen brauchte und mehr Engagement von ihm, verweigerte er sich total. Damit bedrohte Sabine ja seine Konstruktion von Beziehung.

Die beiden fingen eine Paartherapie an. Vergeblich. »Als es unbequem für ihn wurde, brach er mit der Begründung ab, keine Zeit mehr zu haben. Den Therapeuten behandelte er wie einen Deppen.« Sabine wurde klar, daß diese Beziehung keine Zukunft mehr hatte, konnte sich aber trotzdem noch nicht von ihm trennen.

»Ihm wäre es lieb gewesen, wenn ich nur zu Hause auf ihn gewartet hätte. Aber er kam ja nicht. Ihm reichte es offenbar, eine Ehe auf dem Papier zu führen. Mir nicht. Mich verletzte es, wenn er nach 17 Stunden Flug ankam und erst mal in die Fachhochschule ging anstatt nach Hause. Er war dort der einzige Professor, der im Ausland unterrichtete. Finanziell war es nicht nötig, aber der Arbeitssüchtige brauchte es offenbar«, erzählt sie.

Manchmal rührte Anton sich wochenlang nicht, berichtet Sabine: »Wir hatten uns durch die Entfernung auseinandergelebt. Besser gesagt: durch die Entfernung erfahren, daß wir im Grunde überhaupt nicht zueinander passen. Ich hatte ihn lange idealisiert. Als er begann, mich zu ohrfeigen, war es endgültig vorbei. Er hatte das offenbar von seinem Vater übernommen. Dort mußte ich einmal beobachten, wie sein Vater die Mutter schlug. In meiner Gegenwart – ohne Scham, als wäre es die normalste Sache der Welt.«

Sabine will künftig strikten Abstand halten. Sie freut sich auf ihre eigenen vier Wände und hat sich fest vorgenommen, daß Anton keinen Zutritt haben wird: »Das schlimmste Gefühl ist, jemanden zu haben und doch nicht zu haben. Wenn jemand in einem Fach intelligent ist, kann er trotzdem ein Liebesanalphabet sein. Das habe ich durch die mir aufgezwungene Fernbeziehung gelernt.«

Exkurs: Paartherapie für Fernliebende – ein modernes Konzept

Nicht immer können Fernliebenpaare sich selbst helfen, wenn ihre Beziehung in eine Sackgasse geraten ist. Da kann es durchaus sinnvoll sein, die professionelle Hilfe von Paartherapeuten wie der Berliner Diplompsychologin Berit Brockhausen anzunehmen. »Desafinado« hat Brockhausen ihr Büro für Partnerschaftsberatung genannt, was soviel bedeutet wie: »Nicht eingestimmt sein, etwas schräg klingen.« Der Begriff stammt aus einem Lied von Antonios Carlos Jobim: »Liebe ist eine Melodie, die niemals endet. Dichter haben sie mit einer Symphonie verglichen, eine Symphonie, die dirigiert wird vom Licht des Mondes, aber unser Lied der Liebe klingt etwas schief.«

Brockhausen, die seit 13 Jahren als Partnerschafts- und Sexualtherapeutin arbeitet, hat spezielle Konzepte für Distanzpaare ausgearbeitet, sie bietet Workshops am Wochenende an, in denen zentrale Fragen einer Fernliebe in kompakter Form angesprochen werden. Auch sie hat einen Anstieg der Distanzbeziehungen beobachtet: »In den letzten Jahren begegnen mir zunehmend Menschen, die eindrucksvolle Lebensläufe hinter sich haben, die stark, selbstbewußt, unabhängig, attraktiv, sexuell aktiv, weit gereist und beruflich erfolgreich sind, mit einer Sehnsucht nach einer Liebesbeziehung, die fast genauso groß ist wie ihre Angst davor.«

Leider, so die Psychologin, kämen Paare, die getrennt leben, selten in die Beratung, obwohl es genauso wichtig für sie wäre. »Während es beruflich selbstverständlich ist, für wichtige Vorgänge oder Entscheidungen Fachleute zu Rate zu ziehen, ist es privat immer noch üblich, die Partnerschaft einfach laufen zu lassen und auf das Beste zu hoffen. Bei manchen, die sich aufgerafft haben, kann es schon zu spät sein, das sage ich ihnen dann auch. Beratung braucht Spielraum für Veränderungen und Rückfälle, wenn die Kraft dafür fehlt, hat es keinen Sinn.«

Die Diplompsychologin sieht ihr Ziel erreicht, wenn Paare – wieder oder erstmals – miteinander über die Gestaltung der Beziehung ins Gespräch kommen. So entstehen aus der Partnerschaft heraus Ideen, Absprachen und Veränderungen, die tragfähiger und für die beiden passender sind als jeder noch so gute Rat von außen.

Brockhausen setzt sich als Therapeutin zum Ziel, daß sich Nah- wie Fernliebenpaare ein paar Grundregeln immer wieder verdeutlichen: »Erstens verändert sich eine Beziehung, solange sie dauert. Dabei tauchen notwendige und vorhersagbare Probleme auf, deren erfolgreiche gemeinsame Bewältigung die Voraussetzung für ›ein gutes Leben zu zweit‹ ist. Und zweitens verändern sich die Lebensumstände: zusammen- oder auseinanderziehen, ein Kind bekommen oder einen Schwangerschaftsabbruch vornehmen, eine neue Stelle antreten oder arbeitslos werden, einen Seitensprung begehen oder betrogen werden, Karriere verfolgen oder sich zur Ruhe setzen. Immer wieder geht es darum, ein neues Gleichgewicht zu finden und die Liebe dadurch lebendig zu erhalten. Forschungsergebnisse zeigen deutlich, daß sich glückliche Paare von unglücklichen nicht im Vorhandensein oder Ausmaß solcher Einflüsse unterscheiden. Sie unterscheiden sich jedoch in der Art, wie sie mit solchen Herausforderungen umgehen.«

Wir fragten Berit Brockhausen, wie sie diese Grundsätze den Ratsuchenden vermittelt, wie eine Handlungsanleitung aussehen kann. Im folgenden eine Übersicht, was in ihren Workshops, die sie »Coaching for couples« nennt, passiert:

Im ersten Themenkomplex des Distanzpaar-Workshops geht es um Selbstreflexion und gegenseitigen Austausch zu folgenden Fragen: Was macht unsere Beziehung für mich wertvoll? Wo sind die Knackpunkte, Potentiale, Stärken? Was schätze ich an dir? Kennen wir drei glücklichere Paare als uns – was machen sie anders? Was würde ich mir gern abschauen? Andersherum gefragt: Drei unglücklichere Paare – was machen wir anders, besser?

Der zweite Themenkomplex steht unter der Überschrift »Sich für das Glück verantwortlich fühlen«. Die Haltung, das Glück müsse vom anderen kommen, wird kritisch hinterfragt, das Positive analysiert: Was kennzeichnet unsere guten Zeiten? Daneben geht es um so wichtige Bereiche wie Vertrauen, Humor, aufnehmendes Zuhören und die Einübung klarer Wunschformulierungen: Was wollen wir machen? Worauf hast du Lust? Was brauche ich jetzt? Paßt das zusammen? Ein Wunsch darf nicht als Bestellung verstanden werden, die prompt auszuführen ist, aber er muß artikuliert werden. Gedankenlesen und die Versuch-und-Irrtum-Methode sind zu unzuverlässig und zeitaufwendig.

Der dritte Themenkomplex behandelt Konfliktfähigkeit und das Aushandeln von Lösungen, der vierte Visionen, Lebensziele, gemeinsame Perspektiven. Berit Brockhausen erklärt, daß der Schmerz beim Abschied nötig ist und nicht beseitigt werden sollte, weil er die Kostbarkeit des anderen Menschen verdeutlicht. Die Paare lernen zu verstehen, daß keiner, der wirklich liebt, völlig unabhängig sein kann. Außerdem wird ihnen klargemacht, daß zwei Stunden intensiv verbrachte Zeit wichtiger sein können als 48 Stunden, die nicht bewußt zusammen erlebt werden.

Brockhausen ist selbst fernliebenerfahren und weiß um die Vorteile dieser Beziehungsform: »In meinen Mann war ich so stark verliebt, hätte ich ihn in dieser Phase ständig um mich gehabt, hätte ich mich kaum mehr auf meinen Beruf konzentrieren können und wäre nicht in der Realität geblieben. Es kann sehr hilfreich sein, wenn Nähe und Distanz von außen reguliert werden.«

Sie kennt auch das »Übergangsknirschen«, wenn man – mit oder ohne Kinder – wieder oder erstmals zusammenzieht. »Da muß man erst wieder ein neues Gleichgewicht finden. In der Fernliebe wurden die Konflikte oft weggepackt, da blieb eine Menge liegen, den Paaren fehlt die Konflikt-Routine, weil man es sich nicht leisten konnte und wollte, drei Tage zu schmollen. Wenn man sich nicht sieht, brennt es nicht so sehr, wenn man sich auf einmal ständig nah ist, knallt es sofort.«

Viele Paare kämen erst in die Therapie, wenn es sexuelle Probleme gebe, weiß Brockhausen. In einer Fernliebe wird die Sexualität oft kompliziert, weil der Partner nur selten da ist. »Ein Paar, dessen Problem es ist, daß der eine mehr Lust auf Sex hat als der oder die andere, hat kein sexuelles Problem, sondern ein Verhandlungsproblem. Daß zwei Menschen immer zur gleichen Zeit in genau dem gleichen Ausmaß genau dasselbe wollen, ist höchst unwahrscheinlich.« Das stellt die Beteiligten vor die

Notwendigkeit, miteinander zu verhandeln, um zu – im wahrsten Sinne des Wortes – befriedigenden Lösungen zu kommen. In der Sexualität wird dies erschwert durch Hemmungen, dem Mythos von der »normalen Sexualität« und eigene Unsicherheiten. Es geht darum, den eigenen Gefühlen wieder zu vertrauen, anstatt sie als »nicht normal« zu verstecken oder zu bekämpfen. Beide müssen lernen auszudrücken, worauf sie wirklich Lust haben, sich vom Gewohnten beziehungsweise »Normalen« lösen und sich ehrlich fragen: »Wie möchte ich jetzt berühren, wie berührt werden?« Sexualität ist schließlich viel mehr als Geschlechtsverkehr am Ende einer eingespielten Abfolge von Berührungen. Alles ist möglich: von einem Quickie bis zu ausgedehntem Streicheln, von einer Massage bis zu vergnüglichem Petting. Wer sich darauf verläßt, daß alles von allein gut läuft, hat gute Chancen, enttäuscht zu werden und an der Liebe zu zweifeln. Im Seminar liegt der Schwerpunkt auf der Ermutigung zu Selbstbewußtsein, Neugierde, Bereitschaft zu spielerischem und partnerschaftlichem Experimentieren, aber auch zum Gespräch.

Manche Paare seien an einem Punkt angelangt, wo sie sich vor der Liebe fürchten, sagt Berit Brockhausen: »Mir scheint, daß diese Furcht viel mit der Tatsache zu tun hat, daß wir zu wenig darüber wissen, wie es gelingt, Selbstverwirklichung und Partnerschaftlichkeit zu verbinden.«

Epilog: Haben sich die Entbehrungen gelohnt?

Manfred: Noch Fragen, Liebling?

Karin: Ja, wann sehen wir uns mal wieder länger? Während der Buchproduktion trafen wir uns noch seltener als vorher, weil wir quer durch die Republik die Interviews führten.

Manfred: Stimmt, das sollten wir ändern. Aber haben sich die Entbehrungen gelohnt, hast du etwas gelernt?

Karin: Ich habe mich jetzt über Fernbeziehungen schlau gemacht. Nähe durch Distanz oder Distanz durch Nähe – beides ist möglich. Manche spüren sich umso mehr, je weiter sie voneinander entfernt sind, Leute, die zu eng zusammen waren, müssen manchmal an ihre Gefühle erinnert werden. Psychologen sprechen vom »Aufbrechen der negativen Konfluenz«, also dem selbstverständlichen »In-einer-Suppe-Schwimmen«. Die besten Ehen seien ja die, wo man immer ein bißchen unverheiratet bleibt. Und wie steht's mit dir? Sind dir ein paar Lichter aufgegangen?

Manfred: Schon, zum Beispiel, daß Glück oft durch Aufmerksamkeit in kleinen Dingen, Unglück hingegen durch Vernachlässigung scheinbarer Nebensächlichkeiten entsteht. Und die zweite Erkenntnis: Fernliebe ist eine hochriskante Lebensform, Nahliebe erst recht. Ich glaube, jedes Paar muß seinen eigenen Weg finden. Der bunte Wildwuchs von Liebesgeschichten, den wir gesammelt haben, kann hoffentlich betroffenen Paaren Impulse geben, aber Patentrezepte gibt es nicht. Es ist alles ziemlich individuell, jedes Paar lebt in einem Mikrokosmos. Tröstlich ist aber, daß die Erlebnisse von anderen die eigene Weltsicht relativieren: Unsere 600 Kilometer zwischen Bayreuth und Bochum sind relativ viel, aber im Vergleich zu der Studentin, deren Freund in Argentinien wohnt, relativ wenig: die haben 15 000 Kilometer zwischen sich.

Karin: Gut, da verbietet sich Selbstmitleid. Vorbilder für Zähigkeit und Lebensfreude haben wir jetzt auf jeden Fall genug.

Manfred: Stimmt, ein paar Anregungen von diesen Wanderern zwischen den Welten möchte ich sofort übernehmen: Zeit als Luxusgut begreifen, sich Mußestunden gönnen, die Seele baumeln lassen. Fangen wir doch gleich an damit: Möchtest du dich einen Monat lang mit mir unter einen Olivenbaum in Italien setzen und über Liebe philosophieren?

Karin: Kennst du die indianische Weisheit: »Um einander zu verstehen, brauchen die Menschen nur wenige Worte, viele Worte brauchen sie nur, um sich nicht zu verstehen.« Laß uns lieber über die Alpen wandern. Liebe versetzt ja bekanntlich Berge.

Manfred: Das predigen die Frauenzeitschriften auch immer. »Liebe auf Distanz – wie lange geht das gut?« fragt eine, die du gerade in Händen hältst.

Karin: So lange, wie wir das wollen. Schauen wir ganz unsentimental der Realität ins Auge. Ich lebe dort und du hier. Jeder geht seiner Wege. Und zwischenzeitlich finde ich es auch ganz gut so. Jeder hat seinen Haushalt, und zwar unter Kontrolle. Und vielleicht gibt es ja wirklich bald Cybersex, und wir können uns die ganze Rumreiserei sparen. »Teletaktibilität« heißt das neue Zauberwort, das heißt soviel wie »Berührung über die Ferne hinweg«. Man muß dazu nur in sensorische Anzüge schlüpfen. In diese sind Stimulatoren eingebaut, die auf elektrische Impulse reagieren. Soll ganz schön kribbeln, fast so schön wie dein Fingerspitzengefühl.

Manfred: Trotzdem würde ich immer die altmodische Sinnlichkeit vorziehen, dir von Angesicht zu Angesicht unter die Haut gehen.

Karin: Klar, die Natur geht immer tiefer als die Technik. Aber jetzt mal ernsthaft: Was rätst du einem Paar, das so verschieden ist wie wir? Der eine nimmt es zu locker, die andere zu ernst.

Manfred: Es trotzdem zu versuchen. Fernliebe ist eine gigantische Selbsterfahrung nach dem Motto: »Wir haben keine Chance, aber nutzen sie.« Meine Philosophie ist: »Es gibt kein Gelingen, es gibt nur möglichst interessante Formen des Scheiterns.« Wenn ich zu dir fahre, bin ich glücklich, ich bin entzückt, wenn ich dich ab und zu in meine Arme schließen kann, dann fühle ich mich steinreich. Die Fernliebe ist für mich die Schule der Geduld und der Flexibilität: »Wenn der Wind der Veränderung kommt, kann man Mauern bauen oder Windmühlen«, das wußten schon die alten Chinesen. Oder Fahrkarten kaufen und zu Persönlichkeiten werden. Zu ganz besonders entgegenkommenden.

Karin: Wie wird sich die Fernliebe in Zukunft entwickeln?

Manfred: Sie wird unter jungen Paaren immer selbstverständlicher werden, wir leben ja in der Spaß-, Risiko-, Erlebnis- und Multioptionsgesellschaft. Der Knackpunkt wird die Familienplanung bleiben. Wenn Kinder da sind, wollen Frauen wie Männer normalerweise zusammenziehen.

Karin: Was spricht noch für das Zusammenziehen?

Manfred: In der Bibel heißt es, es ist nicht gut, daß der Mensch allein sei. Aber auch viele wissenschaftliche Studien betonen immer wieder: Wir sind soziale Wesen, die Nähe brauchen. Es ist einfach gesünder, jemanden neben sich zu haben. Singles sterben früher und einsamer als Verheiratete. Ein Mensch, der für einen anderen leben will, mobilisiert mehr Kräfte. Singles haben niemanden, der ihnen frühzeitig rät, sich zu schonen. Fernliebende sind Teilzeit-Singles, sie haben zwar nicht das Problem, zu Weihnachten oder an Sonntagen allein herumzuhängen, aber auch sie bekommen zu wenig Streicheleinheiten.

Karin: Alles schön und gut, aber die berufliche Selbstverwirklichung kollidiert eben mit unserer Vorstellung von Romantik. Unser Beruf ist unser Hobby, das ist ein Privileg, das uns eint und trennt. Kann es sein, daß wir unsere Jobs überbewerten?

Manfred: Mag sein. Molly Carnes, eine amerikanische Professorin, die viele alte Menschen befragte, hat eine Erkenntnis daraus gewonnen: »Viele bedauern am Ende ihres Lebens, nicht mehr Zeit mit ihren Kindern und ihrer Familie verbracht zu haben. Ich habe kaum jemanden klagen hören über verpaßte Sitzungen oder Redaktionstermine. Die Nachwelt wird die wenigsten von uns wegen ihrer beruflichen Leistungen in Erinnerung behalten, sondern als Sohn, Tochter, Ehefrau, Mutter oder Freund.«

Karin: Was lernen wir daraus, Herr Workaholic?

Manfred: Die Arbeit lieben und an der Liebe arbeiten. Beides ist gleich wichtig. Meinst du nicht auch?

Karin: Ja, Frauen neigen ja dazu, die Beziehung zu sehr in den Vordergrund zu stellen, das mache ich nicht mehr. Für dich würde ich meinen Job nicht aufgeben oder einen schlechteren annehmen. Ich bin egozentrischer geworden, habe mich also dir angenähert. Das »Wir« ist für mich unwirklicher geworden, weil es davon wenig Konkretes – in meinem Sinne – gibt. Aus Selbstliebe mußte ich ruhiger werden, das schaffe ich nur mit einer unverbindlicheren Einstellung zu dir.

Manfred: Ist unsere Liebe denn bei den vielen Fahrten hin und her unter die Räder gekommen, haben wir denn noch das, was man eine feste Beziehung nennt?

Karin: Ich würde eher sagen, sie fließt. Wie alles im Leben. Und wir können mit oder gegen den Strom schwimmen. Liebe ist von allen Krankheiten immer noch die gesündeste.

Manfred: Wovon träumst du denn? Von einer Idylle wie der Rama-Familie im Werbefernsehen?

Karin: Blödsinn, das würden wir beide nicht aushalten. Eine gemeinsame Wohnung mit dir, ein Bibliothekszimmer und ein riesiges Lotterbett, das reicht. Daß ich mit dir alt werde, ohne zu verspießern und zu verblöden, das wäre die Zugabe. Und daß wir uns gegenseitig vorlesen und nachstellen.

Manfred: Klingt prima. Aber du weißt, daß es zwei Tragödien im Leben gibt: daß sich Träume nie erfüllen oder so erfüllen, daß sie einen enttäuschen. Man will oft das haben, was man gerade nicht hat.

Karin: Träume braucht jeder, gerade in der Fernbeziehung. Wer keine Utopien hat, ist ein armer Teufel.

Manfred: Du mußt zum Zug. Hier ist noch ein Abschiedsgeschenk für dich, damit du nicht immer »Wish you were here« von Pink Floyd hören mußt. Eine Karte für die Uraufführung der Oper »L'amour de loin« (Die ferne Liebe) bei den Salzburger Festspielen. Der Ritter, der die Hauptrolle spielt, hatte es noch ein bißchen schwerer als wir, weil er seine Gräfin in seiner Todesstunde zum ersten Mal sah. Was für ein Drama!

Karin: Ja, Trauerspiele und Komödien gibt es auch heute noch reichlich zwischen Fernliebenden. Man lese nur die Liebesbriefe. Wir sind ja die Minnesänger der Moderne. Genug Anregungen kriegen wir. Im Zug werde ich wieder die Werbetafeln studieren: Sprüche wie: »Nicht, weil es schwer ist, wagen wir es nicht, sondern weil wir es nicht wagen, ist es schwer.« Die Deutsche Bundesbahn-Reklame ist eine Gesellschaft mit beschränkter Haftung. Wir sind eine Gemeinschaft mit beschränkter Haftung.

Manfred: Aber mit unbeschränkter Hoffnung. Und was bleibt sonst noch?

Karin: Ich schenke dir einen Satz von Erich Fried: »Das Leben wäre vielleicht einfacher, wenn ich dich nicht getroffen hätte. Es wäre nur nicht mein Leben.« In der Ferne so nah bist du mir lieber als in der Nähe so fern.

Das ABC der Fernliebe

Auto
Eigentlich heißt es Automobil und ist der beste Freund der mobilen Menschen, weil es überall hinfährt und unabhängig von Fahrplänen ist. Wenn die Autobahn staufrei ist, geht es schneller als mit öffentlichen Verkehrsmitteln, aber gerade am Freitag und Sonntag sind viele andere Pendler ebenfalls unterwegs. Unterschätzen Sie nicht die Angst, die der Partner ausstehen muß, bis der Geliebte wieder zu Hause ist. Über allen Fernbeziehungen schwebt die Unfallgefahr. Zögern Sie den Abschied am Abend nicht zu lange hinaus, damit der Partner nicht müde am Steuer sitzt. Der Sekundenschlaf ist die häufigste Unfallursache. Rufen Sie an, wenn Sie zu Hause sind. Nehmen Sie ein Handy mit, falls Sie mal im Stau stehen. Und steigen Sie öfter mal in den Zug: Die Bahn ist – trotz ihres schlechten Rufes – das sicherste und bequemste Verkehrsmittel.

Briefe
Erinnern Sie sich noch an die ersten Liebesbriefe, die Sie bekommen haben? Die gigantischen Glücksgefühle, die Buchstaben auslösen können? Jetzt stehen Sie im Ernst des Lebens, schreiben schon lange nichts Liebliches mehr, halten es für Zeitverschwendung? Es gibt kein Gesetz, das Ihnen das vorschreibt. Zelebrieren Sie das Schreiben neu, es ist der schlichteste Luxus, den es in einer Fernliebe gibt. Ein schöner Brief ist mehr wert als zehn E-Mails und 20 Telefonate. Er ist so kostbar, daß er aufgehoben wird. Nehmen Sie sich Zeit dafür, verwenden Sie die edelste Tinte und das schönste Papier für den Menschen, der Ihnen lieb und teuer ist. Sie werden Reaktionen ernten. Wer schreibt, bekommt auch Briefe und merkt, daß der andere kein unbeschriebenes Blatt ist. Gönnen Sie sich also das wonnige Gefühl, in sich zu gehen, Herzblut aufs Papier fließen zu lassen

und das Parfum der Liebsten zu erschnüffeln. Schön ist es auch, ein Blatt von einem Baum oder eine getrocknete Blume zu verschicken.

Champagner
Er ist das Symbol für Großzügigkeit, Genuß und Gaumenfreude und sollte allein schon deshalb immer im Kühlschrank stehen, weil er die Zunge lockert und die ideale Unterlage für eine spritzige Unterhaltung ist. Vergessen Sie nie: Es sind stets kleine Feste, die Sie mit ihrem Schatz verbringen, das Beste sollte da gerade gut genug sein. Leisten kann sich das jeder: Den Champagner für die gleichnamige Laune gibt es auch bei Aldi.

Druck
Ihn spüren viele Fernliebenpaare, die beruflich erfolgreich sind. Sie sind süchtig nach Anerkennung, aber ist nicht die schönste Anerkennung die durch den geliebten Menschen? Dabei geht es nicht darum, perfekt zu sein: Gerade Fehler können liebenswert sein, der Hang zum seelenlosen Perfektionismus zerstört auf Dauer jede Liebe. Viele überfordern sich dadurch, daß sie ständig unterwegs sind. Der Genuß des Zusammenkommens besteht nicht nur im Austausch von Karrieregeschichten.

Eifersucht
Man sollte sie tunlichst lassen, es sei denn, man hat handfeste Beweise für die Zerrüttung einer Liebe durch eine dritte Person. Vertrauen ist die Basis für jede Fernliebe. Natürlich kann es mißbraucht werden, aber das ist das Risiko, das jeder Liebe innewohnt. Wer ein notorischer Fremdgänger ist, wird es auch in der Nahbeziehung sein. Reden Sie vor dem Getrennt-Zusammen-Leben über ihre moralischen Mindest-Standards, gleichen Sie sie an. Und lassen Sie Ihrem Liebhaber trotzdem seine Geheimnisse. »Was ich nicht weiß, macht mich nicht heiß« ist eine alte Wahrheit.

Freunde
Von Montag bis Donnerstag braucht man sie. Am Wochenende werden sie unwichtig. Das sollte kein Dauerzustand sein.

Freunde sind kein Ersatz für den Geliebten, aber der Geliebte ist auch kein Ersatz für Freunde. Freunde sind wichtig, weil man sich nicht nur auf einen Menschen fixieren sollte. In Fernbeziehungen trennt sich die Spreu vom Weizen. Gute Freunde lassen Sie nicht im Stich, reden nicht abfällig über Ihre Fernliebe, sondern versuchen, Sie in Ihrer Situation zu unterstützen.

Geld
Zunächst einmal sollten Sie das Finanzamt aufsuchen, um ein bißchen Geld zurückzubekommen. Zwei Jahre lang können Sie eine doppelte Haushaltsführung absetzen. Das ist nicht viel, aber mehr als gar nichts. Den Rest müssen sie leider selbst berappen: Telefon, Briefporto, Fahrkosten. Die sind mitunter so hoch, daß manche Paare billiger kämen, wenn nur einer arbeiten würde. Dennoch lohnt sich die Investition: Gibt es etwas Wertvolleres als Liebe und Selbständigkeit?

Humor
Er ist der Humus einer jeden Partnerschaft. Humor hilft heilen, die Mißverständnisse und Verstimmungen verfliegen schneller, wenn der geliebte Mensch einen zum Lachen bringt. Ein Fernliebenpaar, das in zwei Humorwelten lebt, wird keine große Zukunft haben. Wer diese Beziehungsform nur bierernst wie ein Buchhalter betrachtet, muß scheitern. Die Fernliebe ist nichts für Krämerseelen und Bedenkenträger, Melankomiker kommen damit viel besser klar.

Internet
Wieviele E-Mails hätte Goethe seiner Christiane, geborene Vulpius, geschickt? Vermutlich viele, darunter wohl auch das eine oder andere Spontan-Gedicht. Die Schnelligkeit ist das Tolle an dem Medium des 21. Jahrhunderts: kaum geschrieben, schon empfangen. Lassen Sie Ihrer Spontaneität freien Lauf, hauen Sie Gedanken und gemailte Zärtlichkeiten in die Tasten, ohne sie auf literarische Ewigkeitswerte zu überpüfen. Gönnen Sie sich den Spaß, sich möglichst täglich ein paar Gedanken über die Fernliebe zu machen. Der Inhalt ist gar nicht so wichtig. Entscheidend ist: Da denkt jemand an mich. Also bin ich. Und zwar nicht aus den Augen, aus dem Sinn.

Jammer
Es ist schon ein Jammer, wenn der Geliebte so weit weg ist. Aber was wäre die Liebe ohne Jammer? Der Schmerz um jemanden zeigt Ihnen, daß Sie ihn vermissen. Die Überwindung des Jammers ist eine Befreiung, ein eigentümlich jaulig-schauriges Vergnügen. Nur wer den Jammer hat, hat auch das Jauchzen.

Kuß
Das wichtigste Liebesindiz, wenn man aus der Distanz in die Nähe fällt. Beim Kuß kann man schwer lügen: Ist er lasch, stimmt vermutlich etwas nicht, ist er feurig, kann man sich auf ein erotisch kurzweiliges Wochenende einstellen. Fernliebenpaare haben viele Anlässe zum Küssen: bei der Ankunft, wenn sie sich in die Arme fallen, beim Zusammensein, weil sie Zärtlichkeits-Entzugserscheinungen haben, und beim Abschied, weil man den anderen noch einmal ganz intensiv spüren will. Wenn der geliebte Mensch dann weg ist, ist das Verlangen da: Man hat niemanden mehr zum Küssen. Und das ist ein Malheur. Weil Küsse ja so gesund sind: Der Kreislauf wird stimuliert, der Pulsschlag steigt auf 150 Schläge, und man nimmt sogar ab dabei: Pro Kuß sollen es zwölf Kalorien sein.

Lüge
Kleine Notlügen gehören zum unentbehrlichen Repertoire einer Fernliebe. Nach Ansicht des Philosophen Schopenhauer kann die Lüge »Notwehr gegen unbefugte Neugier« sein, sie schützt unsere Privatsphäre gegen Einbruch. Der andere Nebeneffekt: schonend mit dem Bedürfnis des Partners nach Verläßlichkeit, Sicherheit und Geborgenheit umzugehen, genau einzuschätzen, was er verkraften kann. Eine einfühlsame Lüge kann so gesehen schonender und psycholgisch besser als eine einfühlungslose Wahrheit sein, meinen Psychologen.

Massagen
Massieren Sie sich, vor allem nach dem Ankommen ist das eine wunderbare Erfahrung. Nicht alle Paare haben dann gleich Lust auf Sex, aber durch eine gefühlvolle Massage – am besten wechselseitig – kann man sich ohne Streß unter die Haut gehen. Wenn Sie wollen, daß Ihr Liebster wie eine Katze schnurrt – werden Sie handgreiflich.

Nacht
Für manche Menschen das Schlimmste an der Fernliebe. Sie können nicht einschlafen, die Sehnsucht quält. Da helfen Kuscheltiere – lebendige oder solche aus Plüsch. Ein besonderer Tip: Das T-Shirt des anderen anziehen. Nehmen Sie sich von Ihren Treffen mit dem Liebsten immer »gebrauchte« mit. Die müffeln zwar, aber sie können nach diesem Duft süchtig und selig werden.

Onanie
Eine Freude, die einem auch in der Distanz bleibt, völlig zu Unrecht hat sie einen schlechten Ruf und gilt in unaufgeklärten Kreisen als minderwertig. Die Wahrheit ist: In der Fernbeziehung onaniert man häufiger, man sollte es mit gutem Gewissen tun. Hand an sich zu legen ist eine prima Entspannungsübung und an manchen Tagen eine Hilfe in der Not, Sex mit jemandem, den Sie sehr gern haben. Wer sich gut selbst befriedigen kann, ist im Regelfall auch ein besserer Liebhaber, weil er seinen Körper gut kennt. Die Sexphantasien, die Sie mit Ihrer Fernliebe haben, können Sie hier ausleben. Aber auch andere Bilder sind erlaubt, ohne daß Sie sich untreu fühlen müßten.

Projektion
Machen Sie nie aus ihrem Partner einen Helden, der er nicht ist. Bleiben Sie auf dem Teppich. Überlegen Sie genau, ob das Bild, das Sie von ihm haben, ihrem Wunschbild von einem Traumpartner oder dem realen Menschen entspricht. Schauen Sie sich ganz genau das alltägliche Umfeld ihres Partners an. Lernen Sie seine Freunde und Arbeitskollegen kennen. Nur so gewinnen Sie einen realistischen Eindruck und bleiben nicht außen vor wie ein Fremdling. Wenn Ihr Liebster Sie fernhalten will und nicht für vorzeigbar hält, stimmt etwas nicht.

Quatschen
Heute gibt es keinen Grund, wenn der Partner an einem anderen Ort ist, das Redebedürfnis einzustellen. Telefon, Handy, E-Mail, Faxe – Kommunikation nahezu ohne zeitliche Verzögerung ist möglich. Was für ein Fortschritt gegenüber dem Postkutschenzeitalter oder der Schneckenpost, die unsere Eltern

noch erlebt haben. Nutzen Sie alles! Fernliebenpaare reden mehr als die meisten Paare, die jede Nacht ein Bett teilen. Und sie reden, weil sie reden wollen, nicht, weil sie zusammen wohnen.

Rituale
Der Phantasie sind da Tür und Tor geöffnet. Derjenige, der besucht wird, füllt den Kühlschrank mit den Lieblingssachen des anderen und bekocht ihn liebevoll. Das lange Frühstück im Bett, das ausführliche Shopping am Samstag, der Spaziergang am Sonntag vor der Abfahrt – all das können Sie wiederholen, es schafft Bindung, Verläßlichkeit, Vorfreude. Das schönste Ritual: das Abholen und Empfangen. Nahliebenpaare kennen diese Wonnen kaum.

Seitensprung
Er wird für den Super-Gau jeder Liebe gehalten, für die Fernliebe gilt das verstärkt. Ich bin ihm oder ihr nicht mehr gut genug, ich habe aus der Ferne kaum noch Chancen, das denken sich viele. Bei nüchterner Betrachtung ist das grundfalsch. Wie der Name schon sagt: Wer einmal zur Seite gesprungen ist, kann durchaus wieder auf den richtigen Weg zurückfinden. Überbewerten Sie also kleine Eskapaden Ihres oder Ihrer Liebsten nicht. Manchmal ist es einfach nur ein Defizit an Zärtlichkeit, das manche in andere Arme sinken läßt, nicht etwa ein Desinteresse an Ihnen. Das Gute daran: Meistens merkt der Seitenspringer, daß der neue Mensch nur in der Phantasie interessant war, wird sie ausgelebt, verschwindet der Reiz oft. Das ist besser, als immer mit der unausgelebten Begierde herumzulaufen. Seien Sie also ein wenig großzügig und selbstbewußt: Solange er oder sie keine ernsthafte Liebesbeziehung hat, bleiben Sie die klare Nummer 1. Wenn es zwischen Ihnen stimmt, sind attraktive Nebenbuhler chancenlos.

Termine
Sie haben viele Termine? Prima, dann sind Sie ein wichtiger Mensch, zumindest glaubt das die Welt von Ihnen. Aber vergessen Sie nicht: Der wichtigste Termin ist der mit ihrem oder ihrer Liebsten. Lassen Sie ihren Schatz nicht warten, klären Sie, was wirklich wesentlich in ihrem Leben ist und was sie delegieren

können, damit Sie Freiräume für die Liebe haben. Es sollte ihnen nicht so gehen wie Menschen, die kurz vor ihrem Tod stehen und vor allem eines bereuen: daß sie sich zuwenig Zeit für Familie und Liebe genommen haben. Daß einer zuwenig Geschäftstermine genutzt hat, hat dagegen noch keiner bereut. Die wahren Werte werden leider oft erst am Ende sichtbar. Sie können schlauer sein.

Überraschungsbesuche
Sie können sich tief einprägen und ungeheure Freude auslösen. Da tanzen die Hormone, da röten sich Wangen. Aber nur für risikofreudige Menschen geeignet: Die Gefahr, daß man den anderen in einem etwas unpäßlichen Zustand oder gar in trauter Eintracht mit einem anderen Menschen antrifft, ist nicht von der Hand zu weisen. Für Beziehungsbürokraten, die auf Nummer Sicher gehen wollen, ungeeignet. Für Abenteurer ein Nervenkitzel, für die Liebe eine Vitaminspitze.

Verletzungen
Sie können nicht ausbleiben während der Fernliebe. Aber zumindest haben Sie genug Zeit zum Wundenlecken. Die Zeit heilt zwar nicht alle Wunden, aber manchmal kann die Herstellung von Distanz sinnvoll sein. Die Versöhnung sollte allerdings nicht zu lange auf sich warten lassen. Sonst ist die Gefahr der Fehlinterpretationen und Mißverständnisse viel zu groß.

Wunder
Auf ein solches sollten sie nicht hoffen, wenn Sie in der Ferne zusammenbleiben wollen. Sie müssen schon zum Liebesarbeiter werden. Fernliebe heißt Einsatz, Kampf, Aufwand, Spiel, Risiko. Die Gefahr, sich zu verlieren, ist groß. Was daraus folgt? Sie müssen immer wieder um ihre Liebe werben. Das ist mühsam, aber auch spannend und beglückend.

Der Tag X
Der Tag, an dem Sie sich aus der Fernbeziehung lösen und zusammenziehen wollen. Einerseits ist es wichtig, diese Perspektive zu pflegen, sie kann enorme Kräfte freisetzen. Andererseits sollten Sie sich vor naiver Idealisierung hüten: Es ist nicht so, daß damit alles gut wird, Sie tauschen nur ihre Probleme. Sie

werden ihren Partner völlig neu wahrnehmen, und er sieht aus der Nähe ganz anders aus. Manchmal verdüstert sich sogar die Beziehung, und es stellt sich heraus, daß beide nicht füreinander geschaffen sind. Aber je eher man dies bemerkt, desto besser: Man ist wieder frei für eine neue Liebe, die vielleicht befriedigender sein wird.

Yin-Yang
Gerade in der Fernbeziehung sollte man das Gegensätzliche annehmen und zu einem einheitlichen Prinzip verschmelzen lassen. Die chinesische Philosophie macht uns vor, daß alle Wesen und Dinge einem Kosmos zugeordnet werden können und einander bedingen. Dem Yin und Yang entsprechen: dunkel und hell, weiblich und männlich, Erde und Himmel, Nachgiebigkeit und Stärke. Warum sollte das bei fern und nah nicht gelten?

Zeit
Die Qualität der gemeinsamen Zeit steht nur bedingt in Zusammenhang mit der Quantität. Sie müssen nicht ein ganzes Wochenende miteinander nonstop verbringen, für manche Einzelgänger ist das wirklich Streß. Vielleicht will sich jemand zurückziehen, das ist kein Affront gegen den anderen. Das ist okay. Für Paare, die kein synchrones Nähebedürfnis haben, gilt das Prinzip: Weniger ist mehr. Es kommt nur darauf an, wie man die gemeinsamen Stunden verbringt: Das Jetzt sollten Sie genießen. Was zählt das Gestern oder Morgen? Jetzt ist der Augenblick der Wahrheit, was war, ist verflogen, was kommt, weiß niemand. Die Gunst der Stunde gilt es zu genießen. Ein Hoch dem Carpe diem: Nutze den Tag.

Anhang

Anmerkungen

1 Peuckert, Rüdiger: Die Commuter-Ehe als »alternativer Lebensstil«. In: Zeitschrift für Bevölkerungswissenschaft. 15. Jahrgang, 2/1989, S. 175 f.
2 Ebenda.
3 Steinkohl, Franz; Sumpf, Joachim: Automobilität als gesellschaftliche Herausforderung. München 1999, S. 15.
4 Beck, Ulrich; Beck-Gernsheim, Elisabeth: Das ganz normale Chaos der Liebe. Frankfurt am Main 1990, S. 9 f.
5 Vgl. Marti, Michel: Die Droge Arbeit. In: Der Spiegel 25/2000.
6 ZEIT-Punkte 3/2000, S. 36.
7 Sennett, Richard: Der flexible Mensch. Berlin 1999, Klappentext.
8 Horx, Matthias: Das Zukunfts-Manifest. München 1997, S. 161 f.
9 Bruhns, Wibke in: Einblick. DGB-Magazin zur Expo 2000.
10 ZeitPunkte 3/2000, S. 61.
11 Weingärtner, Daniela: Wo du hingehst, da will ich auch nicht hin. In: Die Zeit v. 15. Juli 1999.
12 Schramm, Renate: Sehnsucht ist ein fettes Tier. In: Münchner Abendzeitung v. 12. März 1999.
13 Kohl, Susanne: Endstation Sehnsucht. Marieclaire 7/2000.
14 Brunold, Georg u.a: Fernstenliebe. Ehen zwischen Kontinenten. Frankfurt am Main 1999, Klappentext.
15 Zit. nach: von Schelling, Cornelia: Karrierepaare-Liebe nach Plan. Cosmopolitan 9/1989.
16 Vgl. Moeller, Michael Lukas: Die Wahrheit beginnt zu zweit. Reinbek 1989.
17 Weyh, Florian Felix: Die ferne Haut. Berlin 1999, S. 7.
18 Zit. nach: von Schelling, Cornelia: a.a.O.
19 Schmidbauer, Wolfgang: Die heimliche Liebe. Ausrutscher, Seitensprung, Doppelleben. Reinbek 2000, S. 59 f.
20 Ebenda.
21 Willi, Jürg: Was hält Paare zusammen. Reinbek 1999, S. 346.

Danksagung

Wir danken all denen, die uns in den letzten Monaten zur Seite gestanden haben und ohne die dieses Buch nicht entstanden wäre: den Frauen und Männern, die uns ihre Liebesgeschichten freimütig erzählt haben, und von denen einige nach der ersten Auflage schon wieder getrennt waren; den Expertinnen und Experten, die uns Material, Zeit und ihr Wissen zur Verfügung gestellt haben, besonders Kerstin Hartmann vom soziologischen Institut der Universität Mainz und Ariane Ladwig von der Universität der Bundeswehr in Hamburg; unserem Computerexperten Peter, der uns vor diversen Abstürzen bewahrt hat; Manfreds Kollegin Heidi, die ihm den Rücken freigehalten hat.